令 和 4 年 版

公正取引委員会年次報告

（独占禁止白書）

公正取引委員会編

この報告書は、私的独占の禁止及び公正取引の確保に関する法律第44条第1項の規定に基づき、公正取引委員会の令和3年度におけるこの法律の施行状況を国会に報告するものである。

凡　例

独占禁止法	私的独占の禁止及び公正取引の確保に関する法律（昭和22年法律第54号）
下請法	下請代金支払遅延等防止法（昭和31年法律第120号）
景品表示法	不当景品類及び不当表示防止法（昭和37年法律第134号）
独占禁止法施行令	私的独占の禁止及び公正取引の確保に関する法律施行令（昭和52年政令第317号）
入札談合等関与行為防止法	入札談合等関与行為の排除及び防止並びに職員による入札等の公正を害すべき行為の処罰に関する法律（平成14年法律第101号）
消費税転嫁対策特別措置法	消費税の円滑かつ適正な転嫁の確保のための消費税の転嫁を阻害する行為の是正等に関する特別措置法（平成25年法律第41号）

目　次

第 1 部

総　　論

　公正取引委員会は、公正かつ自由な競争を通じた企業の活力向上、消費者の効用拡大及びイノベーションの活性化を図るため、所管法令の厳正かつ的確な執行により違反行為を排除して競争を回復させる「エンフォースメント」と、競争環境を整備するために取引慣行の改善や規制・制度の見直しを提言する「アドボカシー」（唱導）を車の両輪として、令和3年度において、次のような施策に重点を置いて競争政策の運営に積極的に取り組んだ。

1　厳正・的確な法運用（エンフォースメント）

(1)　独占禁止法違反行為の積極的排除

ア　公正取引委員会は、迅速かつ実効性のある事件審査を行うとの基本方針の下、国民生活に影響の大きい価格カルテル・入札談合・受注調整、中小事業者等に不当に不利益をもたらす優越的地位の濫用や不当廉売など、社会的ニーズに的確に対応した多様な事件に厳正かつ積極的に対処することとしている。

イ　独占禁止法違反被疑事件として令和3年度に審査を行った事件は113件である。そのうち同年度内に審査を完了したものは100件であった。

ウ　令和3年度においては、新型コロナウイルス感染症拡大の影響により、審査活動も大きく制約を受ける中、排除措置命令3件及び確約計画の認定2件の計5件の法的措置を行った（詳細は第2部第2章第2を参照）。これを行為類型別にみると、入札談合が3件、不公正な取引方法が2件となっている（第1図参照）。また、延べ31名に対し総額21億8026万円の課徴金納付命令を行った（第3図参照）。

　なお、令和3年度においては、課徴金減免制度に基づき事業者が自らの違反行為に係る事実の報告等を行った件数は52件であった。

＜令和3年度における排除措置命令事件＞	
入札談合	○　国、地方公共団体等が発注する群馬県の区域に所在する施設を対象にした機械警備業務の競争入札等の参加業者に対する件 ○　日本年金機構が発注するデータプリントサービスの入札等の参加業者に対する件 ○　独立行政法人地域医療機能推進機構が発注する医薬品の入札参加業者に対する件

＜令和3年度における確約計画の認定事案＞	
拘束条件付取引	○　Booking.com B.V. に対する件
競争者に対する取引妨害	○　アメアスポーツジャパン㈱及びウイルソン・スポーティング・グッズ・カンパニーに対する件

エ　加えて、令和3年度においては、審査の過程において、事業者の自発的な措置を踏まえて調査を終了した事案が3件あった。

＜令和3年度における自発的な措置に関する公表事案＞
○　アップル・インクに対する件
○　㈱ユニクエストに対する件
○　楽天グループ㈱に対する件

（前記ウ及びエの事案の処理の類型別件数について第2図参照）

第1図　法的措置（注1）件数等の推移

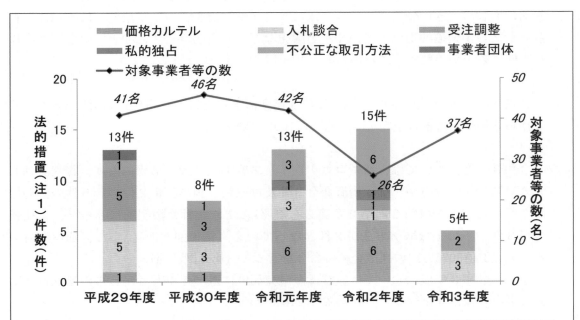

年度 内容（注2）	29年度	30年度	元年度	2年度	3年度
私的独占	0	0	1	1	0
価格カルテル	1	1	6	6	0
入札談合	5	3	3	1	3
受注調整	5	3	0	1	0
不公正な取引方法	1	1	3	6	2
その他（注3）	1	0	0	0	0
合計	13	8	13	15	5

（注1）　法的措置とは、排除措置命令、課徴金納付命令及び確約計画の認定のことである。一つの事件について、
　　　　排除措置命令と課徴金納付命令が共に行われている場合には、法的措置件数を1件としている。
（注2）　私的独占と不公正な取引方法のいずれも関係法条となっている事件は、私的独占に分類している。
（注3）「その他」とは、事業者団体による一定の事業分野における事業者の数の制限である。

第2図　排除措置命令・確約計画の認定・警告等の件数の推移

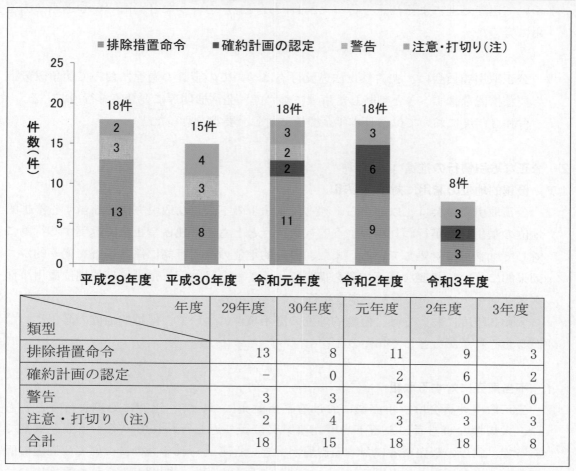

	年度	29年度	30年度	元年度	2年度	3年度
類型						
排除措置命令		13	8	11	9	3
確約計画の認定		－	0	2	6	2
警告		3	3	2	0	0
注意・打切り（注）		2	4	3	3	3
合計		18	15	18	18	8

（注）事案の概要を公表したものに限る。

第3図　課徴金額等の推移

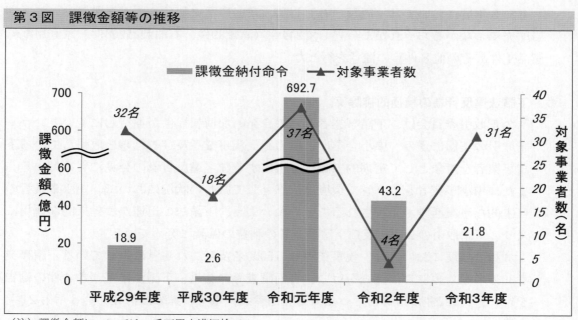

（注）課徴金額については、千万円未満切捨て。

オ　このほか、違反につながるおそれのある行為に対する注意336件（不当廉売事案について迅速処理による注意を行った244件を含む。）を行うなど、適切かつ迅速な法運用に努めた。

カ　公正取引委員会は、独占禁止法違反行為についての審査の過程において競争政策上必要な措置を講ずべきと判断した事項について、発注機関等に要請等を行っている。
　　令和3年度においては、日本年金機構に対し、要請を行った。

(2)　公正な取引慣行の推進

ア　優越的地位の濫用に対する取組

公正取引委員会は、以前から、独占禁止法上の不公正な取引方法に該当する優越的地位の濫用行為が行われないよう監視を行うとともに、独占禁止法に違反する行為に対しては厳正に対処している。また、優越的地位の濫用行為に係る審査を効率的かつ効果的に行い、必要な是正措置を講じていくことを目的とした「優越的地位濫用事件タスクフォース」を設置し、審査を行っている。

令和3年度においては、優越的地位の濫用事件について、優越的地位の濫用につながるおそれがあるとして46件の注意を行った。

イ　不当廉売に対する取組

公正取引委員会は、小売業における不当廉売について、迅速に処理を行うとともに、大規模な事業者による不当廉売事案又は繰り返し行われている不当廉売事案であって、周辺の販売業者に対する影響が大きいと考えられるものについて、周辺の販売業者の事業活動への影響等について個別に調査を行い、問題がみられた事案については、法的措置を採るなど厳正に対処している。

令和3年度においては、酒類、石油製品、家庭用電気製品等の小売業において、不当廉売につながるおそれがあるとして244件（酒類29件、石油製品206件、家庭用電気製品1件、その他8件）の注意を行った。

ウ　下請法違反行為の積極的排除等

(ｱ)　公正取引委員会は、下請事業者からの自発的な情報提供が期待しにくいという下請取引の実態に鑑み、中小企業庁と協力し、親事業者及びこれらと取引している下請事業者を対象として定期的な調査を実施するなど違反行為の発見に努めている。また、中小事業者を取り巻く環境は依然として厳しい状況において、中小事業者の自主的な事業活動が阻害されることのないよう、下請法の迅速かつ効果的な運用により、下請取引の公正化及び下請事業者の利益の保護に努めている。

令和3年度においては、親事業者6万5000名及びこれらと取引している下請事業者30万名を対象に書面調査を行い、書面調査等の結果、下請法に基づき4件の勧告を行い、7,922件の指導を行った（第4図参照。事案の詳細は第2部第8章第2 6 を参照）。

＜令和３年度における勧告事件＞
○　携帯電話の通信サービス等に係る販売代理業における下請代金の減額事件
○　服飾副資材の卸売業における下請代金の減額事件
○　ユニットハウスの製造・販売・レンタル業における下請代金の減額事件
○　婦人服等の販売業における下請代金の減額事件

第４図　下請法の事件処理件数の推移

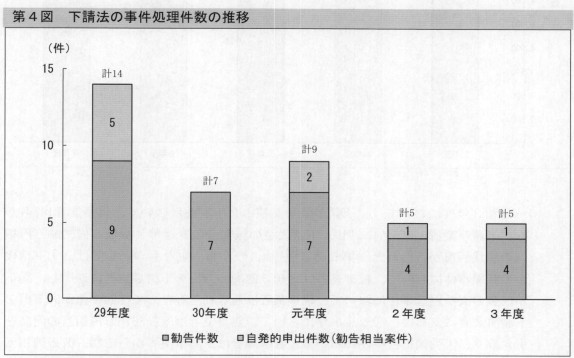

（注）自発的な申出事案については後記（ウ）参照。

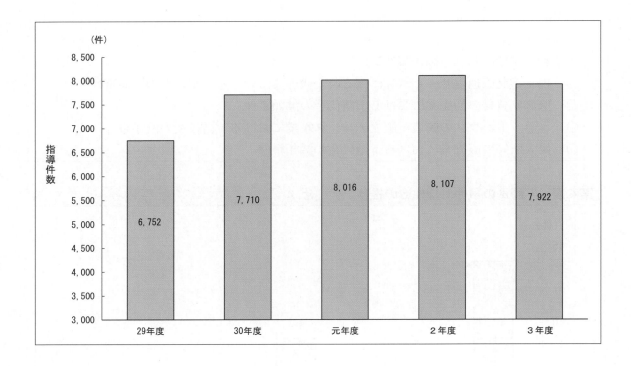

(イ) 令和3年度においては、下請事業者が被った不利益について、親事業者187名から、下請事業者5,625名に対し、下請代金の減額分の返還等、総額5億5995万円相当の原状回復が行われた（第5図参照）。このうち、主なものとしては、①下請代金の減額事件において、親事業者は総額3億3909万円を下請事業者に返還し、②下請代金の支払遅延事件において、親事業者は遅延利息等として総額1億2035万円を下請事業者に支払い、③返品事件において、親事業者は総額5676万円相当の商品を引き取り、④受領拒否事件において、親事業者は下請事業者から総額2767万円相当の商品を下請事業者から受領した。

第5図　原状回復の状況

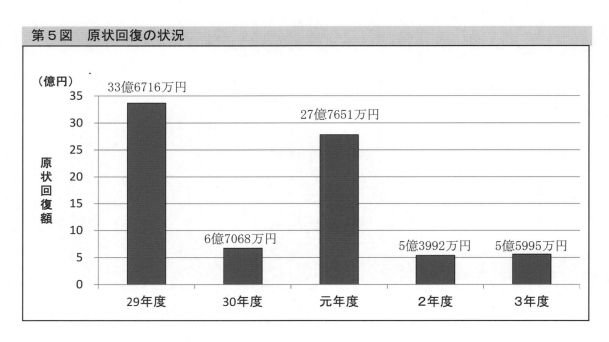

(ウ) 公正取引委員会は、親事業者の自発的な改善措置が下請事業者の受けた不利益の早期回復に資することに鑑み、当委員会が調査に着手する前に、違反行為を自発的に申し出、かつ、自発的な改善措置を採っているなどの事由が認められる事案については、親事業者の法令遵守を促す観点から、下請事業者の利益を保護するために必要な措置を採ることを勧告するまでの必要はないものとして取り扱うこととし、この旨を公表している（平成20年12月17日公表）。

令和3年度においては、前記のような親事業者からの違反行為の自発的な申出は32件であった。また、同年度に処理した自発的な申出は34件であり、そのうちの1件については、違反行為の内容が下請事業者に与える不利益が大きいなど勧告に相当するような事案であった。

エ 「パートナーシップによる価値創造のための転嫁円滑化施策パッケージ」を踏まえた「令和4年中小事業者等取引公正化推進アクションプラン」に関する取組

公正取引委員会は、令和3年9月8日、中小事業者等への不当なしわ寄せが生じないよう、取引の公正化を一層推進するため、「中小事業者等取引公正化推進アクションプラン」を策定し、同年11月24日、現下の経済状況に適切に対応しつつ、取引の公正化をより一層推進する観点から、同アクションプランの改定を行った。

公正取引委員会は、令和3年12月27日、当委員会を含む関係省庁において、「パートナーシップによる価値創造のための転嫁円滑化施策パッケージ」が取りまとめられたことを踏まえ、令和4年3月30日、新たに「令和4年中小事業者等取引公正化推進アクションプラン」を策定し、取引の公正化の更なる推進を図っていくこととした（詳細は第2部第9章を参照）。

オ 消費税転嫁対策に関する取組

消費税率の引上げに係る転嫁拒否行為については、当該行為を受けた事業者にとって自らその事実を申し出にくいこともあると考えられることから、公正取引委員会は当該行為に関する情報を積極的に収集するため、令和3年度において、中小企業・小規模事業者等に対する悉皆的な書面調査の実施（中小企業庁と合同で約290万名が対象）や、個人事業者に対する悉皆的な書面調査の実施（中小企業庁と合同で約360万名が対象）を行うとともに、立入検査等の調査を積極的に行い、消費税転嫁対策特別措置法に基づき244件の指導を行い、総額5億9670万円の原状回復が行われた。

なお、消費税転嫁対策特別措置法は、令和3年3月31日をもって失効したが、同法附則第2条第2項の規定に基づき、同法の失効前に行われた違反行為に対する調査、指導、勧告等の規定については、失効後もなお効力を有するとされていることから、失効前に行われた転嫁拒否行為に対しては、引き続き、同法に基づいて、迅速かつ的確に対処していく。

⑶ 企業結合審査の充実

独占禁止法は、一定の取引分野における競争を実質的に制限することとなる会社の株式取得・所有、合併等を禁止している。公正取引委員会は、我が国における競争的な市

場構造が確保されるよう、迅速かつ的確な企業結合審査に努めている。個別事案の審査
に当たっては、経済分析を積極的に活用している。

　令和３年度においては、独占禁止法第９条から第16条までの規定に基づく企業結合審
査に関する業務として、銀行又は保険会社の議決権取得・保有について15件の認可を行
い、持株会社等について114件の報告、会社の株式取得・合併・分割・共同株式移転・
事業譲受け等について337件の届出をそれぞれ受理し、必要な審査を行った。また、「企
業結合審査の手続に関する対応方針」（平成23年６月14日公正取引委員会。令和元年12
月17日改定）において届出基準を満たさない（届出を要しない）企業結合計画であって
も、買収に係る対価の総額が大きく、かつ、国内の需要者に影響を与えると見込まれる
場合には、企業結合審査を行う旨を公表しているところ、これを踏まえ必要な審査を
行っている。

　＜令和３年度における主な企業結合事案＞
○　㈱福井銀行による㈱福邦銀行の株式取得
○　セールスフォース・ドットコム・インク及びスラック・テクノロジーズ・イン
　クの統合
○　グローバルウェーハズ・ゲーエムベーハーによるシルトロニック・アーゲーの
　株式取得

2　競争環境の整備（アドボカシー（唱導））

(1) ガイドラインの策定・改正

　公正取引委員会は、独占禁止法違反行為の未然防止と事業者及び事業者団体の適切な
活動に役立てるため、事業者及び事業者団体の活動の中でどのような行為が実際に独占
禁止法違反となるのかを具体的に示したガイドラインを策定している。

　＜令和３年度における主なガイドラインの策定・改正＞
○　「フランチャイズ・システムに関する独占禁止法上の考え方について」の改正
○　「スタートアップとの事業連携及びスタートアップへの出資に関する指針」の
　策定
○　「適正な電力取引についての指針」の改定

---

(2) 実態調査

　公正取引委員会は、様々な分野に関する実態調査を積極的に行っており、実態調査に
おいて把握した事実等に基づき、独占禁止法・競争政策上の問題点・論点を指摘して、
事業者や事業者団体による取引慣行の自主的な改善を促すことや、制度所管官庁による
規制や制度の見直しなどを提言することを通じ、競争環境の整備を図っている。

```
＜令和３年度における主な実態調査＞
○  携帯電話市場における競争政策上の課題について（令和３年度調査）
○  新規株式公開（ＩＰＯ）における公開価格設定プロセス等に関する実態把握
○  官公庁における情報システム調達に関する実態調査
○  クレジットカードの取引に関する実態調査
```

⑶ デジタル市場競争会議

　内閣に設置されたデジタル市場競争本部の下、デジタル市場に関する重要事項の調査審議等を実施するため、デジタル市場競争会議が開催されている。当該会議は、内閣官房長官が議長を務め、公正取引委員会に関する事務を担当する内閣府特命担当大臣、公正取引委員会委員長も構成員となっている。

　令和３年４月27日に第５回、令和４年４月26日に第６回のデジタル市場競争会議が開催され、いずれも公正取引委員会に関する事務を担当する内閣府特命担当大臣及び公正取引委員会委員長が出席した。

⑷ 競争評価に関する取組

　各府省が規制の新設又は改廃を行おうとする場合、原則として、規制の事前評価の実施が義務付けられ、競争状況への影響の把握・分析（以下「競争評価」という。）についても行うこととされている。規制の事前評価における競争評価において、各府省は、競争評価チェックリストを作成し、規制の事前評価書の提出と併せて総務省に提出し、総務省は、受領した競争評価チェックリストを公正取引委員会へ送付することとされている。

　公正取引委員会は、令和３年度においては、総務省から競争評価チェックリストを109件受領し、その内容を精査した。また、各府省における競争評価のより適切な実施の促進を目的として、競争評価の手法の改善等を検討するため、経済学や規制の政策評価の知見を有する有識者による競争評価検討会議を令和３年度において３回開催した（詳細は第２部第４章第５を参照）。

⑸ 入札談合の防止への取組

　公正取引委員会は、入札談合の防止を徹底するためには、発注者側の取組が極めて重要であるとの観点から、地方公共団体等の調達担当者等に対する独占禁止法や入札談合等関与行為防止法の研修会を開催するとともに、国、地方公共団体等が実施する調達担当者等に対する同様の研修会への講師の派遣及び資料の提供等の協力を行っている。

　令和３年度においては、研修会を全国で30回開催するとともに、国、地方公共団体等に対して187件の講師の派遣を行った（詳細は第２部第４章第６を参照）。

⑹ 相談対応

　公正取引委員会は、事業者、事業者団体、一般消費者等から寄せられる独占禁止法及

び関係法令に関する質問に対しては、文書又は口頭により回答している。

3　競争政策の運営基盤の強化

(1)　競争政策に関する理論的・実証的な基盤の整備

競争政策研究センターは、平成15年6月の発足以降、独占禁止法等の執行や競争政策の企画・立案・評価を行う上での理論的・実証的な基礎を強化するための活動を展開している。

令和3年度においては、シンポジウムを2回開催したほか、令和2年度から引き続き「データ市場に係る競争政策に関する検討会」を開催した。同検討会では、令和2年11月以降、8回にわたって検討が行われ、令和3年6月25日に報告書を公表した（詳細は第2部第5章 2 を参照）。

(2)　経済のグローバル化への対応

近年、複数の国・地域の競争法に抵触する事案、複数の国・地域の競争当局が同時に審査を行う必要のある事案が増加するなど、競争当局間の協力・連携の強化の必要性が高まっている。このような状況を踏まえ、公正取引委員会は、二国間独占禁止協力協定、経済連携協定等に基づき、関係国の競争当局と連携して執行活動を行うなど、外国の競争当局との間で緊密な協力を行っている。

また、公正取引委員会は、国際競争ネットワーク（ICN）、経済協力開発機構（OECD）、アジア太平洋経済協力（APEC）、国連貿易開発会議（UNCTAD）、東アジア競争政策トップ会合（EATOP）等といった多国間会議にも積極的に参加している。

さらに、開発途上国において、既存の競争法制を強化する動きや、新たに競争法制を導入する動きが活発になっていることを受け、公正取引委員会は、これら諸国の競争当局等に対し、当委員会事務総局の職員の派遣や研修の実施等による競争法・政策分野における技術支援活動を行っている。

このほか、我が国の競争政策の状況を広く海外に発信することにより公正取引委員会の国際的なプレゼンスを向上させるため、英文ウェブサイトに掲載する報道発表資料の一層の充実、海外の大学等が主催するセミナー等へのスピーカーの派遣等を行っている。

令和3年度においては、主に以下の事項に取り組んだ。

ア　競争当局間における連携強化

公正取引委員会は、二国間独占禁止協力協定等に基づき、関係国の競争当局に対し、執行活動等に関する通報を行うなど、外国の競争当局との間で緊密な協力を行っている。令和3年度においては、インドの競争当局であるインド競争委員会との間で、令和3年8月6日に「日本国公正取引委員会とインド競争委員会との間の協力に関する覚書」が署名された（詳細は第2部第11章第1参照）。

イ　競争当局間協議

公正取引委員会は、我が国と経済的交流が特に活発な国・地域の競争当局等との間で競争政策に関する協議を定期的に行っている（詳細は第2部第11章第2参照）。

ウ　経済連携協定への取組

　令和2年11月15日に我が国を含む15か国により署名された地域的な包括的経済連携（ＲＣＥＰ：Regional Comprehensive Economic Partnership）協定が、令和4年1月1日に我が国を含む10か国について発効した。

　公正取引委員会は、経済連携協定等において競争政策を重要な要素と位置付け、競争分野における協力枠組みに係る条項等を盛り込む方向で交渉に参加することとしている（詳細は第2部第11章第3を参照）。

エ　多国間会議への参加

　国際競争ネットワーク（ＩＣＮ）においては、その設立以来、ＩＣＮの活動全体を管理する運営委員会のメンバーを公正取引委員会委員長が務めている。また、当委員会は、令和2年5月からは単独行為作業部会の共同議長を務めている。そのほか、当委員会主導の下で設立された「（カルテル執行に係る）非秘密情報の交換を促進するためのフレームワーク」及び「企業結合審査に係る国際協力のためのフレームワーク」を運用するなど各作業部会の取組に積極的に参画している（詳細は第2部第11章第4 1 を参照）。

　また、公正取引委員会は、経済協力開発機構（ＯＥＣＤ）に設けられている競争委員会の各会合に参加し、ラウンドテーブルにおいて我が国の経験を紹介するなどして、議論への貢献を行っている（詳細は第2部第11章第4 2 を参照）。

　さらに、令和3年11月29日及び30日、Ｇ7及び招待国の競争当局のトップが出席する「エンフォーサーズ・サミット」が開催され、公正取引委員会委員長が出席した（詳細は第2部第11章第4 6 を参照）。

オ　技術支援

　公正取引委員会は、東アジア地域等の開発途上国の競争当局等に対し、当委員会事務総局の職員の派遣や研修の実施等の競争法・政策分野における技術支援活動を行っている。令和3年度においては、独立行政法人国際協力機構（ＪＩＣＡ）の枠組みを通じて、ベトナム、モンゴル、マレーシア及びタイに対して技術支援を行ったほか、競争法制を導入しようとする国や既存の競争法制の強化を図ろうとする国の競争当局等の職員に対し、競争法・政策分野に関する研修を実施した。

　また、日・ＡＳＥＡＮ統合基金（ＪＡＩＦ）を活用した技術支援として、令和3年度において、公正取引委員会は、東南アジア諸国連合（ＡＳＥＡＮ）加盟国等と競争法に係る共同研究を実施した（詳細は第2部第11章第5を参照）。

(3)　競争政策の普及啓発に関する広報・広聴活動

　競争政策に関する意見・要望等を聴取して施策の実施の参考とし、併せて競争政策への理解の促進に資するため、独占禁止政策協力委員から意見聴取を行った。

　また、経済社会の変化に即応して競争政策を有効かつ適切に推進するため、公正取引委員会が広く有識者と意見を交換し、併せて競争政策の一層の理解を求めることを目的

として、独占禁止懇話会を開催しており、令和３年度においては、３回開催した。

　さらに、公正取引委員会委員等と各地の有識者との懇談会（全国９地区）、地方事務所長等の当委員会事務総局の職員と各地区の有識者との懇談会（全国各地区）及び弁護士会との懇談会（全国各地区）をそれぞれ開催した。

　前記以外の活動として、本局及び地方事務所等の所在地以外の都市における独占禁止法等の普及啓発活動や相談対応の一層の充実を図るため、一般消費者に独占禁止法の内容や公正取引委員会の活動を紹介する「消費者セミナー」を開催した。

　加えて、中学校、高等学校及び大学（短期大学等を含む。）に職員を講師として派遣し、経済活動における競争の役割等について授業を行う独占禁止法教室（出前授業）の開催など、学校教育等を通じた競争政策の普及啓発に努めた（詳細は第２部第12章第１を参照）。

＜令和３年度における主な取組＞（注）
○　独占禁止政策協力委員に対する意見聴取等の実施（147件）
○　独占禁止懇話会の開催（３回）
○　地方有識者との懇談会の開催（北海道帯広地区、仙台地区、長野県松本地区、名古屋地区、大津地区、岡山地区、高松地区、宮崎地区及び那覇地区の各地区に所在する有識者）
○　その他の地方有識者との懇談会の開催（55回）
○　弁護士会との懇談会の開催（18回）
○　消費者セミナーの開催（53回）
○　独占禁止法教室の開催（中学生向け34回、高校生向け23回、大学生等向け116回）

（注）従来の対面形式のほか、ウェブ会議等の非対面形式も活用してそれぞれ開催した。

第2部

各　　論

第1章　独占禁止法制等の動き

第1　独占禁止法等の改正

1　民事訴訟法等の一部を改正する法律の制定に伴う独占禁止法の改正

　第208回通常国会に提出された民事訴訟法等の一部を改正する法律案は、電磁的記録の提出命令の明文化、電子情報処理組織による送達の導入等に伴う独占禁止法の所要の改正を含むものであるところ、令和4年5月18日に可決・成立した（令和4年法律第48号。令和4年5月25日公布。施行期日は、公布の日から起算して4年を超えない範囲内において政令で定める日とされている。）。

2　刑法等の一部を改正する法律の施行に伴う関係法律の整理等に関する法律の制定に伴う独占禁止法等の改正

　第208回通常国会に提出された刑法等の一部を改正する法律の施行に伴う関係法律の整理等に関する法律案は、懲役及び禁錮を廃止し、拘禁刑を創設することに伴う独占禁止法及び入札談合等関与行為防止法の所要の改正を含むものであるところ、令和4年6月13日に可決・成立した（令和4年法律第68号。令和4年6月17日公布。施行期日は、刑法等の一部を改正する法律の施行の日とされている。）。

第2　独占禁止法と他の経済法令等の調整

1　法令協議

　公正取引委員会は、関係行政機関が特定の政策的必要性から経済法令の制定又は改正を行おうとする際に、これら法令に独占禁止法の適用除外や競争制限的効果をもたらすおそれのある行政庁の処分に係る規定を設けるなどの場合には、その企画・立案の段階で、当該行政機関からの協議を受け、独占禁止法及び競争政策との調整を図っている。

2　行政調整

　公正取引委員会は、関係行政機関が特定の政策的必要性から行う行政措置等について、独占禁止法及び競争政策上の問題が生じないよう、当該行政機関と調整を行っている。

第2章　違反被疑事件の審査及び処理

第1　違反被疑事件の審査及び処理の状況

1　排除措置命令等

　独占禁止法は、事業者が私的独占又は不当な取引制限をすること、不公正な取引方法を用いること等を禁止している。公正取引委員会は、一般から提供された情報、自ら探知した事実、違反行為をした事業者からの課徴金減免申請等を検討し、これらの禁止規定に違反する事実があると思料するときは、独占禁止法違反被疑事件として必要な審査を行っている。

　審査事件のうち、必要なものについては独占禁止法の規定に基づく権限を行使して審査を行い（法第47条）、違反する事実があると認められ、排除措置命令等をしようとするときは、意見聴取を行い（法第49条等）、意見聴取官が作成した意見聴取調書及び意見聴取報告書の内容を参酌し（法第60条等）ている。

　また、排除措置命令を行うに足る証拠が得られなかった場合であっても、違反の疑いがあるときは、関係事業者等に対して警告を行い、是正措置を採るよう指導している（注）。

　さらに、違反行為の存在を疑うに足る証拠は得られなかったが、違反につながるおそれのある行為がみられた場合には、未然防止を図る観点から注意を行っている。

　なお、法的措置又は警告をしたときは、その旨公表している。また、注意及び打切りについては、競争政策上公表することが望ましいと考えられる事案であり、かつ、関係事業者から公表する旨の了解を得た場合又は違反被疑対象となった事業者が公表を望む場合は、公表している（これら公表された事件の処理の類型別の件数について第1図参照）。

　令和3年度における審査件数（不当廉売事案で迅速処理したもの（第1－2表）を除く。）は、前年度からの繰越しとなっていたもの10件及び年度内に新規に着手したもの103件の合計113件であり、このうち年度内に処理した件数は100件であった。100件の内訳は、排除措置命令が3件、確約計画の認定が2件、注意が92件、審査を打ち切ったものが3件となっている（第1－1表参照）。

（注）公正取引委員会は、警告を行う場合にも、公正取引委員会の審査に関する規則（平成17年公正取引委員会規則第5号）に基づき、事前手続を経ることとしている。

第1図　排除措置命令・確約計画の認定・警告等の件数の推移

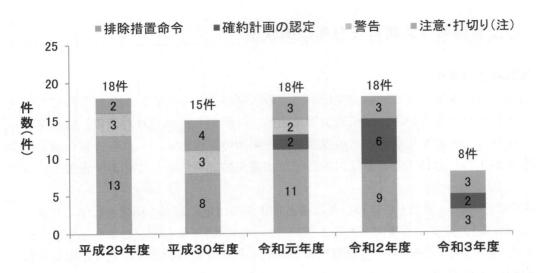

年度 類型	29年度	30年度	元年度	2年度	3年度
排除措置命令	13	8	11	9	3
確約計画の認定	-	0	2	6	2
警告	3	3	2	0	0
注意・打切り（注）	2	4	3	3	3
合計	18	15	18	18	8

（注）事案の概要を公表したものに限る。

第1−1表　審査事件処理状況の推移（不当廉売事案で迅速処理（注）を行ったものを除く。）

		年度	29	30	元	2	3
審査件数		前年度からの繰越し	21	25	23	18	10
		年度内新規着手	122	118	76	83	103
		合計	143	143	99	101	113
処理件数	法的措置	排除措置命令	13	8	11	9	3
		対象事業者等の数	41	46	40	20	34
		確約計画の認定	−	0	2	6	2
		対象事業者の数	−	0	2	6	3
	その他	終了（違反認定）	1	0	0	0	0
		警告	3	3	2	0	0
		注意	88	95	57	73	92
		打切り	13	14	9	3	3
		小計	105	112	68	76	95
		合計	118	120	81	91	100
		次年度への繰越し	25	23	18	10	13
付命令納	課徴金	対象事業者数	32	18	37	4	31
		課徴金額（円）	18億9210万	2億6111万	692億7560万	43億2923万	21億8026万
		告発	1	0	0	1	0

（注）申告のあった不当廉売事案に対し可能な限り迅速に処理する（原則2か月以内）という方針に基づいて行う処理をいう。

第1−2表　不当廉売事案における注意件数（迅速処理によるもの）の推移

年度	29	30	元	2	3
不当廉売事案における注意件数（迅速処理によるもの）	457	227	235	136	244

第2図 法的措置（注1）件数等の推移

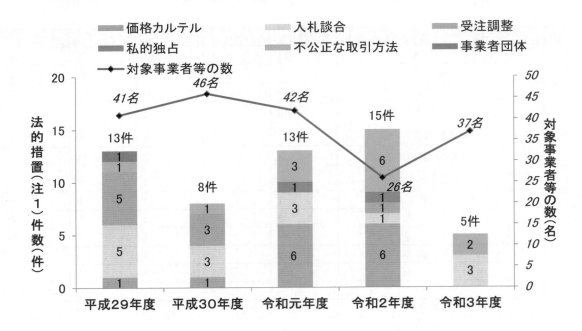

年度 内容（注2）	29年度	30年度	元年度	2年度	3年度
私的独占	0	0	1	1	0
価格カルテル	1	1	6	6	0
入札談合	5	3	3	1	3
受注調整	5	3	0	1	0
不公正な取引方法	1	1	3	6	2
その他（注3）	1	0	0	0	0
合計	13	8	13	15	5

（注1）法的措置とは、排除措置命令、課徴金納付命令及び確約計画の認定のことである。一つの事件について、排除措置命令と課徴金納付命令が共に行われている場合には、法的措置件数を1件としている。
（注2）私的独占と不公正な取引方法のいずれも関係法条となっている事件は、私的独占に分類している。
（注3）「その他」とは、事業者団体による一定の事業分野における事業者の数の制限である。

　令和3年度における処理件数を行為類型別にみると、私的独占2件、価格カルテル4件、入札談合3件、不公正な取引方法85件、となっている（第2表参照）。法的措置は5件であり、この内訳は、入札談合3件、不公正な取引方法2件となっている（第2表及び第3表参照）。

第2表 令和3年度審査事件（行為類型別）一覧表

行為類型（注1）		排除措置命令	確約計画の認定	終了（違反認定）	警告	注意	打切り	合計
私的独占		0	0	0	0	1	1	2
不当な取引制限	価格カルテル	0	0	0	0	4	0	4
	入札談合	3	0	0	0	0	0	3
	小　計	3	0	0	0	4	0	7
不公正な取引方法（注2）	再販売価格の拘束	0	0	0	0	7	0	7
	その他の拘束・排他条件付取引	0	1	0	0	14	1	16
	取引妨害	0	1	0	0	0	0	1
	優越的地位の濫用	0	0	0	0	46	1	47
	不当廉売	0	0	0	0	13	0	13
	その他	0	0	0	0	1	0	1
	小　計	0	2	0	0	81	2	85
その他（注3）		0	0	0	0	6	0	6
合　　計		3	2	0	0	92	3	100

（注1）複数の行為類型に係る事件は、主たる行為に即して分類している。

（注2）事業者団体が事業者に不公正な取引方法に該当する行為をさせるようにする行為（独占禁止法第8条第5号）は、不公正な取引方法に分類している。

（注3）「その他」とは、事業者団体による構成事業者の機能又は活動の不当な制限等である。

第3表 法的措置（注1）件数（行為類型別）の推移

行為類型（注2）		29	30	元	2	3	合計
私的独占		0	0	1	1	0	2
不当な取引制限	価格カルテル	1	1	6	6	0	14
	入札談合	5	3	3	1	3	15
	受注調整	5	3	0	1	0	9
	小　計	11	7	9	8	3	38
不公正な取引方法	再販売価格の拘束	0	0	2	0	0	2
	その他の拘束・排他条件付取引	0	0	1	3	1	5
	取引妨害	0	1	0	0	1	2
	優越的地位の濫用	0	0	0	3	0	3
	その他	1	0	0	0	0	1
	小　計	1	1	3	6	2	13
その他（注3）		1	0	0	0	0	1
合　　計		13	8	13	15	5	54

（注1）法的措置とは、排除措置命令、課徴金納付命令及び確約計画の認定のことである。一つの事件について、排除措置命令と課徴金納付命令が共に行われている場合には、法的措置件数を1件としている。

（注2）私的独占と不公正な取引方法のいずれも関係法条となっている事件は、私的独占に分類している。

（注3）「その他」とは、事業者団体による一定の事業分野における事業者の数の制限である。

課徴金納付命令等

(1) 課徴金納付命令の概要

　　独占禁止法は、カルテル・入札談合等の未然防止という行政目的を達成するために、行政庁たる公正取引委員会が違反事業者等に対して金銭的不利益である課徴金の納付を命ずることを規定している（同法第7条の2第1項、第7条の9第1項及び第2項、第8条の3並びに第20条の2から第20条の6まで）。

　　課徴金の対象となる行為は、①事業者又は事業者団体の行うカルテルのうち、商品若しくは役務の対価に係るもの又は商品若しくは役務について供給量若しくは購入量、市場占有率若しくは取引の相手方を実質的に制限することによりその対価に影響することとなるもの、②いわゆる支配型私的独占で被支配事業者が供給する商品若しくは役務について、その対価に係るもの又は供給量、市場占有率若しくは取引の相手方を実質的に制限することによりその対価に影響することとなるもの、③いわゆる排除型私的独占のうち供給に係るもの、④独占禁止法で定められた不公正な取引方法である、共同の取引拒絶、差別対価、不当廉売及び再販売価格の拘束のうち、一定の要件を満たしたもの並びに優越的地位の濫用のうち継続して行われたものである。

　　令和3年度においては、延べ31名に対し総額21億8026万円の課徴金納付命令を行った。

(2) 課徴金減免制度の運用状況

　　令和3年度における課徴金減免制度に基づく事業者からの報告等の件数は、52件であった（課徴金減免制度導入（平成18年1月）以降の件数は1,395件）。

　　また、令和3年度においては、3事件延べ10名の課徴金減免制度の適用事業者について、これらの事業者の名称、免除の事実又は減額の率等を公表した（注）。

　（注）公正取引委員会は、法運用の透明性等確保の観点から、課徴金減免制度が適用された事業者について、課徴金納付命令を行った際に、当委員会のウェブサイト（https://www.jftc.go.jp/dk/seido/genmen/kouhyou/index.html）に、当該事業者の名称、所在地、代表者名及び免除の事実又は減額の率等を公表することとしている（ただし、平成28年5月31日以前に課徴金減免申請を行った事業者については、当該事業者から公表の申出があった場合に、公表している。）。

　　なお、公表された事業者数には、課徴金減免の申請を行った者であるものの、①独占禁止法第7条の2第1項に規定する売上額（課徴金の算定の基礎となる売上額）が存在しなかったため課徴金納付命令の対象になっていない者及び②算出された課徴金の額が100万円未満であったため独占禁止法第7条の2第1項ただし書により課徴金納付命令の対象になっていない者のうち、公表することを申し出た事業者の数を含めている。

第3図　課徴金額等の推移

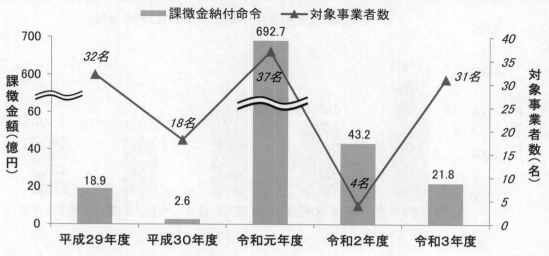

（注）課徴金額については、千万円未満切捨て。

3　申告等

　令和3年度においては、独占禁止法の規定に違反する事実があると思われ、公正取引委員会に報告（申告）された件数は2,805件であった（第4図参照）。この報告が、公正取引委員会規則で定めるところにより、書面で具体的な事実を摘示して行われた場合には、当該報告をした者に措置結果を通知することとされており（法第45条第3項）、令和3年度においては、2,938件の通知を行った。

　また、公正取引委員会は、独占禁止法違反被疑行為の端緒情報をより広く収集するため、平成14年4月からインターネットを利用した申告が可能となる電子申告システムを当委員会のウェブサイト上に設置しているところ、令和3年度においては、同システムを利用した申告が1,453件あった。

　さらに、公正取引委員会は、IT・デジタル関連分野、農業分野及び電力・ガス分野に係る情報提供窓口を設置しており、令和3年度においてもこれらの分野における独占禁止法違反被疑行為に係る情報収集に積極的に取り組んだ。

第4図　申告件数の推移

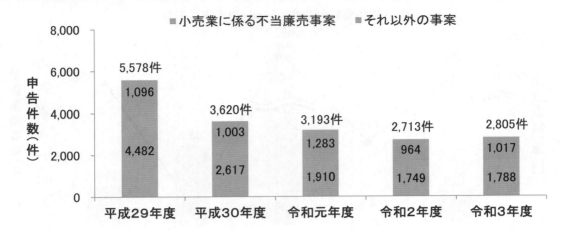

4　発注機関への要請

　公正取引委員会は、独占禁止法違反行為についての審査の過程において競争政策上必要な措置を講ずべきと判断した事項について、発注機関等に要請等を行っている。令和3年度においては、以下のとおり要請を行った。

　日本年金機構に対する要請（令和4年3月3日）（事件詳細については後記第2 1 (2)参照）

> 　公正取引委員会は、審査過程で判明した事実を踏まえ、日本年金機構に対し、次のとおり要請を行った。
> 　ア　今後、談合情報に接した場合には、日本年金機構の発注担当者が適切に公正取引委員会に対して通報し得るよう、所要の改善を図ること
> 　イ　日本年金機構の入札方法について、入札前に入札参加者が他の入札参加者を把握することができないよう、入札方法の見直しなど、適切な措置を講じること

5　審査官の処分に対する異議申立て及び任意の供述聴取に係る苦情申立て

　独占禁止法第47条の規定に基づいて審査官がした立入検査、審尋等の処分を受けた者が、当該処分に不服があるときは、公正取引委員会の審査に関する規則（平成17年公正取引委員会規則第5号）第22条第1項の規定により、当該処分を受けた日から1週間以内に、その理由を記載した文書をもって、当委員会に異議の申立てをすることができる。令和3年度においては、異議の申立てはなかった。

　また、任意の供述聴取については、聴取対象者等が、聴取において「独占禁止法審査手続に関する指針」（平成27年12月25日公正取引委員会決定。以下「審査手続指針」という。）第2の「2　供述聴取」に反する審査官等による言動があったとする場合には、原則として当該聴取を受けた日から1週間以内に、公正取引委員会に苦情を申し立てることができる（審査手続指針第2の4）。

　令和3年度における任意の供述聴取に係る苦情申立ての処理状況は第4表のとおりであり、調査の結果、審査手続指針に反する審査官等の言動等があったとは認められなかったとして棄却している。

第4表　任意の供述聴取に係る苦情申立ての処理状況

苦情申立ての類型／処理結果	供述聴取時の手続・説明事項に関するもの（審査手続指針第2の2(2)）	威迫・強要など審査官等の言動に関するもの（審査手続指針第2の2(3)ア）	聴取時間・休憩時間に関するもの（審査手続指針第2の2(4)）	供述調書の作成・署名押印の際の手続に関するもの（審査手続指針第2の2(5)）	合計
処理件数	0	1	0	0	1
棄却したもの	0	1	0	0	1
必要な措置を講じたもの	0	0	0	0	0

6　判別手続の運用状況

　公正取引委員会は、公正取引委員会の審査に関する規則（平成17年公正取引委員会規則第5号）の一部改正（令和2年公正取引委員会規則第2号）により、当委員会の行政調査手続において、所定の手続により一定の条件を満たすことが確認された事業者と弁護士との間で秘密に行われた通信の内容を記録した物件を、審査官その他の当該事件調査に従事する職員がその内容に接することなく、事件の終結を待つことなく当該事業者に還付する手続（以下「判別手続」という。）を導入し、運用している。当該物件の還付を希望する事業者は、公正取引委員会の審査に関する規則第23条の2第1項の規定により、文書で判別手続の求めを行うこととなっている。令和3年度においては、判別手続の求めはなかった。

第5－1表　令和3年度法的措置（排除措置命令）一覧表

一連番号	事件番号	件　名	内　容	課徴金の総額（最高額～最低額）	法的措置（注）対象事業者の数	違反法条	排除措置命令年月日
1	4（措）1	国、地方公共団体等が発注する群馬県の区域に所在する施設を対象にした機械警備業務の競争入札等の参加業者に対する件	国、地方公共団体等発注の機械警備業務の競争入札等の参加業者が、受注予定者を決定し、受注予定者が受注できるようにしていた。	1480万円（497万円～229万円）	6	第3条後段	4.2.25
2	4（措）2	日本年金機構が発注するデータプリントサービスの入札等の参加業者に対する件	日本年金機構発注のデータプリントサービスの入札等の参加業者が、受注予定者を決定し、受注予定者が受注できるようにしていた。	17億4161万円（3億1686万円～196万円）	26	第3条後段	4.3.3
3	4（措）3	独立行政法人地域医療機能推進機構が発注する医薬品の入札参加業者に対する件	独立行政法人地域医療機能推進機構発注の医薬品の入札参加業者が、受注予定者を決定し、受注予定者が受注できるようにしていた。	4億2385万円（1億7562万円～8634万円）	3	第3条後段	4.3.30
合　　　　計				21億8026万円	35		

（注）排除措置命令を行っていない課徴金納付命令対象事業者を含む。

第5-2表 令和3年度法的措置（確約計画の認定）一覧表

一連番号	事件番号	件 名	内 容	法的措置対象事業者の数	関係法条	確約計画の認定年月日
1	4 (認) 1	Booking.com B.V.に対する件	公正取引委員会は、Booking.com B.V.に対し、同社の次の行為が独占禁止法の規定に違反する疑いがあるものとして、確約手続通知を行ったところ、同社から確約計画の認定申請があり、当該計画が独占禁止法に規定する認定要件に適合すると認め、当該計画を認定した。 ○ Booking.com B.V.は、自らが運営する「Booking.com」と称する宿泊予約サイト（以下「Booking.com サイト」という。）に我が国所在の宿泊施設を掲載する宿泊施設の運営業者（以下「宿泊施設運営業者」という。）との間で締結する契約において、Booking.com サイトに宿泊施設運営業者が掲載する我が国所在の宿泊施設に係る宿泊料金及び部屋数について、他の販売経路と同等又は他の販売経路よりも有利なものとする条件（ただし、当該契約において定めている、当該宿泊料金について自社ウェブサイト等の販売経路と同等又は当該販売経路よりも有利なものとする条件を除く。）を定めるとともに、宿泊施設運営業者に対し、当該条件の遵守について、自ら要請し、又は我が国において Booking.com B.V.に対する支援業務を行う Booking.com Japan㈱をして要請させている。	1	第19条（一般指定第12項）	4.3.16
2	4 (認) 2、3	アメアスポーツジャパン㈱及びウイルソン・スポーティング・グッズ・カンパニーに対する件	公正取引委員会は、アメアスポーツジャパン㈱（以下「アメアジャパン」という。）及びウイルソン・スポーティング・グッズ・カンパニー（以下「ウイルソン」という。）に対し、アメアジャパン及びウイルソンの次の行為が独占禁止法の規定に違反する疑いがあるものとして、確約手続通知を行ったところ、アメアジャパン及びウイルソンからそれぞれ確約計画の認定申請があり、当該計画が独占禁止法に規定する認定要件に適合すると認め、当該計画を認定した。 ○ ウイルソンの子会社であるアメアジャパンは、遅くとも平成28年9月頃以降、令和2年9月までの間、ウイルソンが正規に製造し、ウイルソン又はウイルソンの属する企業グループに属する事業者（アメアジャパンを含む。）を通じて販売される、硬式テニス用テニスラケットの一種であって、上級者向けであるウイルソン製のパフォーマンステニスラケット（以下「本件テニスラケット」という。）を、国外の正規の販売業者から輸入した本件テニスラケット（以下「並行輸入品」という。）を取り扱う輸入販売業者（以下「並行輸入業者」という。）から入手し、これに貼付されたホログラムシールの情報をウイルソンに連絡するとともに、連絡した情報から当該並行輸入品を当該並行輸入業者に販売した国外の正規の販売業者を特定した上で当該国外の正規の販売業者が並行輸入業者へ本件テニスラケットを販売しないようにさせることをウイルソンに求め、これを受け、ウイルソンは、本件テニスラケットをウイルソンが指定した販売地域外に販売することができない旨定めた書面に基づくなどして、特定した国外の正規の販売業者に対し、並行輸入業者に本件テニスラケットを販売しないよう警告していた。	2	第19条（一般指定第14項）	4.3.25
		合 計		3		

（注）一般指定とは、不公正な取引方法（昭和57年公正取引委員会告示第15号）を指す。

第6表　課徴金制度の運用状況（注1）

年度	課徴金納付命令 対象事業者数	課徴金額
昭和52年度	0	0円
53年度	4	507万円
54年度	134	15億7174万円
55年度	203	13億3111万円
56年度	148	37億3020万円
57年度	166	4億8354万円
58年度	93	14億9257万円
59年度	5	3億5310万円
60年度	38	4億747万円
61年度	32	2億7554万円
62年度	54	1億4758万円
63年度	84	4億1899万円
平成元年度	54	8億349万円
2年度	175	125億6214万円
3年度	101	19億7169万円
4年度	135	26億8157万円
5年度	406	35億5321万円
6年度	512	56億6829万円
7年度	741	64億4640万円
8年度	368	74億8616万円
9年度	369	（注2）28億2322万円
10年度	576	31億4915万円
11年度	335	54億5891万円
12年度	719	85億1668万円
13年度	248	21億9905万円
14年度	561	43億3400万円
15年度	468	（注3）38億6712万円
16年度	219	111億5029万円
17年度	399	188億7014万円
18年度	158	92億6367万円
19年度	162	112億9686万円
20年度	87	（注4）270億2546万円
21年度	106	（注5）360億7471万円
22年度	156	（注6）719億4162万円
23年度	277	（注7、8、9、10）399億6181万円
24年度	113	（注11）248億7549万円
25年度	（注12）180	（注12）302億167万円
26年度	128	（注13、14、15）170億4607万円
27年度	31	（注16）85億725万円
28年度	32	91億4301万円
29年度	32	18億9210万円
30年度	18	2億6111万円
令和元年度	37	692億7560万円
2年度	4	43億2923万円
3年度	31	21億8026万円
合計	8,899	4750億3434万円

（注1）平成17年独占禁止法改正法による改正前の独占禁止法に基づく課徴金の納付を命ずる審決を含み、同法に基づく審判手続の開始により失効した課徴金納付命令を除く。

（注2）平成15年９月12日、協業組合カンセイに係る審決取消請求事件について、審決認定（平成10年３月11日、課徴金額1934万円）の課徴金額のうち、967万円を超えて納付を命じた部分を取り消す判決が言い渡された（同判決は確定した。）。

（注3）平成16年２月20日、土屋企業㈱に係る審決取消請求事件について、審決認定（平成15年６月13日、課徴金額586万円）の課徴金額のうち、302万円を超えて納付を命じた部分を取り消す判決が言い渡された（同判決は確定した。）。

（注4）三菱樹脂㈱に対する審判事件について、平成28年２月24日、課徴金納付命令（平成21年２月18日、課徴金額37億2137万円）のうち、37億1041万円を超えて納付を命じた部分を取り消す旨の審決を行った。

（注5）平成21年11月９日、日鉄住金鋼板㈱に対する課徴金納付命令（平成21年８月27日、37億6320万円）、日新製鋼㈱に対する課徴金納付命令（平成21年８月27日、32億1838万円）及び㈱淀川製鋼所に対する課徴金納付命令（平成21年８月27日、16億4450万円）のうち、平成17年独占禁止法改正法附則の規定により読み替えて適用される独占禁止法第51条第１項の規定に基づき課徴金の額をそれぞれ36億8320万円、31億2838万円及び15億5450万円に変更する旨の審決を行った。

（注6）三和シヤッター工業㈱ほか３名に対する審判事件について、令和２年８月31日、
・三和シヤッター工業㈱に対する課徴金納付命令（平成22年６月９日、課徴金額25億1615万円）のうち、24億5686万円を超えて納付を命じた部分を取り消す旨
・文化シヤッター㈱に対する課徴金納付命令（平成22年（納）第95号）（平成22年６月９日、課徴金額17億8167万円）のうち、17億3831万円を超えて納付を命じた部分を取り消す旨
・文化シヤッター㈱に対する課徴金納付命令（平成22年（納）第98号）（平成22年６月９日、課徴金額２億4425万円）のうち、２億4291万円を超えて納付を命じた部分を取り消す旨
・東洋シヤッター㈱に対する課徴金納付命令（平成22年６月９日、課徴金額５億2549万円）のうち、４億8404万円を超えて納付を命じた部分を取り消す旨
の審決を行った。

（注7）エア・ウォーター㈱に係る審決取消請求事件について、審決を取り消す旨の判決が出され、同判決が確定したことを受け、平成26年10月14日、課徴金納付命令（平成23年５月26日、課徴金額36億3911万円）のうち、７億2782万円を超えて納付を命じた部分を取り消す旨の再審決を行った。

（注8）㈱山陽マルナカに対する審判事件について、平成31年２月20日、課徴金納付命令（平成23年６月22日、課徴金額２億2216万円）のうち、１億7839万円を超えて納付を命じた部分を取り消す旨の第１次審決を行った。
また、第１次審決の審判請求棄却部分を取り消す旨の判決が出され、同判決が確定したことを受け、令和３年１月27日、上記課徴金納付命令の残余の部分（課徴金額１億7839万円）を取り消す旨の再審決を行った。

（注9）日本トイザらス㈱に対する審判事件について、平成27年６月４日、課徴金納付命令（平成23年12月13日、課徴金額３億6908万円）のうち、２億2218万円を超えて納付を命じた部分を取り消す旨の審決を行った。

（注10）㈱エディオンに対する審判事件について、令和元年10月２日、課徴金納付命令（平成24年２月16日、課徴金額40億4796万円）のうち、30億3228万円を超えて納付を命じた部分を取り消す旨の審決を行った。

（注11）ＮＴＮ㈱に対する審判事件について、令和元年11月26日、課徴金納付命令（平成25年３月29日、課徴金額72億3107万円）のうち、72億3012万円を超えて納付を命じた部分を取り消すとともに平成25年独占禁止法改正法による改正前の独占禁止法第51条第３項の規定に基づき課徴金の額を70億3012万円に変更する旨の審決を行った。

（注12）加藤化学㈱に対する審判事件について、令和元年９月30日、加藤化学㈱に対する課徴金納付命令（平成25年７月11日、課徴金額4116万円）を取り消す旨の審決を行った。

（注13）ダイレックス㈱に対する審判事件について、令和２年３月25日、課徴金納付命令（平成26年６月５日、課徴金額12億7416万円）のうち、11億9221万円を超えて納付を命じた部分を取り消す旨の審決を行った。

（注14）レンゴー㈱ほか36名に対する審判事件について、令和３年２月８日、
・王子コンテナー㈱に対する課徴金納付命令（平成26年（納）第116号）（平成26年６月19日、課徴金額４億9597万円）のうち、４億8642万円を超えて納付を命じた部分を取り消す旨
・福野段ボール工業㈱に対する課徴金納付命令（平成26年６月19日、課徴金額1078万円）のうち、1050万円を超えて納付を命じた部分を取り消す旨
・王子コンテナー㈱に対する課徴金納付命令（平成26年（納）第163号）（平成26年６月19日、課徴金額12億8727万円）のうち、12億8673万円を超えて納付を命じた部分を取り消す旨
・北海道森紙業㈱に対する課徴金納付命令（平成26年６月19日、課徴金額6640万円）のうち、6586万円を超えて納付を命じた部分を取り消す旨
・浅野段ボール㈱に対する課徴金納付命令（平成26年６月19日、課徴金額2990万円）のうち、2904万円を超えて納付を命じた部分を取り消す旨

の審決を行った。
(注15) レンゴー㈱ほか１名に対する審判事件について、令和３年２月８日、
　　　・レンゴー㈱に対する課徴金納付命令（平成26年６月19日、課徴金額10億7044万円）のうち、10億6758万円を超えて納付を命じた部分を取り消す旨
　　　・㈱トーモクに対する課徴金納付命令（平成26年６月19日、課徴金額６億401万円）のうち、６億363万円を超えて納付を命じた部分を取り消す旨
　　　の審決を行った。
(注16) 松尾電機㈱による排除措置命令等取消請求事件について、平成31年３月28日、東京地方裁判所から、課徴金納付命令（平成28年３月29日、課徴金額４億2765万円）のうち、４億2414万円を超えて納付を命じた部分を取り消す旨の判決が言い渡された（同判決は確定した。）。

第２　法的措置等

　令和３年度においては、５件について法的措置（排除措置命令３件、確約計画の認定２件）を採った。排除措置命令３件の違反法条をみると、いずれも独占禁止法第３条後段（不当な取引制限の禁止）違反３件となっている。また、確約計画の認定２件の関係法条をみると、いずれも同法第19条（不公正な取引方法の禁止）２件となっている。
　これら５件の概要は次のとおりである。

1　排除措置命令及び課徴金納付命令等
(1) 国、地方公共団体等が発注する群馬県の区域に所在する施設を対象にした機械警備業務の競争入札等の参加業者に対する件（令和４年（措）第１号）（令和４年２月25日排除措置命令及び課徴金納付命令）
ア　関係人

番号	違反事業者名	本店の所在地	代表者	排除措置命令	課徴金額
1	北関東綜合警備保障㈱	宇都宮市不動前一丁目3番14号	代表取締役 青木　靖典	○	497万円
2	ALSOK 群馬㈱	前橋市大渡町二丁目1番地の5	代表取締役 樋田　浩二	○	466万円
3	㈱シムックス	群馬県太田市植木野町300番地1	代表取締役 深澤　賢治	○	288万円
4	国際警備㈱	群馬県高崎市江木町1525番地	代表取締役 山﨑　健	○	229万円
5	ケービックス㈱	前橋市問屋町一丁目10番地3	代表取締役 井上　哲孝	○	―
6	東朋産業㈱	前橋市総社町桜が丘1225番地2	代表取締役 村田　茂行	○	―
7	セコム上信越㈱	新潟市中央区新光町1番地10	代表取締役 山中　善紀	―	―
合計				6社	1480万円

　　(注１) 表中の「○」は、排除措置命令の対象事業者であることを示している。
　　(注２) 表中の「―」は、排除措置命令又は課徴金納付命令の対象とはならない違反事業者であることを示している。

イ　違反行為の概要等

　　7社は、遅くとも平成29年1月1日以降、特定機械警備業務について、受注価格の低落防止等を図るため

⑺a　施設ごとに既存業者（競争入札等が行われる時点で当該施設の機械警備業務の委託を受けている者をいう。）を受注すべき者（以下「受注予定者」という。）とする

　b　受注予定者以外の者は、受注予定者が受注できるように協力する

旨の合意の下に

⑷a　受注予定者が提示する入札価格又は見積価格（以下「入札価格等」という。）は、受注予定者が定める

　b　受注予定者以外の者は、受注予定者が連絡した価格以上の入札価格等を提示する

などにより、受注予定者を決定し、受注予定者が受注できるようにしていた。

　　これにより、7社は、公共の利益に反して、特定機械警備業務の取引分野における競争を実質的に制限していたことから、公正取引委員会は、令和4年2月25日、独占禁止法の規定に基づき、排除措置命令及び課徴金納付命令を行った。

（詳細については令和4年2月25日報道発表資料「国、地方公共団体等が発注する群馬県の区域に所在する施設を対象にした機械警備業務の競争入札等の参加業者に対する排除措置命令及び課徴金納付命令について」を参照のこと。）

https://warp.ndl.go.jp/info:ndljp/pid/12151012/www.jftc.go.jp/houdou/pressrelease/2022/feb/220225.html

---

⑵　日本年金機構が発注するデータプリントサービスの入札等の参加業者に対する件（令和4年（措）第2号）（令和4年3月3日　排除措置命令及び課徴金納付命令）

ア　関係人

番号	違反事業者名	本店の所在地	代表者	排除措置命令	課徴金額
1	東洋紙業㈱	大阪市浪速区芦原一丁目3番18号	代表取締役　小川　淳	○	3億1686万円
2	ナカバヤシ㈱	大阪市中央区北浜東1番20号	代表取締役　湯本　秀昭	○	3億1071万円
3	共同印刷㈱	東京都文京区小石川四丁目14番12号	代表取締役　藤森　康彰	○	3億505万円
4	㈱ビー・プロ	仙台市若林区六丁の目西町4番1号	代表取締役　江馬　文成	○	3362万円
5	㈱谷口製作所	茨城県つくば市谷田部4354番地	代表取締役　谷口　一	○	3292万円

番号	違反事業者名	本店の所在地	代表者	排除措置命令	課徴金額
6	トッパン・フォームズ㈱	東京都港区東新橋一丁目7番3号	代表取締役 坂田 甲一	○	1億9674万円
7	㈱ディーエムエス	東京都千代田区神田小川町一丁目11番地	代表取締役 山本 克彦	○	7835万円
8	小林クリエイト㈱	愛知県刈谷市小垣江町北高根115番地	代表取締役 小林 友也	○	6567万円
9	光ビジネスフォーム㈱	東京都八王子市東浅川町553番地	代表取締役 松本 康宏	○	5772万円
10	東洋印刷㈱	京都市伏見区中島中道町133番地	代表取締役 土谷 潤一郎	○	2459万円
11	㈱イセトー	京都市中京区烏丸通御池上ル二条殿町552番地	代表取締役 髙橋 明久	○	2372万円
12	㈱TLP（注3）	東京都板橋区板橋一丁目53番2号	代表取締役 有野 正明	○	2017万円
13	カワセコンピュータサプライ㈱	大阪市中央区今橋二丁目4番10号 EDGE 淀屋橋	代表取締役 川瀬 啓輔	○	1840万円
14	㈱恵和ビジネス	札幌市中央区南二条西十二丁目324番地1	代表取締役 渡辺 淳也	○	1624万円
15	㈱タナカ	茨城県土浦市藤沢3495番地1	代表取締役 田中 司郎	○	1414万円
16	㈱ディーソル	東京都中央区日本橋人形町一丁目8番4号	代表取締役 今村 勇雄	○	1333万円
17	㈱アイネット	横浜市西区みなとみらい三丁目3番1号	代表取締役 坂井 満	○	863万円
18	㈱アテナ	東京都江戸川区臨海町五丁目2番2号	代表取締役 渡辺 剛彦	○	630万円
19	日本電算機用品㈱	東京都大田区蒲田四丁目21番14号	代表取締役 子田 清	○	612万円
20	エースビジネスフォーム㈱	東京都江東区潮見二丁目4番8号	代表取締役 小山 正	○	389万円
21	㈱高速	埼玉県川越市芳野台一丁目103番地の7	代表取締役 千葉 誠	○	340万円
22	塚田印刷㈱	兵庫県西宮市津門稲荷町11番12号	代表取締役 塚田 和範	○	292万円
23	㈱エム・エフ・テック（注4）	新潟県南魚沼市津久野1112番地14	代表取締役 小山 初男	○	196万円
24	㈱田中印刷	京都市南区久世築山町452番地4	代表取締役 田中 辰法	○	―
25	三条印刷㈱	札幌市東区北十条東十三丁目14番地	代表取締役 川口 理一郎	○	―
26	北越パッケージ㈱（注5、6）	東京都中央区日本橋本石町三丁目2番2号	代表取締役 川島 嘉則	―	1億8016万円
合計				25社	17億4161万円

（注1）表中の「○」は、排除措置命令の対象事業者であることを示している。
（注2）表中の「―」は、排除措置命令又は課徴金納付命令の対象とならない違反事業者であることを示している。
（注3）㈱TLP は、平成30年10月1日付けで、商号を東京ラインプリンタ印刷㈱から現商号に変更したものである。

（注４）㈱エム・エフ・テックは、令和４年１月１日付けで、商号を高速紙工業㈱から現商号に変更した
　　　ものである。

（注５）北越パッケージ㈱は、平成30年７月１日付けで、商号をビーエフ＆パッケージ㈱から現商号に変
　　　更したものである。

（注６）北越パッケージ㈱は、令和３年５月31日に、㈱ディーソル（番号16）の完全子会社にデータプリ
　　　ントサービスに関する事業を全部譲渡し、同日以降、データプリントサービスを請け負う事業を営ん
　　　でいない。

イ　違反行為の概要等

⑺　26社は、遅くとも平成28年５月６日以降（注７）、特定データプリントサービスに
　　ついて、受注価格の低落防止等を図るため

　a ⒜　受注すべき者（以下「受注予定者」という。）を決定する

　　⒝　受注予定者以外の者は、受注予定者が受注できるように協力する

　旨の合意の下に

　b ⒜　東洋紙業㈱、ナカバヤシ㈱、共同印刷㈱、㈱ビー・プロ、㈱谷口製作所及び
　　　北越パッケージ㈱の６社（注８）（以下「６社」という。）は、特定データプリ
　　　ントサービスごとに、６社以外の事業者から、受注希望を確認する

　　⒝　６社は、会合を開催するなどして、特定データプリントサービスごとに、26
　　　社の受注希望、毎年発注される特定データプリントサービスについては26社の
　　　過去の受注実績、新たに発注される特定データプリントサービスについては26
　　　社の日本年金機構に対する仕様の作成等への協力状況等を勘案して

　　　ⅰ　１社落札入札の特定データプリントサービスについては、受注予定者及び
　　　　受注予定者の入札価格

　　　ⅱ　複数社落札入札（注９）の特定データプリントサービスについては、受注
　　　　予定者、受注予定者ごとの受注予定数量並びに受注予定者の中で最も高い価
　　　　格で入札を行う者及びその者の入札価格

　　　を決定する

　　⒞　６社は、前記⒝で決定した受注予定者、受注予定数量及び受注予定者の入札
　　　価格を６社以外の入札参加者に連絡する

　　⒟　受注予定者は

　　　ⅰ　１社落札入札の特定データプリントサービスについては、前記⒝で決定し
　　　　た受注予定者の入札価格

　　　ⅱ　複数社落札入札の特定データプリントサービスについては、受注予定者の
　　　　中で最も高い価格で入札を行う者は前記⒝で決定した入札価格及び受注予定
　　　　数量、それ以外の受注予定者は前記⒝で決定した受注予定者の中で最も高い
　　　　価格で入札を行う者の入札価格よりも低い価格及び受注予定数量

　　　を提示する

　　⒠　受注予定者以外の入札参加者は

　　　ⅰ　１社落札入札の特定データプリントサービスについては、前記⒝で決定し
　　　　た受注予定者の入札価格よりも高い価格

　　　ⅱ　複数社落札入札の特定データプリントサービスについては、前記⒝で決定

　　　　　した受注予定者の中で最も高い価格で入札を行う者の入札価格よりも高い価
　　　　　格
　　　　を提示する
　　　ことなどにより、受注予定者を決定し、受注予定者が受注できるようにしていた。
（注7）三条印刷㈱にあっては平成29年4月7日以降である。
（注8）㈱谷口製作所にあっては平成28年11月頃から令和元年10月7日までの間、北越パッケージ㈱にあっ
　　　ては遅くとも平成28年5月6日から同年9月末頃までの間である。
（注9）入札参加者に、調達予定数量の範囲内で受注予定数量及び入札価格を提示させ、予定価格の制限の
　　　範囲内の入札価格を提示した者のうち、低い入札価格を提示した者から順次調達予定数量に達するまで
　　　の者を受注者とする入札方法をいう。
　　(イ)　6社は、前記(7)の実効を確保するため
　　　a　特定データプリントサービスの入札等に新規に参加する者に対して前記(7)aの
　　　　合意への参加を要請する
　　　b　受注予定者を決定するに当たり、受注を希望する者の数が多く、受注を希望す
　　　　る者を希望どおりに受注予定者にすることができない場合、受注予定者以外の者
　　　　に業務の一部又は全部を下請に出すことなどを条件にして受注予定者とする
　　　などしていた。
　　(ウ)　26社は、前記(7)aの合意をすることにより、公共の利益に反して、特定データプ
　　　リントサービスの取引分野における競争を実質的に制限していたことから、公正取
　　　引委員会は、令和4年3月3日、独占禁止法の規定に基づき、排除措置命令及び課
　　　徴金納付命令を行った。

ウ　日本年金機構への要請

　　公正取引委員会は、審査過程で判明した事実を踏まえ、日本年金機構に対し、次の
　とおり要請を行った。
　　(7)　今後、談合情報に接した場合には、日本年金機構の発注担当者が適切に当委員会
　　　に対して通報し得るよう、所要の改善を図ること
　　(イ)　日本年金機構の入札方法について、入札前に入札参加者が他の入札参加者を把握
　　　することができないよう、入札方法の見直しなど、適切な措置を講じること

　（詳細については令和4年3月3日報道発表資料「日本年金機構が発注するデータプ
リントサービスの入札等の参加業者に対する排除措置命令及び課徴金納付命令等につ
いて」を参照のこと。）
　https://warp.ndl.go.jp/info:ndljp/pid/12213389/www.jftc.go.jp/houdou/pressrelease
/2022/mar/220303daiyon.html

---

(3) 独立行政法人地域医療機能推進機構が発注する医薬品の入札参加業者に対する件（令和４年（措）第３号）（令和４年３月30日　排除措置命令及び課徴金納付命令）

　ア　関係人

番号	違反事業者名	本店の所在地	代表者	排除措置命令	課徴金額
1	アルフレッサ㈱※	東京都千代田区内神田一丁目12番1号	代表取締役 福神　雄介	○	1億7562万円
2	東邦薬品㈱※	東京都世田谷区代沢五丁目2番1号	代表取締役 馬田　明	○	1億6189万円
3	㈱スズケン※	名古屋市東区東片端町8番地	代表取締役 宮田　浩美	○	8634万円
4	㈱メディセオ	東京都中央区八重洲二丁目7番15号	代表取締役 長福　恭弘	―	―
合計				3社	4億2385万円

（注１）表中の「○」は、排除措置命令の対象事業者であることを示している。

（注２）表中の「※」を付した事業者は、後記イ記載の違反行為に係る事件と同一の事件について不当な取引制限の罪により罰金の刑に処せられ、同裁判が確定していることから、独占禁止法第７条の７第１項の規定に基づき、当該罰金額の２分の１に相当する金額を控除した額を課徴金額としている。

（注３）表中の「―」は、排除措置命令又は課徴金納付命令の対象とならない違反事業者であることを示している。

　イ　違反行為の概要等

　　㈎　平成28年入札医薬品に係る違反行為

　　　　４社は、平成28年６月８日以降、東京都千代田区所在の貸会議室において、部長級、課長級等の営業担当者による会合を開催して、平成28年入札医薬品のうち「藤本製薬」の医薬品を除く医薬品について、受注価格の低落防止等を図るため、

　　a㈹　４社それぞれの受注予定比率を設定し、同比率に合うよう平成28年入札医薬品を医薬品の製造販売業者等で区分した医薬品群ごとに受注すべき者（以下「受注予定者」という。）を決定する

　　　㈸　受注予定者以外の者は、受注予定者が受注できるように協力する

　　旨の合意の下に

　　b㈹　既存の取引（入札が行われる時点での卸売業者と独立行政法人地域医療機能推進機構57病院（注４）間における単価購入契約をいう。以下同じ。）等を勘案し、前記受注予定比率に合うよう医薬品群ごとに受注予定者を決定する

　　　㈸　受注予定者が提示する入札価格は、受注予定者が定め、受注予定者以外の者は、受注予定者等が連絡した価格以上の入札価格を提示する

　　などにより、受注予定者を決定し、受注予定者が受注できるようにしていた。

　　　　これにより、４社は、公共の利益に反して、平成28年入札医薬品の取引分野における競争を実質的に制限していた。

（注４）「独立行政法人地域医療機能推進機構57病院」とは、独立行政法人地域医療機能推進機構が運営する全国の57病院をいう。

　　㈏　平成30年入札医薬品に係る違反行為

　　　　４社は、平成30年６月１日以降、東京都千代田区所在の貸会議室において、部長

級、課長級等の営業担当者による会合を開催して、平成30年入札医薬品について、受注価格の低落防止等を図るため、

a ⓐ 　4社それぞれの受注予定比率を設定し、同比率に合うよう平成30年入札医薬品を医薬品の製造販売業者で区分した医薬品群ごとに受注予定者を決定する

ⓑ 　受注予定者以外の者は、受注予定者が受注できるように協力する

旨の合意の下に

b ⓐ 　既存の取引及び医薬品群の薬価総額等を勘案し、前記受注予定比率に合うよう医薬品群ごとに受注予定者を決定する

ⓑ 　受注予定者が提示する入札価格は、受注予定者が定め、受注予定者以外の者は、受注予定者が連絡した価格以上の入札価格を提示する

などにより、受注予定者を決定し、受注予定者が受注できるようにしていた。

　これにより、4社は、公共の利益に反して、平成30年入札医薬品の取引分野における競争を実質的に制限していた。

　以上のことから、公正取引委員会は、令和4年3月30日、独占禁止法の規定に基づき、排除措置命令及び課徴金納付命令を行った。

　（詳細については令和4年3月30日報道発表資料「独立行政法人地域医療機能推進機構が発注する医薬品の入札参加業者に対する排除措置命令及び課徴金納付命令について」を参照のこと。）

　https://warp.ndl.go.jp/info:ndljp/pid/12213389/www.jftc.go.jp/houdou/pressrelease/2022/mar/220330.html

---

2 確約計画の認定

(1) Booking.com B.V.に対する件（令和4年（認）第1号）（令和4年3月16日　確約計画の認定）

ア　関係人

名称	所在地	代表者
Booking.com B.V.	オランダ王国アムステルダム、ヘレングラハト597	M.F. Lima da Rocha Barros

イ　概要

　公正取引委員会は、Booking.com B.V.に対し、同社の次の行為が独占禁止法の規定に違反する疑いがあるものとして、確約手続通知を行ったところ、同社から確約計画の認定申請があり、当該計画が独占禁止法に規定する認定要件に適合すると認め、当該計画を認定した。

○　Booking.com B.V.は、自らが運営する「Booking.com」と称する宿泊予約サイト

（以下「Booking.com サイト」という。）に我が国所在の宿泊施設を掲載する宿泊施設の運営業者（以下「宿泊施設運営業者」という。）との間で締結する契約において、Booking.com サイトに宿泊施設運営業者が掲載する我が国所在の宿泊施設に係る宿泊料金及び部屋数について、他の販売経路と同等又は他の販売経路よりも有利なものとする条件（ただし、当該契約において定めている、当該宿泊料金について自社ウェブサイト等の販売経路と同等又は当該販売経路よりも有利なものとする条件を除く。）を定めるとともに、宿泊施設運営業者に対し、当該条件の遵守について、自ら要請し、又は我が国において Booking.com B.V. に対する支援業務を行う Booking.com Japan㈱をして要請させている。

（詳細については令和４年３月16日報道発表資料「Booking.com B.V. から申請があった確約計画の認定等について」を参照のこと。）

https://warp.ndl.go.jp/info:ndljp/pid/12213389/www.jftc.go.jp/houdou/pressrelease/2022/mar/220316.html

---

⑵　アメアスポーツジャパン㈱及びウイルソン・スポーティング・グッズ・カンパニーに対する件（令和４年（認）第２号、第３号）（令和４年３月25日　確約計画の認定）

ア　関係人

名称	所在地	代表者
アメアスポーツジャパン㈱	東京都新宿区新宿六丁目27番30号	代表取締役 ショーン・ヒリアー
ウイルソン・スポーティング・グッズ・カンパニー	アメリカ合衆国イリノイ州シカゴ市イーストランドルフ通り130番地600号	代表者 ジョー・ダディ

イ　概要

　　公正取引委員会は、アメアスポーツジャパン㈱（以下「アメアジャパン」という。）及びウイルソン・スポーティング・グッズ・カンパニー（以下「ウイルソン」という。）に対し、アメアジャパン及びウイルソンの次の行為が独占禁止法の規定に違反する疑いがあるものとして、確約手続通知を行ったところ、アメアジャパン及びウイルソンから確約計画の認定申請があり、当該計画が独占禁止法に規定する認定要件に適合すると認め、当該計画を認定した。

○　ウイルソンの子会社であるアメアジャパンは、遅くとも平成28年９月頃以降、令和２年９月までの間、ウイルソンが正規に製造し、ウイルソン又はウイルソンの属する企業グループに属する事業者（アメアジャパンを含む。）を通じて販売される、硬式テニス用テニスラケットの一種であって、上級者向けであるウイルソン製のパフォーマンステニスラケット（以下「本件テニスラケット」という。）を、国外の正規の販売業者から輸入した本件テニスラケット（以下「並行輸入品」とい

う。）を取り扱う輸入販売業者（以下「並行輸入業者」という。）から入手し、これに貼付されたホログラムシールの情報をウイルソンに連絡するとともに、連絡した情報から当該並行輸入品を当該並行輸入業者に販売した国外の正規の販売業者を特定した上で当該国外の正規の販売業者が並行輸入業者へ本件テニスラケットを販売しないようにさせることをウイルソンに求め、これを受け、ウイルソンは、本件テニスラケットをウイルソンが指定した販売地域外に販売することができない旨定めた書面に基づくなどして、特定した国外の正規の販売業者に対し、並行輸入業者に本件テニスラケットを販売しないよう警告していた。

（詳細については令和４年３月25日報道発表資料「アメアスポーツジャパン㈱及びウイルソン・スポーティング・グッズ・カンパニーから申請があった確約計画の認定について」を参照のこと。）

https://warp.ndl.go.jp/info:ndljp/pid/12213389/www.jftc.go.jp/houdou/pressrelease/2022/mar/220325_kokujou.html

---

第3 その他の事件処理

1 自発的な措置に関する公表

　令和３年度において、審査の過程において、事業者の自発的な措置を踏まえて調査を終了した事案の概要は、次のとおりである。

第７表　令和３年度自発的な措置に関する公表事案一覧

一連番号	件　名	内　　容	公表年月日
1	アップル・インクに対する件	公正取引委員会は、アップル・インク（以下「アップル」という。）による私的独占等被疑事件について審査を行ったところ、アップルから改善措置の申出がなされたため、その内容を検討したところ、本件被疑行為を解消するものと認められたことから、当該措置を実施したことを確認した上で、本件審査を終了することとし、事案の概要を公表した。 　アップルが、iPhone 向けのアプリケーションを掲載する App Store の運営に当たり、App Store Review ガイドラインに基づき、デベロッパーがアプリ内で音楽、電子書籍、動画等のデジタルコンテンツの販売等を行う場合、アップルが指定する課金方法（以下「IAP」という。）の使用を義務付けることに加え、消費者を IAP 以外の課金による購入に誘導するボタンや外部リンクをアプリに含める行為を禁止するなどしていた。 　（詳細については令和３年９月２日報道発表資料「アップル・インクに対する独占禁止法違反被疑事件の処理について」を参照のこと。） 　https://warp.ndl.go.jp/info:ndljp/pid/12151012/www.jftc.go.jp/houdou/pressrelease/2021/sep/210902.html	3.9.2
2	㈱ユニクエストに対する件	公正取引委員会は、㈱ユニクエスト（以下「ユニクエスト」という。）による拘束条件付取引等被疑事件について審査を行ったところ、ユニクエストからの改善措置を講じた旨の報告がなされたため、その内容を検討したところ、本件被疑行為を解消するものとして認められたことから、本件審査を終了することとし、事案の概要を公表した。 　ユニクエストが、同社の運営する「小さなお葬式」と称するインターネット葬儀サービス（インターネットを通じて全国の一般消費者から葬儀の申込みを受け、提携している葬儀社に対して葬儀の施行を依頼する事業をいう。以下同じ。）に関し、一般消費者に提供する葬儀の施行を委託している葬儀社に対し、他のインターネット葬儀サービスを営む事業者と取引することを制限している疑いがあった。 　（詳細については令和３年12月２日報道発表資料「㈱ユニクエストに対する独占禁止法違反被疑事件の処理について」を参照のこと。） 　https://warp.ndl.go.jp/info:ndljp/pid/12151012/www.jftc.go.jp/houdou/pressrelease/2021/dec/211202.html	3.12.2

一連番号	件　名	内　容	公表年月日
3	楽天グループ㈱に対する件	公正取引委員会は、楽天グループ㈱（以下「楽天」という。）による優越的地位の濫用被疑事件について審査を行ったところ、楽天から改善措置の申出がなされたことにより、本件被疑行為は解消するものと認められたことから、当該措置を実施したことを確認した上で審査を終了することとし、事案の概要を公表した。 　楽天が、楽天が運営するオンラインモール「楽天市場」に出店している出店事業者に対し、「共通の送料込みライン」（原則として3,980円（税込み）以上の注文の場合に「送料無料」と表示する施策。以下同じ。）を令和2年3月18日から一律に導入することを通知するなどしたことから、同年2月28日、東京地方裁判所に対し、楽天が「共通の送料込みライン」を一律に導入することの一時停止を求め、独占禁止法第70条の4第1項の規定に基づいて緊急停止命令の申立てを行った。 　こうした中、楽天は、令和2年3月6日、店舗の選択により「共通の送料込みライン」の適用対象外にできる措置を行うこと等を公表し、その後、出店事業者が適用対象外申請を行うための手続を設けた（適用対象外申請を行うことができるのは、令和元年7月以前に楽天との間で出店契約を締結した店舗のみである。）。公正取引委員会は、出店事業者が「共通の送料込みライン」に参加するか否かを自らの判断で選択できるようになるのであれば、当面は、一時停止を求める緊急性が薄れるものと判断し、同年3月10日、同申立てを取り下げた。ただし、出店事業者の選択の任意性が確保されるか否かを見極める必要があると判断し、継続して審査を行ってきた。 　審査の結果、楽天が、令和元年7月以前から楽天市場に出店している出店事業者に対し（楽天は、令和元年8月1日以降は、「共通の送料込みライン」への参加に同意した店舗とのみ出店契約を締結している。）、店舗を担当する営業担当者等（楽天市場の店舗の運営に関する出店事業者からの相談等に対応している。）により、「共通の送料込みライン」に参加していない店舗を不利にする取扱いを示唆するなどして、「共通の送料込みライン」に参加すること及び適用対象外申請を行わないことを余儀なくさせることにより、自己の取引上の地位が相手方に優越していることを利用して、正常な商慣習に照らして不当に、取引の相手方に不利益となるように取引の条件を設定し若しくは変更し又は取引を実施している疑い（独占禁止法第2条第9項第5号ハ（優越的地位の濫用）に該当し、同法第19条の規定に違反する疑い。）のある事実が認められた。 　（詳細については令和3年12月6日報道発表資料「楽天グループ㈱に対する独占禁止法違反被疑事件の処理について」を参照のこと。） https://warp.ndl.go.jp/info:ndljp/pid/12151012/www.jftc.go.jp/houdou/pressrelease/2021/dec/211206.html	3.12.6

第4　告発

　私的独占、カルテル等の重大な独占禁止法違反行為については、排除措置命令等の行政上の措置のほか罰則が設けられているところ、これらについては公正取引委員会による告発を待って論ずることとされている（第96条及び第74条第1項）。

　公正取引委員会は、平成17年10月、平成17年独占禁止法改正法の趣旨を踏まえ、「独占

禁止法違反に対する刑事告発及び犯則事件の調査に関する公正取引委員会の方針」を公表し、独占禁止法違反行為に対する抑止力強化の観点から、積極的に刑事処罰を求めて告発を行っていくこと等を明らかにしている。

　令和３年度においては、検事総長に告発した事件はなかった。

第3章　訴　訟

第1　審決取消請求訴訟

　令和3年度当初において係属中の審決取消請求訴訟は15件であったところ、同年度中にこれらの訴訟における判決等はなかったため、同年度末時点においても引き続き当該15件の審決取消請求訴訟が係属中である（第1表参照）。

第１表　令和３年度係属事件一覧

一連番号	件 名	審決の内容	判決等
1	㈱ラルズによる件	被審人が、納入業者のうち88社に対し自己の取引上の地位が優越していることを利用して、正常な商慣習に照らして不当に、納入業者に従業員等を派遣させ、金銭を提供させ、商品を購入させていたことについて、優越的地位の濫用行為であると認め、被審人と納入業者88社それぞれとの間における購入額を課徴金の対象として認めた（課徴金額　12億8713万円）。	審決年月日　平成31年 3月25日 提訴年月日　平成31年 4月24日 判決年月日　令和 3年 3月 3日 （請求棄却、東京高等裁判所） 上訴年月日　令和 3年 3月15日 （上告受理申立て、原審原告）
2	㈱エディオンによる件	被審人が、納入業者に対し自己の取引上の地位が優越していることを利用して、正常な商慣習に照らして不当に、納入業者に従業員等を派遣させていたことについて、原処分における違反行為の相手方である127社のうち、92社に対する行為は優越的地位の濫用行為であると認められることから、排除措置命令を変更し課徴金納付命令の一部を取り消した。被審人と納入業者92社それぞれとの間における購入額を課徴金の対象として認めた。ただし、「マル特経費負担」分は購入額から除外すべきものとされた（一部取消し後の課徴金額　30億3228万円）。	審決年月日　令和元年10月 2日 提訴年月日　令和元年11月 1日
3	ダイレックス㈱による件	被審人が、納入業者に対し自己の取引上の地位が優越していることを利用して、正常な商慣習に照らして不当に、納入業者に従業員等を派遣させ、金銭を提供させていたことについて、原処分における違反行為の相手方である78社のうち、69社に対する行為は優越的地位の濫用行為であると認められることから、排除措置命令を変更し課徴金納付命令の一部を取り消した。被審人と69社それぞれとの間における購入額を課徴金の対象として認めた（一部取消し後の課徴金額　11億9221万円）。	審決年月日　令和 2年 3月25日 提訴年月日　令和 2年 4月 2日

一連番号	件　名	審決の内容	判決等
4	東洋シヤッター㈱による件	被審人が、他の事業者と共同して、特定シャッターの需要者向け販売価格について引き上げることを合意（全国合意）することにより、公共の利益に反して、我が国における特定シャッターの販売分野における競争を実質的に制限していたと認めた。 　被審人が前記全国合意に係る違反行為により販売した特定シャッターの売上額を課徴金の対象として認めた。ただし、近畿合意（一連番号の5参照）に基づく売上額と全国合意に基づく売上額のうち、重複した売上額は全国合意に係る課徴金の計算の基礎から控除すべきものとして課徴金の対象とは認めなかった(一部取消し後の課徴金額4億8404万円)。	審決年月日　令和 2年 8月31日 提訴年月日　令和 2年 9月29日
5	三和ホールディングス㈱ほか1名による件	被審人三和シヤッター工業㈱が、他の事業者と共同して、特定シャッターの需要者向け販売価格について引き上げることを合意（全国合意）することにより、公共の利益に反して、我が国における特定シャッターの販売分野における競争を実質的に制限していたと認めた。 　被審人らが、他の事業者と共同して、近畿地区における特定シャッター等について、受注予定者を決定し、受注予定者が受注できるようにするとともに、受注予定者以外の者も受注することとなった場合には受注予定者が建設業者に対して提示していた見積価格と同じ水準の価格で受注するようにする（近畿合意）ことにより、公共の利益に反して、近畿地区における特定シャッター等の取引分野における競争を実質的に制限していたと認めた。 　被審人らが前記全国合意に係る違反行為により販売した特定シャッター及び近畿合意に係る違反行為により販売した近畿地区における特定シャッター等の売上額を課徴金の対象として認めた。ただし、被審人三和シヤッター工業㈱については、近畿合意に基づく売上額と全国合意に基づく売上額のうち、重複した売上額は全国合意に係る課徴金の計算の基礎から控除すべきものとして課徴金の対象とは認めなかった（課徴金額　4026万円（三和ホールディングス㈱）、一部取消し後の課徴金額　27億1585万円（三和シヤッター工業㈱））。	審決年月日　令和 2年 8月31日 提訴年月日　令和 2年 9月30日

一連番号	件 名	審決の内容	判決等
6	文化シヤッター㈱による件	被審人が、他の事業者と共同して、特定シャッターの需要者向け販売価格について引き上げることを合意（全国合意）することにより、公共の利益に反して、我が国における特定シャッターの販売分野における競争を実質的に制限していたと認めた。 被審人が前記全国合意に係る違反行為により販売した特定シャッターの売上額を課徴金の対象として認めた。ただし、近畿合意（一連番号の5参照）に基づく売上額と全国合意に基づく売上額のうち、重複した売上額は全国合意に係る課徴金の計算の基礎から控除すべきものとして課徴金の対象とは認めなかった（一部取消し後の課徴金額17億3831万円）。	審決年月日　令和 2年 8月31日 提訴年月日　令和 2年 9月30日
7	サクラパックス㈱ほか1名による件	被審人らが、他の事業者と共同して、特定段ボールシートの販売価格を引き上げることを合意（本件シート合意）することにより、公共の利益に反して、特定段ボールシートの販売分野における競争を実質的に制限していたと認めた。 被審人らが、他の事業者と共同して、特定段ボールケースの販売価格を引き上げることを合意（本件ケース合意）することにより、公共の利益に反して、特定段ボールケースの販売分野における競争を実質的に制限していたと認めた。 被審人らが本件シート合意及び本件ケース合意に係る違反行為により販売した特定段ボールシート及び特定段ボールケースの売上額を課徴金の対象として認めた（課徴金額　2662万円（サクラパックス㈱）、3477万円（森井紙器工業㈱））。	審決年月日　令和 3年 2月 8日 提訴年月日　令和 3年 3月 9日

一連番号	件 名	審決の内容	判決等
8	レンゴー㈱ほか6名による件	被審人らが、他の事業者と共同して、特定段ボールシートの販売価格を引き上げることを合意（本件シート合意）することにより、公共の利益に反して、特定段ボールシートの販売分野における競争を実質的に制限していたと認めた。 　被審人らが、他の事業者と共同して、特定段ボールケースの販売価格を引き上げることを合意（本件ケース合意）することにより、公共の利益に反して、特定段ボールケースの販売分野における競争を実質的に制限していたと認めた。 　被審人らが本件シート合意及び本件ケース合意に係る違反行為により販売した特定段ボールシート及び特定段ボールケースの売上額を課徴金の対象として認めた（課徴金額　46億6156万円（7名の合計額））。	審決年月日　令和 3年 2月 8日 提訴年月日　令和 3年 3月10日
9	レンゴー㈱による件	被審人が、他の事業者と共同して、特定ユーザー向け段ボールケースの販売価格又は加工賃を引き上げることを合意（本件合意）することにより、公共の利益に反して、特定ユーザー向け段ボールケースの取引分野における競争を実質的に制限していたと認めた。 　被審人が本件合意に係る違反行為により販売した特定ユーザー向け段ボールケースの売上額等を課徴金の対象として認めた。ただし、被審人が特定ユーザーに対して支払った割戻金について、当該割戻金を支払うことを定めた「覚書」等の書面作成日以降の取引に対応する割戻金額について、課徴金の計算の基礎となる売上額から控除すべきものと認めた（一部取消し後の課徴金額　10億6758万円）。	審決年月日　令和 3年 2月 8日 提訴年月日　令和 3年 3月10日

第3章

訴訟

一連番号	件 名	審決の内容	判決等
10	王子コンテナー㈱ほか10名による件	被審人らが、他の事業者と共同して、特定段ボールシートの販売価格を引き上げることを合意（本件シート合意）することにより、公共の利益に反して、特定段ボールシートの販売分野における競争を実質的に制限していたと認めた。 被審人らが、他の事業者と共同して、特定段ボールケースの販売価格を引き上げることを合意（本件ケース合意）することにより、公共の利益に反して、特定段ボールケースの販売分野における競争を実質的に制限していたと認めた。 被審人らが本件シート合意及び本件ケース合意に係る違反行為により販売した特定段ボールシート及び特定段ボールケースの売上額を課徴金の対象として認めた。ただし、被審人王子コンテナー㈱及び被審人北海道森紙業㈱の「当て紙」の売上額並びに被審人王子コンテナー㈱が加工委託のため別のメーカーに有償支給した段ボールシートの売上額は、特定段ボールシート及び特定段ボールケースの売上額ではない等の理由から、これを課徴金の計算の基礎から除外すべきものと認めた（課徴金額 27億192万円（11名の合計額。ただし被審人王子コンテナー㈱及び被審人北海道森紙業㈱については一部取消し後の金額））。	審決年月日 令和3年2月8日 提訴年月日 令和3年3月10日

一連番号	件　名	審決の内容	判決等
11	コバシ㈱ほか6名による件	被審人コバシ㈱、同大万紙業㈱、同福原紙器㈱及び同吉沢工業㈱が、他の事業者と共同して、特定段ボールシートの販売価格を引き上げることを合意（本件シート合意）することにより、公共の利益に反して、特定段ボールシートの販売分野における競争を実質的に制限していたと認めた。 　被審人らが、他の事業者と共同して、特定段ボールケースの販売価格を引き上げることを合意（本件ケース合意）することにより、公共の利益に反して、特定段ボールケースの販売分野における競争を実質的に制限していたと認めた。 　被審人らが本件シート合意及び本件ケース合意に係る違反行為により販売した特定段ボールシート及び特定段ボールケースの売上額を課徴金の対象として認めた。ただし、被審人浅野段ボール㈱が東日本地区に交渉担当部署が所在しない取引先に納入した段ボールケースの売上額は、特定段ボールケースの売上額ではない等の理由から、これを課徴金の計算の基礎から除外すべきものと認めた（課徴金額　1億5785万円（7名の合計額。ただし被審人浅野段ボール㈱については一部取消し後の金額））。	審決年月日　令和 3年 2月 8日 提訴年月日　令和 3年 3月10日

一連番号	件 名	審決の内容	判決等
12	福野段ボール工業㈱による件	被審人が、他の事業者と共同して、特定段ボールシートの販売価格を引き上げることを合意（本件シート合意）することにより、公共の利益に反して、特定段ボールシートの販売分野における競争を実質的に制限していたと認めた。 　被審人が、他の事業者と共同して、特定段ボールケースの販売価格を引き上げることを合意（本件ケース合意）することにより、公共の利益に反して、特定段ボールケースの販売分野における競争を実質的に制限していたと認めた。 　被審人が本件シート合意及び本件ケース合意に係る違反行為により販売した特定段ボールシート及び特定段ボールケースの売上額を課徴金の対象として認めた。ただし、被審人が訂正伝票により「特値」（通常より低い価格での受注）で代金の支払を受けていた段ボールシートの当該訂正後の売上額と訂正前の売上額との差額は、特定段ボールシートの売上額ではない等の理由から、これを課徴金の計算の基礎から除外すべきものと認めた（一部取消し後の課徴金額　2529万円）。	審決年月日　令和 3年 2月 8日 提訴年月日　令和 3年 3月10日
13	㈱トーモクほか3名による件	被審人らが、他の事業者と共同して、特定段ボールシートの販売価格を引き上げることを合意（本件シート合意）することにより、公共の利益に反して、特定段ボールシートの販売分野における競争を実質的に制限していたと認めた。 　被審人らが、他の事業者と共同して、特定段ボールケースの販売価格を引き上げることを合意（本件ケース合意）することにより、公共の利益に反して、特定段ボールケースの販売分野における競争を実質的に制限していたと認めた。 　被審人らが本件シート合意及び本件ケース合意に係る違反行為により販売した特定段ボールシート及び特定段ボールケースの売上額を課徴金の対象として認めた（課徴金額　10億9211万円（4名の合計額））。	審決年月日　令和 3年 2月 8日 提訴年月日　令和 3年 3月10日

一連番号	件　名	審決の内容	判決等
14	㈱トーモクによる件	被審人が、他の事業者と共同して、特定ユーザー向け段ボールケースの販売価格又は加工賃を引き上げることを合意（本件合意）することにより、公共の利益に反して、特定ユーザー向け段ボールケースの取引分野における競争を実質的に制限していたと認めた。 　被審人が本件合意に係る違反行為により販売した特定ユーザー向け段ボールケースの売上額等を課徴金の対象として認めた。ただし、被審人が特定ユーザーに対して支払った割戻金について、当該割戻金を支払うことを定めた「覚書」等の書面作成日以降の取引に対応する割戻金額について、課徴金の計算の基礎となる売上額から控除すべきものと認めた（一部取消し後の課徴金額　6億363万円）。	審決年月日　令和 3 年 2 月 8 日 提訴年月日　令和 3 年 3 月10日
15	東京コンテナ工業㈱による件	被審人が、他の事業者と共同して、特定段ボールシートの販売価格を引き上げることを合意（本件シート合意）することにより、公共の利益に反して、特定段ボールシートの販売分野における競争を実質的に制限していたと認めた。 　被審人が、他の事業者と共同して、特定段ボールケースの販売価格を引き上げることを合意（本件ケース合意）することにより、公共の利益に反して、特定段ボールケースの販売分野における競争を実質的に制限していたと認めた。 　被審人が本件シート合意及び本件ケース合意に係る違反行為により販売した特定段ボールシート及び特定段ボールケースの売上額を課徴金の対象として認めた（課徴金額　4825万円）。	審決年月日　令和 3 年 2 月 8 日 提訴年月日　令和 3 年 3 月10日

第2　排除措置命令等取消請求訴訟

1　概要

　令和3年度当初において係属中の排除措置命令等取消請求訴訟（注1）は10件（東京地方裁判所7件、東京高等裁判所0件、最高裁判所3件）（注2）であったところ、同年度中に新たに2件の排除措置命令等取消請求訴訟が東京地方裁判所に提起された（このうち1件については併せて執行停止の申立てがなされた。）。

　令和3年度当初において東京地方裁判所に係属中であった7件のうち4件については、

同裁判所が請求を棄却する判決（注3）をしたが、いずれについてもその後控訴され、東京高等裁判所に係属中である。

　令和3年度当初において最高裁判所に係属中であった3件のうち2件については、同裁判所が上告棄却及び上告不受理決定をしたことにより終了し、その余の1件については、同裁判所が上告不受理決定をしたことにより終了した。

　これらの結果、令和3年度末時点において係属中の排除措置命令等取消請求訴訟は8件であった。

　なお、前記執行停止の申立て1件については、令和3年度中に東京地方裁判所が却下の決定をし、同年度末時点で上訴期間中であったが、その後、上訴期間の経過をもって確定した。

（注1）平成25年独占禁止法改正法（私的独占の禁止及び公正取引の確保に関する法律の一部を改正する法律（平成25年法律第100号）をいう。）により審判制度が廃止されたことに伴い、平成27年度以降、独占禁止法違反に係る行政処分に対する取消請求訴訟は、東京地方裁判所に提起する制度となっている。
（注2）排除措置命令等取消請求訴訟の件数は、訴訟ごとに裁判所において付される事件番号の数である。
（注3）当該4件のうち2件（マイナミ空港サービス(株)による件）については、令和3年4月8日、東京地方裁判所係属中に併合されたため、判決は一つになった。

第2表　令和3年度末時点において係属中の排除措置命令等取消請求訴訟一覧

一連番号	件名	事件の内容	関係法条	判決等
1	㈱富士通ゼネラルによる件	消防救急デジタル無線機器について、納入予定メーカーを決定し、納入予定メーカー以外の者は、納入予定メーカーが納入できるように協力する旨を合意していた（課徴金額　48億円）。 （排除措置命令及び課徴金納付命令取消請求事件）	独占禁止法第3条後段及び第7条の2	措置年月日　　平成29年 2月 2日 提訴年月日　　平成29年 8月 1日 判決年月日　　令和 4年 3月 3日 （請求棄却、東京地方裁判所） 控訴年月日　　令和 4年 3月17日
2	本町化学工業㈱による件	東日本地区又は近畿地区に所在する地方公共団体が発注する活性炭について、共同して、供給予定者を決定し、供給予定者が本町化学工業㈱を介して供給できるようにしていた（課徴金額　1億6143万円（東日本地区）、3283万円（近畿地区））。 （排除措置命令及び課徴金納付命令取消請求事件並びに執行停止申立事件）	独占禁止法第3条後段及び第7条の2	措置年月日　　令和元年11月22日 提訴年月日　　令和 2年 1月16日 申立年月日　　令和 2年 1月16日 決定年月日　　令和 2年 3月27日 （執行停止の申立てについて、却下決定（確定）、東京地方裁判所）
3	鹿島道路㈱による件	アスファルト合材の販売価格の引上げを行っていく旨を合意していた（課徴金額　58億157万円）。 （排除措置命令及び課徴金納付命令取消請求事件）	独占禁止法第3条後段及び第7条の2	措置年月日　　令和元年 7月30日 提訴年月日　　令和 2年 1月28日
4	世紀東急工業㈱による件	アスファルト合材の販売価格の引上げを行っていく旨を合意していた（課徴金額　28億9781万円）。 （課徴金納付命令取消請求事件）	独占禁止法第7条の2（第3条後段）	措置年月日　　令和元年 7月30日 提訴年月日　　令和 2年 1月29日 判決年月日　　令和 3年 8月 5日 （請求棄却、東京地方裁判所） 控訴年月日　　令和 3年 8月18日
5	マイナミ空港サービス㈱に	八尾空港における機上渡し給油による航空燃料の販売に関して、エス・ジー・シー佐賀航空㈱の事	独占禁止法第3条前段及び	措置年月日　　令和 2年 7月 7日 提訴年月日　　令和 3年 1月 6日 （排除措置命令について）

一連番号	件　名	事件の内容	関係法条	判決等
	よる件	業活動を排除していた（課徴金額612万円）。 （排除措置命令及び課徴金納付命令取消請求事件）	第7条の9第2項	提訴年月日　　令和 3年 3月29日 （課徴金納付命令について） 判決年月日　　令和 4年 2月10日 （請求棄却、東京地方裁判所） 控訴年月日　　令和 4年 2月27日
6	大成建設㈱による件	リニア中央新幹線に係る地下開削工法による品川駅及び名古屋駅新設工事について、受注予定者を決定し、受注予定者が受注できるようにしていた。 （排除措置命令取消請求事件）	独占禁止法第3条後段	措置年月日　　令和 2年12月22日 提訴年月日　　令和 3年 3月 1日
7	鹿島建設㈱による件	リニア中央新幹線に係る地下開削工法による品川駅及び名古屋駅新設工事について、受注予定者を決定し、受注予定者が受注できるようにしていた。 （排除措置命令取消請求事件）	独占禁止法第3条後段	措置年月日　　令和 2年12月22日 提訴年月日　　令和 3年 6月21日
8	三条印刷㈱による件	日本年金機構が発注するデータプリントサービスについて、受注予定者を決定し、受注予定者が受注できるようにしていた。 （排除措置命令取消請求事件及び執行停止申立事件）	独占禁止法第3条後段	措置年月日　　令和 4年 3月 3日 提訴年月日　　令和 4年 3月 4日 申立年月日　　令和 4年 3月 8日 決定年月日　　令和 4年 3月29日 （執行停止の申立てについて、却下決定（確定）、東京地方裁判所）

第3表　令和3年度中に確定した排除措置命令等取消請求訴訟一覧

一連番号	件　名	事件の内容	関係法条	判決等
1	ニチコン㈱による件	アルミ電解コンデンサ及びタンタル電解コンデンサの販売価格を引き上げる旨を合意していた（課徴金額 36億4018万円）。 （排除措置命令及び課徴金納付命令取消請求事件）	独占禁止法第3条後段及び第7条の2	措置年月日　　平成28年 3月29日 提訴年月日　　平成28年 9月26日 判決年月日　　平成31年 3月28日 （請求棄却、東京地方裁判所） 控訴年月日　　平成31年 4月12日 判決年月日　　令和 2年12月 3日 （控訴棄却　東京高等裁判所） 上訴年月日　　令和 2年12月18日 （上告及び上告受理申立て） 決定年月日　　令和 3年10月 8日 （上告棄却及び上告不受理決定、最高裁判所）
2	（公社）神奈川県ＬＰガス協会による件	ＬＰガスの切替営業を行う入会希望者の入会申込みについて否決し、もって当該入会希望者が協会団体保険に加入できなくなることにより、神奈川県内のＬＰガス販売事業に係る事業分野における現在又は将来の事業者の数を制限している。 （排除措置命令取消請求事件及び執行停止申立事件）	独占禁止法第8条第3号	措置年月日　　平成30年 3月 9日 提訴年月日　　平成30年 6月25日 申立年月日　　平成30年 6月25日 決定年月日　　平成30年 7月11日 （執行停止の申立てについて、却下決定、東京地方裁判所） 抗告年月日　　平成30年 7月13日 決定年月日　　平成30年 7月17日 （即時抗告について、棄却決定（確定）、東京高等裁判所） 判決年月日　　令和 2年 3月26日 （請求棄却、東京地方裁判所） 控訴年月日　　令和 2年 4月 9日 判決年月日　　令和 3年 1月21日 （控訴棄却、東京高等裁判所） 上訴年月日　　令和 3年 2月 5日

一連番号	件　名	事件の内容	関係法条	判決等
				（上告及び上告受理申立て） 決定年月日　　令和 3年 7月 1日 （上告棄却及び上告不受理決定、 最高裁判所）
3	㈱髙島屋による件	近畿地区の店舗において顧客から収受する優待ギフト送料の額を引き上げることを合意していた（課徴金額　5876万円）。 （課徴金納付命令取消請求事件）	独占禁止法第7条の2（第3条後段）	措置年月日　　平成30年10月 3日 提訴年月日　　平成31年 3月29日 判決年月日　　令和元年12月19日 （請求棄却、東京地方裁判所） 控訴年月日　　令和元年12月27日 判決年月日　　令和 2年11月19日 （控訴棄却、東京高等裁判所） 上訴年月日　　令和 2年12月 2日 （上告受理申立て） 決定年月日　　令和 3年 9月17日 （上告不受理決定、最高裁判所）

2　東京地方裁判所における判決

⑴　㈱富士通ゼネラルによる排除措置命令等取消請求事件（平成29年（行ウ）第356号）（第2表一連番号1）

　ア　主な争点及び判決の概要

　　⑺　本件基本合意の成否

　　　本件の事実関係を総合すれば、3社（原告、日本電気㈱及び沖電気工業㈱）は、遅くとも平成21年12月21日までに、全国の約800消防本部で発注される特定消防救急デジタル無線機器について、受注価格の低落防止等を図るため、各社における物件ごとの受注希望その他の事情を勘案した話合いにより、納入予定メーカーを決定し、納入予定メーカー以外の者は納入予定メーカーが納入できるように協力する旨の合意（本件基本合意）をしたというべきであり、その後、順次、（遅くとも平成22年5月24日頃までに）㈱日立国際電気及び（遅くとも同年9月15日頃までに）日本無線㈱がそれぞれ本件基本合意に加わったものと認められる。

　　⑷　本件基本合意が「不当な取引制限」の要件に該当するか否か

　　　本件基本合意は、5社（原告、日本電気㈱、沖電気工業㈱、㈱日立国際電気及び日本無線㈱。平成24年5月に日本電気㈱が本件基本合意から離脱した後においては4社。以下同じ。）が、特定消防救急デジタル無線機器について、話合いにより、納入予定メーカーを決定し、納入予定メーカー以外の者は納入予定メーカーが納入できるように協力するという内容の取決めであり、5社は、本来的には、互いに各社の事業活動を十分に予測できない状況下で、消防本部又は実施設計を受託した設計会社等に対する自社の独自仕様を仕様書に入れ込んでもらうための営業活動をするか否か、特定消防救急デジタル無線機器の入札等に参加するか否か、その入札価格をいくらとするかなど特定消防救急デジタル無線機器の納入に至るまでに必要となる様々な事業活動について自由に決めることができるはずのところ、このような取決めがされたときは、これに制約されて意思決定を行うことになるという意味において、各社の事業活動が事実上拘束される結果となることが明らかである。そうすると、本件基本合意は、独占禁止法第2条第6項にいう「その事業活動を拘束

し」の要件を充足するものということができる。そして、本件基本合意の成立により、５社の間に、上記の取決めに基づいた行動をとることをお互いに認識し認容して歩調を合わせるという意思の連絡が形成されたものといえるから、本件基本合意は、同項にいう「共同して…相互に」の要件も充足するものということができる。

　また、本件基本合意の当事者は、平成22年５月から平成26年４月までの間に実施された特定消防救急デジタル無線機器の入札等（516物件）について、現にその機器納入メーカーとなった５社であること、本件基本合意の対象は、全国の約800消防本部で発注される特定消防救急デジタル無線機器とされたこと等に照らすと、本件基本合意は、それによって、その当事者である５社がその意思で上記のような特定消防救急デジタル無線機器の入札等に係る市場における落札者及び落札価格をある程度自由に左右することができる状況をもたらし得るものであったということができる。しかも、平成22年５月から平成26年４月までの間に実施された特定消防救急デジタル無線機器の入札等のほとんど（516件中504件）について本件基本合意に基づく個別の受注調整が現に行われ、このうち約半数の物件（280件）において納入予定メーカーとされた者が機器納入メーカーとなり、その平均落札率も93.47％であったことからすると、本件基本合意は、平成22年５月から平成26年４月までの間に実施された特定消防救急デジタル無線機器の入札等に係る市場の相当部分において、事実上の拘束力をもって有効に機能し、上記の状態をもたらしていたものということができる。そうすると、本件基本合意は、独占禁止法第２条第６項にいう「一定の取引分野における競争を実質的に制限する」の要件を充足するものというべきである。

　さらに、以上のような本件基本合意が、独占禁止法第２条第６項にいう「公共の利益に反して」の要件を充足するものであることも明らかである。

　以上によれば、本件基本合意は、独占禁止法第２条第６項所定の「不当な取引制限」に当たるというべきである。

㈦　**独占禁止法第７条第２項に規定する要件の該当性**

　原告は前記のとおり不当な取引制限に該当する行為をした事業者であり、当該行為は既になくなっているが、当該行為が長期間にわたるものであったこと、当該行為の取りやめが自発的なものでなかったこと等に照らすと、「特に必要があると認めるとき」の要件に該当する旨の被告の判断について、合理性を欠くものであるということはできず、被告の裁量権の範囲を超え又はその濫用があったものということはできない。

　したがって、本件排除措置命令は、独占禁止法第７条第２項所定の要件を充足するものということができる。

㈣　**課徴金の算定対象とされた物件（本件130物件）の「当該商品又は役務」の要件の該当性**

　本件130物件は、実行期間である３年間にその契約が締結された特定消防救急デジタル無線機器であって原告が機器納入メーカーとなったものであるところ、これらは基本合意の対象とされ、５社が、「ちず」と称する一覧表の作成及び更新等により本件基本合意に基づく個別の受注調整手続に上程し、その了解の下に納入予定

メーカーを原告又は原告を含む複数の社と決定し、原告又はその関係者（≪Ｇ≫、原告の代理店等）が落札して原告が機器納入メーカーとなったものである。これに加え、本件130物件を含む納入予定メーカーが機器納入メーカーとなった物件（280件）の平均落札率が93.47％であったことも併せ考慮すれば、本件130物件については、特段の事情がない限り、本件基本合意の対象とされた特定消防救急デジタル無線機器であって、本件基本合意に基づく受注調整等の結果、具体的な競争制限効果が発生するに至ったものに当たると認められる。

a　他社に参加資格のないとされる物件

　　原告は、形式的には競争入札等の複数の事業者が参加できる選定方式が採用された場合においても、他社が指名されず、又は参加要件を満たさないなどの理由により入札に参加できないときは、具体的な競争制限効果の発生を観念する余地がない旨を主張する。

　　しかしながら、本件基本合意は、このような取決めをした5社において、互いに各社の事業活動を十分に予測できない状況下で自由に意思決定が行われるはずである特定消防救急デジタル無線機器の納入に至るまでに必要となる様々な事業活動（消防本部又は実施設計を受託した設計会社等に対する自社の独自仕様を仕様書に入れ込んでもらうための営業活動をするか否か、特定消防救急デジタル無線機器の入札に参加するか否か、その入札価格をいくらとするかなど）が事実上拘束される結果となるものである。

　　そうすると、仮に、本件基本合意に基づく受注調整の対象となった物件について、原告主張のように、他社が指名されず、又は参加要件を満たさないなどの理由により入札に参加できなかったという事情があったとしても、それは、本件基本合意に基づく受注調整等の結果として、5社が行い、又は行わなかった消防本部又は実施設計を受託した設計会社等に対する自社の独自仕様を仕様書に入れ込んでもらうための営業活動の影響によるものである可能性も否定できないというべきである。

　　以上によれば、原告主張のように、他社が指名されず、又は参加要件を満たさないなどの理由により入札に参加できない物件についても、このことをもって、直ちに具体的な競争制限効果の発生が観念できないとはいえず、上記特段の事情があるともいえない。

b　低落札率又は最低制限価格付近の応札物件

　　原告は、最低制限価格や調査基準価格近くで応札されている物件につき、受注予定者の絞り込みにより競争単位の減少は認められたとしても、具体的競争制限効果は認められない旨を主張する。

　　しかしながら、本件基本合意は、このような取決めをした5社において、互いに各社の事業活動を十分に予測できない状況下で自由に意思決定が行われるはずである特定消防救急デジタル無線機器の納入に至るまでに必要となる様々な事業活動が事実上拘束される結果となるものである。そして、認定事実によれば、原告指摘の物件は、いずれも本件基本合意に基づく受注調整が行われたものである。また、原告指摘の物件には、原告が独自に予想した予定価格が実際の予定価

格を大きく下回ったことから、低落札率に至ったものも存在する。

そうすると、原告主張のように、仮に最低制限価格や調査基準価格近くで応札されていたとしても、このことをもって、直ちに具体的な競争制限効果の発生が観念できないとはいえず、上記特段の事情があるともいえない。

　　　c　強力なアウトサイダーによる競争的な行動等が認められる物件

原告は、強力なアウトサイダー（離脱後の日本電気㈱又は≪Ｈ≫等）による競争的な行動が認められ、これによって原告も競争的な行動をとることになり、落札率も最低制限価格に近接するほど低くなったもの（最低制限価格が設置されていない物件については、上記と同等と評価できる事情があるものをいう。）であり、具体的な競争制限効果が発生したとはいえない旨を主張する。

しかしながら、本件基本合意は、このような取決めをした５社において、互いに各社の事業活動を十分に予測できない状況下で自由に意思決定が行われるはずである特定消防救急デジタル無線機器の納入に至るまでに必要となる様々な事業活動が事実上拘束される結果となるものである。認定事実によれば、原告指摘の物件は、いずれも本件基本合意に基づく受注調整が行われたものである。そうすると、当該物件について発注者が定める入札仕様書に基づく発注が行われる時点において、本件基本合意に基づく受注調整等の結果として、本件基本合意の当事者が消防本部又は実施設計を受託した設計会社等に対する自社の独自仕様を仕様書に入れ込んでもらうための営業活動を行い、又は行わなかったことによる影響が既に生じている可能性も否定できないというべきである。また、原告指摘の上記物件には、離脱後の日本電気㈱又は≪Ｈ≫等が入札等に参加したにもかかわらず、被告が「本件合意に基づいて納入した物件」と認定した263件の平均落札率（93.47％）を超えたものや、原告が（実際には入札を辞退した）≪Ｈ≫の攻勢を強く警戒して実際の予定価格を大きく下回る金額で落札したため、落札率が72.97％となったものも存在する。

以上の点に照らすと、原告指摘の物件につき、離脱後の日本電気㈱又は≪Ｈ≫等が営業活動等を行い、又は落札率が低率であったことをもって、直ちに具体的な競争制限効果の発生が観念できないとはいえず、上記特段の事情があるともいえない。

　　(ｵ)　結論

よって、原告の請求はいずれも理由がないから棄却することとし、主文のとおり判決する。

　イ　訴訟手続の経過

本件は、原告による控訴につき、令和３年度末現在、東京高等裁判所に係属中である。

⑵　世紀東急工業㈱による課徴金納付命令取消請求事件（令和２年（行ウ）第 32 号）（第２表一連番号４）

　ア　主な争点及び判決の概要

⑺　課徴金の算定対象となる「当該商品」該当性

　本件において、原告及び同業他社8社（以下「本件9社」という。）が共有していたのは日本全国におけるアスファルト合材の製造数量等であり、9社会の各会合においても、特定の種類、地域及び流通経路に限定したり、特定の種類、地域及び流通経路を除外したりすることなく、アスファルト合材一般について話合いがされていたことに照らせば、日本国内において販売される全てのアスファルト合材が本件合意の対象に含まれるものであり、本件違反行為の対象商品の範ちゅうに属するものと認められることから、原告が主張する下記aからeまでの各アスファルト合材は、本件違反行為による相互拘束から除外されていることを示す特段の事情が認められない限り、課徴金算定の対象となる商品に含まれることになる。

a　競争が存在しない地域又は競争の実質的制限が生じていない地域に存在する原告の工場（「本件4工場」）が販売したアスファルト合材

　原告は、アスファルト合材の販売分野における「一定の取引分野」の地理的範囲が日本全国と画定されたとしても、本件4工場のある地域においては、競争が存在しないか、競争の実質的制限が生じていなかったから、本件4工場が販売したアスファルト合材が本件違反行為による相互拘束から除外されていることを示す特段の事情がある旨を主張する。

　しかしながら、本件における一定の取引分野として画定された、本件4工場のある地域を含む日本国内における全てのアスファルト合材の販売分野において、競争が存在していたこと及び競争の実質的制限が生じていたことは明らかというべきである。

　したがって、本件4工場が販売したアスファルト合材が本件違反行為による相互拘束から除外されていることを示す特段の事情があるとは認められない。

b　原告が同業者間取引により供給したアスファルト合材

　原告は、同業者間取引により供給したアスファルト合材について、販売ではなく加工賃の支払を受けて製造及び供給をしたものであるから、アスファルト合材の販売を前提とする本件合意の対象とされておらず、①本件違反行為の対象商品の範ちゅうに属しないか、②本件違反行為による相互拘束から除外されていることを示す特段の事情がある旨を主張する。

　しかしながら、①については、同業者間取引により供給したアスファルト合材を含むアスファルト合材全体が本件違反行為の対象商品の範ちゅうに属するものと認められる。

　また、②についても、原告が受注メーカー側で関与した同業者間取引において、発注メーカーに請求した金額は、基本的には原材料費を含む単価に数量を乗じた額として算出されていたことや、受注メーカーが実際に行う作業はアスファルト合材の製造及び納入であったことからすると、価格の決定方法やその決定要因（費用）については、同業者間取引の場合と受注メーカーが製造したアスファルト合材を販売する場合とで大きく異なるものではなかったと評価することが可能であるし、納入先が発注メーカーではなく需要者である点も、販売の場合においても買主以外の第三者に商品を納入する取引が想定されることを踏まえれば、

上記評価を覆す事情であるということはできない。

　したがって、同業者間取引により供給したアスファルト合材が本件違反行為による相互拘束から除外されていることを示す特段の事情があるとは認められない。

c　原告が全額出資子会社（「本件各子会社」）に販売したアスファルト合材

　原告は、本件各子会社に販売したアスファルト合材について、同一企業内における製造部門から施工部門への資材の移動にすぎないことなどを理由として、本件合意の対象とされておらず、本件違反行為による相互拘束から除外されていることを示す特段の事情がある旨を主張する。

　本件各子会社は、いずれも原告の全額出資子会社であるとはいえ、本件違反行為の当事者である原告とは別個の法人格を有し、法律上、独立の取引主体として活動し得るものである以上、本件各子会社が原告の全額出資子会社であることのみを理由として、本件各子会社に対するアスファルト合材の販売が本件違反行為による相互拘束から除外されていることを示す特段の事情があると直ちに認めることはできない。

　もっとも、全額出資子会社に対する商品の販売が同一企業内における製造部門から施工部門への資材の移動と同視し得るような事情が存在する場合には、当該全額出資子会社へ販売した商品の売上額が違反行為による相互拘束から除外されていることを示す特段の事情があるものとして、課徴金算定の対象から除外される余地はあると解するのが相当である。

　そこで検討すると、本件各子会社は、いずれも、地方自治体や原告以外の事業者等から独自に道路舗装工事を受注して施工していたことや、原告の自社工場以外の合材工場からアスファルト合材を購入することがあったか、少なくとも購入することが可能であったことに照らせば、独立の取引主体として現に活動していたものと認められるから、本件各子会社を原告の施工部門と同視することは困難であり、本件各子会社に対する販売を原告の施工部門への資材の移動と同視することはできない。

　したがって、原告が本件各子会社に販売したアスファルト合材の販売が本件違反行為による相互拘束から除外されていることを示す特段の事情があるとは認められない。

d　本件９社以外の合材メーカーがスポンサー（ＪＶ工場において出資比率が最も高い構成員）であるＪＶ工場（「本件６工場」）が販売したアスファルト合材

　原告は、本件６工場においては、本件９社から本件合意に従った値上げの方針が伝わることはなかったことや、本件９社が本件合意に従ってアスファルト合材の販売価格を設定することができなかったことなどを指摘して、本件６工場が販売したアスファルト合材は本件合意の対象とされておらず、①本件違反行為の対象商品の範ちゅうに属しないか、②本件違反行為による相互拘束から除外されていることを示す特段の事情がある旨を主張する。

　しかしながら、①については、本件６工場が販売したアスファルト合材を含むアスファルト合材全体が本件違反行為の対象商品の範ちゅうに属するものと認め

られる。

　また、②についても、アスファルト合材の価格は各合材工場とその取引先との交渉により決まるものであること、同業者間取引によって自社工場において供給可能な地理的範囲の制約を超えたアスファルト合材の供給が可能であること及び日本国内で販売されているアスファルト合材は価格の決定要因をおおむね共通にしており、価格相場があることといった事情に照らせば、本件9社にとっては、日本全国において本件違反行為を継続するに当たって、アスファルト合材の値上げがされないJV工場が存在することは不都合な事態であったとみられる一方、本件9社以外の合材メーカーにとっても、他の合材工場と足並みをそろえて自社のJV工場で値上げができることは利益の拡大につながる望ましい事態であったとみられるのであって、このような観点からすると、できるだけ多くのJV工場に本件違反行為による相互拘束を及ぼすことが双方の利益にかなうということができるから、本件6工場において本件9社以外の合材メーカーであるスポンサーに販売価格の決定権限があったとしても、そのことから直ちに本件6工場が販売するアスファルト合材が本件違反行為による相互拘束から除外されていることを示す特段の事情があるとは認め難い。

　したがって、本件6工場が販売したアスファルト合材が本件違反行為による相互拘束から除外されていることを示す特段の事情があるとは認められない。

e　JV工場が構成員に対し協定価格（JV工場において当該JVの構成員に販売する際の価格）で販売したアスファルト合材

　原告は、JV工場が構成員に対し協定価格で販売したアスファルト合材について、顧客価格で販売されるアスファルト合材と代替性がないことや、顧客価格との価格差及び価格決定過程に関する事情の違い等を指摘して、顧客価格で販売したアスファルト合材とは異なり本件合意の対象とされておらず、①本件違反行為の対象商品の範ちゅうに属しないか、②本件違反行為による相互拘束から除外されていることを示す特段の事情がある旨を主張する。

　しかしながら、①については、JV工場が構成員に対し協定価格で販売したアスファルト合材を含むアスファルト合材全体が本件違反行為の対象商品の範ちゅうに属するものと認められる。

　また、②についても、協定価格の値上げが顧客価格の値上げと一定程度連動しながら行われていたものと推認されることからすれば、顧客価格と協定価格との間に原告が指摘するような違いがあったとしても、そのような事情をもって本件違反行為による相互拘束から除外されていることを示す特段の事情であると評価することはできない。

　したがって、JV工場が構成員に対し協定価格で販売したアスファルト合材が本件違反行為による相互拘束から除外されていることを示す特段の事情があるとは認められない。

(イ)　結論

　以上によれば、原告の請求は理由がないからこれを棄却することとし、訴訟費用の負担につき行政事件訴訟法第7条、民事訴訟法第61条を適用して、主文のとおり

判決する。

イ　訴訟手続の経過

　本件は、原告による控訴につき、令和3年度末現在、東京高等裁判所に係属中である。

⑶　マイナミ空港サービス㈱による排除措置命令及び課徴金納付命令取消請求事件（令和3年（行ウ）第4号及び令和3年（行ウ）第124号）（第2表一連番号5）

ア　主な争点及び判決の概要

⑺　**本件通知行為等の排除行為該当性**

　a　**原告による平成28年12月7日付け八尾空港協議会員宛て文書による通知（以下「12月7日通知」という。）の排除行為該当性**

　　12月7日通知は、八尾空港の航空燃料の機上渡し給油市場において8割を超えるシェアを有し、需要者にとって避けられない取引相手であって、全国においても自社又はグループ会社のみが唯一の給油会社である空港等やマイナミ給油ネットワークの存在等の利便性を有しており、エス・ジー・シー佐賀航空㈱（以下「佐賀航空」という。）より競争上優位な立場にあった原告が、八尾空港の航空燃料の機上渡し給油市場の約8割の需要を占める八尾空港協議会員11名に対し、八尾空港において佐賀航空から給油を受けた者には原告や提携先給油会社からの給油を行わない旨を示したものであって、本件市場の需要者にとって原告との取引を避けることができない以上、佐賀航空との取引を断念させ、八尾空港において原告のみと取引することを実質的に強制するものであり、また、需要者に対し、競争上優位性のある原告と取引することのできる地位を維持するために、佐賀航空との取引を抑制させる効果を持つものということができる。そして、八尾空港協議会員11名が、八尾空港の機上渡し給油の需要の約8割を占めることからすると、佐賀航空にとって代替的な取引先を容易に確保することができなくなるといえるから、12月7日通知は、八尾空港における航空燃料の機上渡し給油市場において、佐賀航空における事業活動の継続を著しく困難にする効果を有するものといえ、原告が佐賀航空を八尾空港における航空燃料の販売事業から排除する目的で12月7日通知を行ったことも、同通知に上記のような排除効果があったことを裏付ける。

　　そして、12月7日通知は、需要者に対し、佐賀航空との取引を抑制させる条件を付す行為であるところ、需要者にとって避けられない取引相手の立場にある原告が行うこのような行為は、実質的にみて原告のみとの取引を強制し需要者の選択の自由を奪うものであって、それ自体、正常な競争活動とはおよそ性質が異なるものであるし、原告が佐賀航空を排除する強い意図ないし目的で12月7日通知を行ったことは、これが正常な競争手段とはいえないことを裏付けるものといえる。

　　以上によれば、原告が行った12月7日通知は、自らの市場支配力の形成、維持ないし強化という観点からみて正常な競争手段の範囲を逸脱するような人為性を

有するものであり、競争者である佐賀航空の本件市場での活動を著しく困難にするなどの効果を有するものということができるから、排除行為に該当するというべきである。

b　原告による平成29年2月10日付け大阪市消防局宛て文書による通知（以下「2月10日通知」という。）の排除行為該当性

2月10日通知は、12月7日通知による排除効果が生じていた中、原告において佐賀航空を排除する目的で行われ、大阪市消防局に対し佐賀航空との取引を抑制する可能性があったから、12月7日通知について、その対象を広げ排除効果を強化する効果を有しており、佐賀航空の事業活動を著しく困難にする効果を有するものであったと認められる。また、2月10日通知が、12月7日通知同様、大阪市消防局に対し佐賀航空との取引を抑制させる条件を付すものであり、災害派遣の場合、原告が唯一の給油会社である名古屋空港等において給油を受けることが避けられない場合があり原告との取引を避け難い大阪市消防局に対し、原告のみとの取引を強制し、その選択の自由を奪うものであること、原告が佐賀航空を排除する目的で行われたものであることからすれば、これが、自らの市場支配力の形成、維持ないし強化という観点からみて正常な競争手段の範囲を逸脱するような人為性を有するものであり、競争者である佐賀航空の本件市場での活動を著しく困難にするなどの効果を有するものといえることは、前記aと同様である。

以上によれば、2月10日通知は排除行為に該当するというべきである。

c　原告による平成29年3月15日付け顧客宛て文書による通知（以下「3月15日通知」という。）の排除行為該当性

3月15日通知は、通知の対象となる需要者の範囲を大幅に拡張し、佐賀航空との取引を抑制する範囲を大幅に拡大したものであって、佐賀航空に対し、これらの通知の対象になった需要者に代わる取引先を容易に見出すことが一層できなくなる効果をもたらすから、12月7日通知による排除効果を強化し、八尾空港の航空燃料の機上渡し給油市場における佐賀航空の事業活動の継続を一層困難にさせる効果を有するものと評価できる。

このように、原告が、競争者である佐賀航空を排除する目的の下、自社以外の者との取引を抑止する条件を付し、原告との取引が避けられない需要者に対し原告のみとの取引を実質的に強制する行為である3月15日通知は、自らの市場支配力の形成、維持ないし強化という観点からみて正常な競争手段の範囲を逸脱するような人為性を有するものであり、競争者である佐賀航空の本件市場での活動を著しく困難にするなどの効果を有するものといえることは、前記aと同様である。

以上によれば、3月15日通知は、12月7日通知により成立した排除行為に係る排除効果をより強化するものとして、12月7日通知と併せ、排除行為に該当するものというべきである。

d　原告による平成29年5月中旬頃以降の免責文書への署名又は抜油を求める対応（以下「免責文書・抜油対応」という。）の排除行為該当性

免責文書・抜油対応のうち、抜油対応は、需要者に対し、多大な経済的負担を

生じさせる可能性がある上、時間的な負担も生じさせるものである。また、免責
文書対応は、航空事業者が原告の責任を免除することを認める免責文書への署名
を、免除の権限を有するとは考え難い従業員（航空機のパイロット又は整備士）
に対し求めるものであって、上記従業員らに対し、給油を受けるたびに相応の心
理的な負担を負わせるものである。このように、免責文書・抜油対応が、佐賀航
空から機上渡し給油を受けた需要者に対し、負担を生じさせる措置であることか
らすれば、これらの対応は、需要者に対し、佐賀航空との取引を抑制させる効果
を持つものといえる。

　以上に加え、免責文書・抜油対応が、12月7日通知、2月10日通知、3月15日
通知が撤回されないまま、これらの通知に記載された給油の拒否に代わり行われ
るようになったものであって、これらの通知行為による佐賀航空の排除効果が生
じていた中、継続して行われていたものであることに照らせば、免責文書・抜油
対応は、12月7日通知、2月10日通知、3月15日通知による排除効果を維持する
ことで、佐賀航空の事業活動を著しく困難にする効果を有するものというべきで
ある。そして、免責文書・抜油対応は、競争者である佐賀航空との取引の存在を
理由として不利益措置を講じるものであって、競争行為ということはできない
上、免責文書・抜油対応において3月15日文書を示すこととしており、3月15日
通知と同様、原告の佐賀航空を排除する目的で行われたものと認めるのが相当で
あるから、自らの市場支配力の形成、維持ないし強化という観点からみて正常な
競争手段の範囲を逸脱するような人為性を有するものであり、競争者である佐賀
航空の本件市場での活動を著しく困難にするなどの効果を有するものといえる。

　以上によれば、免責文書・抜油対応も12月7日通知、2月10日通知及び3月15
日通知と併せ、排除行為に該当するというべきである。

e　本件通知行為等の一連・一体性

　前記のとおり、本件通知行為等は、いずれも排除行為に該当するところ、いず
れも佐賀航空を排除する目的で行われたこと、2月10日通知、3月15日通知及び
免責文書・抜油対応は、いずれも12月7日通知による排除効果を強化する効果を
有していたこと等の事情に鑑みれば、本件通知行為等は、一つの目的の下で行わ
れた一連・一体の行為として排除行為に該当するものと評価するのが相当であ
る。

(イ)　本件通知行為等が「一定の取引分野における競争を実質的に制限する」ものに当たるか

a　「一定の取引分野における競争を実質的に制限する」について

　原告は、前記のような排除行為により、本件市場の8割を超える多数の需要者
に対し佐賀航空との取引を抑制させたのであるから、これにより、佐賀航空の牽
制力を失わせ、佐賀航空との取引を回避し原告と取引する需要者に対し、価格等
をある程度自由に左右することができる状態をもたらしたものといえる。

　したがって、本件通知行為等により、本件市場における原告の市場支配力の形
成、維持ないし強化という結果が生じているということができ、本件通知行為等
は、「競争を実質的に制限する」ものに該当するというべきである。

b 正当化事由について

　独占禁止法第1条が「一般消費者の利益を確保するとともに、国民経済の民主的で健全な発達を促進する」ことを目的としていることからすると、本件通知行為等の目的が競争政策の観点から見て是認し得るものであり、かつ、本件通知行為等が当該目的を達成するために相当なものである場合には、私的独占の要件に形式的に該当する場合であっても、「競争を実質的に制限する」との要件に該当しない余地もあると解される。

　原告は、その主張するところによれば、佐賀航空が国内石油元売会社の航空燃料を購入し供給することが望ましいはずであるにもかかわらず、実際には、佐賀航空が国内石油元売会社から航空燃料を購入できないように会社全体の方針として積極的に活動していたものである。

　これに、本件の事実関係を併せ考慮すると、原告において、航空事故が発生した場合に責任の所在が不明となる危険を回避するという目的を真に有していたものと認めることはできず、かえって、佐賀航空を排除する意図を隠すための表向きの理由として前記の目的を掲げていたものと認めるのが相当である。

(ウ) 違反行為期間の終期について

　本件市場全体において本件排除措置命令までに本件通知行為等を終了させる事情が生じたとは認められない。

　したがって、本件排除措置命令の時点においても、本件通知行為等が継続しており、私的独占に該当し独占禁止法第3条に違反する行為があったといえるから、本件排除措置命令は、独占禁止法第3条の規定に違反する行為が「あるとき」（独占禁止法第7条第1項）の要件を満たす。

　そして、原告は、本件排除措置命令後、本件排除措置命令に基づく措置として、取締役会において本件通知行為等を取りやめる旨を決議し、令和2年8月21日以降にその旨を自社の取引先需要者及び佐賀航空に対し通知したから、同日以降本件違反行為を取りやめたものと認められ、同月20日が本件違反行為を行った最終日と認められる。

(エ) 本件排除措置命令書の主文の不特定及び理由付記の記載の不備の有無

a 本件排除措置命令書の主文の不特定の有無について

　本件排除措置命令書の記載を全体としてみれば、主文1項（1）が、12月7日通知、2月10日通知及び3月15日通知を指し、主文1項（2）が、免責文書・抜油対応を指し、これらを併せて「自社の取引先需要者に佐賀航空から機上渡し給油を受けないようにさせている行為」と総称して、その取り止めを命じていることは、容易に読み取ることができる。

　そして、主文1項において特定に欠けるところがない以上、これを前提とする主文2項ないし4項が、その履行が不能あるいは著しく困難なものということはできず、いずれも特定に欠けるところはない。

　したがって、本件排除措置命令書の主文が不特定ということはできない。

b 理由付記の記載の不備の有無について

　本件排除措置命令は、原告の行為が、独占禁止法第2条第5項に規定する私的

独占に該当し、同法第3条の規定に違反するとして、同法第7条第1項の規定によりされたものである。そして、本件排除措置命令書は、原告が、12月7日通知、2月10日通知、3月15日通知及び免責文書・抜油対応（本件通知行為等）をした事実を特定して認定した上で、これに対する法令の適用として、本件通知行為等が同法第2条第5項に規定する私的独占に該当し、同法第3条の規定に違反する旨及び同法第7条第1項の規定に基づき排除措置を命じる旨記載している。

このような記載をみれば、本件排除措置命令書には、本件通知行為等が私的独占に該当するという、独占禁止法第2条第5項、第3条及び第7条第1項の要件に該当する旨の判断の基礎となった被告の認定事実が明示されているというべきである。

したがって、本件排除措置命令書の記載には欠けるところはない。

(ｵ) **結論**

以上によれば、原告の請求はいずれも理由がないからこれを棄却することとし、主文のとおり判決する。

イ　訴訟手続の経過

本件は、原告による控訴につき、令和3年度末現在、東京高等裁判所に係属中である。

(4)　三条印刷㈱による執行停止申立事件（令和4年（行ク）第71号）（第2表一連番号8）

ア　主な争点及び決定の概要

(ｱ)　「重大な損害を避けるため緊急の必要があるとき」（行訴事件訴訟法第25条第2項）に当たるか否かについて

行政事件訴訟法第25条第2項本文にいう「重大な損害を避けるため緊急の必要がある」か否かについては、処分の執行等により維持される行政目的の達成の必要性を踏まえた処分の内容及び性質と、これによって申立人が被ることとなる損害の性質及び程度とを、損害の回復の困難の程度を考慮した上で比較衡量し、処分の執行等による行政目的の達成の必要性を一時的に犠牲にしてもなおこれを停止して申立人を救済しなければならない緊急の必要性があるか否かという観点から検討すべきである。そして、処分の執行等によって申立人が被ることとなる損害が経済的損失である場合には、経済的損失は、基本的には事後の金銭賠償によるてん補が可能であることに鑑みれば、経済的損失が発生するおそれを理由として、上記緊急の必要性があるといえるためには、当該経済的損失の発生につき事後の金銭賠償によってはその回復が困難又は不相当であると認められるような事情が存することが必要であるというべきである。

申立人は、独占禁止法に基づく排除措置命令がされた場合、これを知った官公庁及び地方公共団体（以下「官公庁等」という。）が同命令の名宛人に対して速やかに指名停止を行うことになるから、本件命令の執行等により、当該官公庁等の業務を受注することができなくなる上、他の官公庁から指名停止を受けていないことを入札参加時の誓約事項とする官公庁の入札に参加できなくなるため、申立人の経営

そのものに直結する重大な損害が生ずると主張する。

　しかしながら、①申立人の直近年度における売上高合計のうち官公庁等の入札に係る売上高は、上記売上高合計の約23％であり、これは多数の官公庁等との取引に係るものであって、その契約日又は受注日も年間を通じて分散していて必ずしも特定の月に集中していたものではない。しかも、②有資格業者が独占禁止法第３条に違反したことを理由とする指名停止の期間について、官公庁等の指名停止に係る措置要領の作成時に参照された「工事請負契約に係る指名停止等の措置要領中央公共工事契約制度運用連絡協議会モデル」においては２か月以上９か月以内、日本年金機構の「競争参加資格停止措置要領」及び北海道の「競争入札参加資格者指名停止事務処理要領」においては３か月以上12か月以内、札幌市の「札幌市競争入札参加停止等措置要領」においては４か月以上18か月以内と定めており、③申立人が北海道知事から受けた指名停止の期間は、令和４年３月９日から同年６月８日までの３か月間であった。

　以上の事実に照らすと、④申立人は、官公庁等が指名停止を行う時期によるものの、本件命令から１年程度の間は官公庁の入札に参加できない可能性があり、最大で申立人の年間売上高合計の約23％相当の経済的損失を被るおそれがあるにとどまるものというべきである。また、申立人の売上高以外の経営状況に関する具体的事実については、疎明がされていない。

　次に、申立人は、官公庁等（特に日本年金機構）の入札においては、事前審査において受注実績が落札者を決定する一つの要素となっているため、指名停止の期間中に受注実績を得られないことにより、将来の入札において不利になる可能性が高いとも主張する。

　しかしながら、日本年金機構の入札においては、過去３年以内に当該業務又は類似の業務を相当量完了した実績を有している者であることが参加資格とされている場合があるが、ここでいう「当該業務又は類似の業務」の範囲及び「相当量」に係る具体的な基準は判然としない上、申立人は直近年度において日本年金機構の入札に係る業務を63件受注したというのであり、申立人が本件命令を理由として指名停止を受ける期間は限定的であることに照らすと、申立人が当該指名停止の期間中に官公庁等の入札に係る業務を受注できなかったことにより、当該指名停止期間経過後の日本年金機構の入札における参加資格を満たすために必要な受注実績を欠くことになるとの疎明がされているとはいえない。

　そして、日本年金機構以外の官公庁等の入札については、受注実績が参加資格とされているとの疎明はないから、申立人が本件命令を理由とする指名停止の期間中に上記官公庁等の入札に係る業務を受注できなかったことにより、当該指名停止期間経過後の上記官公庁等の入札において受注に不利益が生ずるとの疎明がされているとはいえない。

　このほか、申立人は、本件排除措置命令の内容を履行した場合、取引先や世間から違反行為を自認したものと受け取られ、一方、仮に本件排除措置命令の内容を履行しない場合、法令を遵守しないとして、いずれにしても、申立人の社会上・業務上の信用が失墜すると主張する。

　　しかしながら、本件排除措置命令は、申立人に対し、その取締役会で所定の事項を決議し、自社以外の本件25社及び日本年金機構に対する通知等をすること等を命ずるにとどまり、取引先や一般人に対する何らかの公表を命ずるものではない上、申立人は、取引先等に対し、本件命令に記載された申立人の違反行為が存在しないことや申立人が本件命令の取消訴訟を提起してその適法性を争っていることを説明することはできるのである。そうすると、申立人が本件排除措置命令の内容を履行すること又は履行しないことが、直ちに上記違反行為を自認したもの又は法令違反行為を行ったものと取引先等に受け取られるとはいえない。また、仮に、本件排除措置命令の執行等によって申立人の社会上・業務上の信用が一定程度低下することがあったとしても、このような信用低下による経済的損失は、事後の損害賠償等の方法によって優に回復し得る程度のものにとどまるものというべきである。

　　したがって、本件命令の執行等によって申立人が主張するような社会上・業務上の信用の低下が生じるとの疎明がされているとはいえない。

　　以上によれば、申立人が本件排除措置命令の執行等により最大で年間売上高合計の約23％相当の売上高の減少という経済的損失を被るおそれは、これによって直ちに申立人の事業の遂行に著しい支障を来すとはいい難く、事後の損害賠償等の方法によって優に回復し得る程度のものにとどまるものというべきである。そうすると、本件排除措置命令の執行等によって申立人が受ける損害は、事後の金銭賠償によってはその回復が困難又は不相当であると認められるような事情が存するものとは認められない。その他、本件排除措置命令の執行等による行政目的の達成の必要性を一時的に犠牲にしてもなおこれを停止して申立人を救済しなければならない緊急の必要性の存在をうかがわせる事情を認めるに足りる疎明はない。したがって、本件は、「重大な損害を避けるため緊急の必要があるとき」に当たるものとはいえない。

(イ)　結論

　　以上によれば、本件申立ては、その余の点について判断するまでもなく理由がないからこれを却下することとし、主文のとおり決定する。

イ　訴訟手続の経過

　　本件は上訴期間の経過をもって決定が確定した。

　　なお、本件申立ては取消訴訟に付随して申し立てられたものであり、取消訴訟は、令和3年度末現在、東京地方裁判所に係属中である。

3　最高裁判所における決定

(1)　ニチコン㈱による排除措置命令等取消請求上告事件及び排除措置命令等取消請求上告受理事件（令和3年（行ツ）第95号、令和3年（行ヒ）第112号）（第3表一連番号1）の決定の概要

　　最高裁判所は、本件上告理由は、民事訴訟法第312条第1項又は第2項に規定する事由に該当せず、また、本件は同法第318条第1項により受理すべきものとは認められないとして、上告棄却及び上告不受理の決定を行った。

⑵　（公社）神奈川県ＬＰガス協会による排除措置命令取消請求上告事件及び排除措置命令取消請求上告受理事件（令和３年（行ツ）第120号、令和３年（行ヒ）第149号）（第３表一連番号２）の決定の概要

　　最高裁判所は、本件上告理由は、民事訴訟法第312条第１項又は第２項に規定する事由に該当せず、また、本件は同法第318条第１項により受理すべきものとは認められないとして、上告棄却及び上告不受理の決定を行った。

⑶　㈱髙島屋による課徴金納付命令取消請求上告受理事件（令和３年（行ヒ）第79号）（第３表一連番号３）の決定の概要

　　最高裁判所は、本件は民事訴訟法第318条第１項により受理すべきものとは認められないとして、上告不受理の決定を行った。

第３　独占禁止法第24条に基づく差止請求訴訟

　令和３年度当初において係属中の独占禁止法第24条に基づく差止請求訴訟は２件であったところ、同年度中に新たに１件の差止請求訴訟が提起された。これら令和３年度の係属事件３件のうち１件において、独占禁止法第79条第２項に基づき、同法の適用その他の必要な事項について求意見がなされ、公正取引委員会は、令和３年９月16日、意見書を提出した。

　また、これら３件のうち、原告の請求を一部認容する判決（独占禁止法第24条に基づく請求については棄却）を下したものが１件あった。

　この結果、令和３年度末時点において係属中の訴訟は２件となった。

第４表　令和３年度に係属していた独占禁止法第24条に基づく差止請求訴訟

裁判所 事件番号 提訴年月日	内　　　　　容	判　決　等
東京地方裁判所 令和元年（ワ）35167号 令和元年12月25日	被告は、被告が製造・販売するプリンタにおいて、原告らが販売する互換品カートリッジを使用できなくする機構を設けた。このことにより、原告らが販売する互換品カートリッジを被告の製造・販売するプリンタにおいて利用されるカートリッジ市場から排除しており、かかる行為は抱き合わせ販売又は競争者に対する取引妨害に該当するとして、当該行為の差止めを求めるもの。	令和3年9月30日 請求一部認容 （独占禁止法第24条に基づく請求については棄却）
大阪地方裁判所 令和2年（ワ）10073号 令和2年10月27日	被告は、被告が販売するインクカートリッジについて、これらを再利用したインクカートリッジを使用した場合は、通常のインクカートリッジが有する消費者に不測の被害を生じさせないための機能が発揮できず、プリンタ自体の故障の原因となるような設計とし、原告を含む被告以外の競合する事業者が被告が販売するインクカートリッジの再生品を製造、販売することを妨げることにより、被告が販売するインクカートリッジ市場への再生品の参入を妨害しており、かかる行為は抱き合わせ販売及び競争者に対する取引妨害に該当するとして、当該行為の差止めを求めるもの。	（係属中）

裁　判　所 事件番号 提訴年月日	内　　　　容	判　決　等
東京地方裁判所 令和2年（ワ）12735号 令和3年4月6日	被告は、被告が運営する飲食店ポータルサイトに掲載する店舗の点数の算出方法について、原告が運営するようなチェーン店については、そのことを理由に下方修正するようなルールを設定・運用しており、かかる行為は差別的取扱い又は優越的地位の濫用に該当するとして、当該行為の差止めを求めるもの。	令和3年7月1日 独占禁止法第79条第2項に基づく求意見 令和3年9月16日 公正取引委員会意見書提出 （係属中）

第4　独占禁止法第25条に基づく損害賠償請求訴訟

　令和3年度当初において係属中の独占禁止法第25条に基づく損害賠償請求訴訟はなく、同年度中に新たに提起された事件はなかった（注）。

（注）独占禁止法第25条に基づく損害賠償請求訴訟の件数は、独占禁止法第84条に基づく求意見がなされ、公正取引委員会がその存在を把握したものについて記載したものである。

第4章　競争環境の整備

第1　ガイドラインの策定等

1　概説

　公正取引委員会は、独占禁止法違反行為の未然防止と事業者及び事業者団体の適切な活動に役立てるため、事業者及び事業者団体の活動の中でどのような行為が実際に独占禁止法違反となるのかを具体的に示したガイドラインを策定している。

　令和3年度においては、主に以下のガイドラインの策定・改正に取り組んだ。

2　「フランチャイズ・システムに関する独占禁止法上の考え方について」の改正

(1)　経緯

　公正取引委員会は、フランチャイザー（以下「本部」という。）とフランチャイジー（以下「加盟者」という。）の取引において、どのような行為が独占禁止法上問題となるかについて具体的に明らかにすることにより、本部の独占禁止法違反行為の未然防止とその適切な事業活動の展開に役立てるために、「フランチャイズ・システムに関する独占禁止法上の考え方について」（平成14年4月24日公正取引委員会）を策定している。

　公正取引委員会は、フランチャイズ・システムを用いて事業活動を行うコンビニエンスストアの本部と加盟者との取引等について、大規模な実態調査を実施し、令和2年9月2日に報告書を公表した。当該調査の結果、今なお多くの取り組むべき課題が明らかとなったため、「フランチャイズ・システムに関する独占禁止法上の考え方について」を改正し、令和3年4月28日に公表した。

(2)　主な改正内容

ア　本部の加盟者募集

　「ぎまん的顧客誘引」に該当する行為の未然防止の観点から、本部がドミナント出店（加盟者店舗の周辺地域への追加出店）を行う際には配慮する旨を提示する場合や予想売上げ等を提示する場合における留意点、人手不足等の経営に悪影響を与える情報の提示に関する記載等を追加した。

イ　フランチャイズ契約締結後の本部と加盟者との取引

　「優越的地位の濫用」に該当する行為の未然防止の観点から、違反想定事例の記載の中に、本部が加盟者の意思に反する発注を行うことによる仕入数量の強制、営業時間の短縮に係る協議拒絶及び事前の取決めに反するドミナント出店等の事例を追加した。

3　「スタートアップとの事業連携及びスタートアップへの出資に関する指針」の策定

　公正取引委員会及び経済産業省は、スタートアップと連携事業者との間であるべき契約

の姿・考え方を示すことを目的とし、令和3年3月29日、「スタートアップとの事業連携に関する指針」を策定した。

その後、出資に係る取引慣行の重要性に鑑み、「成長戦略実行計画」（令和3年6月18日閣議決定）において、スタートアップと出資者との契約の適正化に向けて、新たなガイドラインを策定することとされた。

これを受けて、公正取引委員会及び経済産業省は、「スタートアップとの事業連携に関する指針」を改正し、令和4年3月31日、「スタートアップとの事業連携及びスタートアップへの出資に関する指針」を策定した。

本指針は、スタートアップと連携事業者との契約・取引に加え、スタートアップと出資者との出資契約について、「スタートアップの取引慣行に関する実態調査報告書」（令和2年11月27日公正取引委員会）に基づく事例及び独占禁止法・競争政策上の考え方とともに、問題の背景及び解決の方向性を示した。

（詳細については令和4年3月31日報道発表資料「「スタートアップとの事業連携及びスタートアップへの出資に関する指針（案）」に関する意見募集の結果について」を参照のこと。）

https://warp.ndl.go.jp/info:ndljp/pid/12213389/www.jftc.go.jp/houdou/pressrelease/2022/mar/220331.html

---

4　「適正な電力取引についての指針」の改定

(1)　経緯

公正取引委員会は、経済産業省と共同して、電力市場における公正かつ有効な競争の観点から、独占禁止法上又は電気事業法上問題となる行為等を明らかにした「適正な電力取引についての指針」を平成11年12月に作成・公表し、随時改定している。

令和2年6月に「強靱かつ持続可能な電気供給体制の確立を図るための電気事業法等の一部を改正する法律」（令和2年法律第49号）が成立し、配電事業者及び特定卸供給事業者が電気事業法上新たに位置付けられること等に伴い、令和4年3月31日に本指針を改定した。

(2)　改定内容

これらの制度改正に伴い想定される独占禁止法上の問題点について、以下の事項を追加した。

ア　配電事業者に対する差別取扱い

一般送配電事業者が、送配電等業務等を行うに当たり、特定の配電事業者と他の配電事業者を差別的に取り扱うことは、他の配電事業者の事業活動を困難にさせるおそれがあることから、私的独占、取引拒絶、差別取扱い等として独占禁止法上違法となるおそれがある。

イ　一般送配電事業者の託送供給等業務に関して知り得た情報の目的外利用の禁止等

　　一般送配電事業者が託送供給等業務を通じて知り得た特定卸供給事業者に関する情報を、当該一般送配電事業者の特定関係事業者においてその事業活動に不当に利用することは、当該特定卸供給事業者の競争上の地位を不利にし、その事業活動を困難にさせるおそれがあることから、私的独占、取引妨害等として独占禁止法上違法となるおそれがある。

　　また、一般送配電事業者が、送配電等業務等を行うに当たり、当該一般送配電事業者の特定関係事業者と他の特定卸供給事業者を差別的に取り扱うことは、他の特定卸供給事業者の事業活動を困難にさせるおそれがあることから、私的独占、取引拒絶、差別取扱い等として独占禁止法上違法となるおそれがある。

第2　実態調査

1　概説

　公正取引委員会は、様々な実態調査を積極的に行っており、実態調査において把握した事実等に基づき、独占禁止法・競争政策上の問題点・論点を指摘して、事業者や事業者団体による取引慣行の自主的な改善を促すことや、制度所管省庁による規制や制度の見直しなどを提言することを通じ、競争環境の整備を図っている。

　令和3年度においては、主に以下の実態調査を実施した。

2　携帯電話市場における競争政策上の課題について（令和3年度調査）

　携帯電話は、国民生活に必要不可欠なものであり、家計に占める携帯電話通信料の割合はこれまで増加傾向にあったことから、料金の低廉化・サービスの向上を図るために競争環境を整備することは、政府の重要な課題となっている。

　公正取引委員会は、平成28年8月と平成30年6月に「携帯電話市場における競争政策上の課題について」実態調査報告書を公表したが、平成30年度報告書の公表以降、携帯電話市場においては、通信料金と端末代金の完全分離等を内容とする電気通信事業法の一部を改正する法律が令和元年10月1日に施行され、また、新たな通信事業者がMNO（Mobile Network Operator）（注1）として参入するなど、競争環境に様々な変化が生じている。

　このため、携帯電話市場の競争状況を把握し、競争政策上の問題を検討するため、平成30年度報告書のフォローアップを含めた調査を行い、令和3年6月10日に報告書を公表した。

　本調査において、平成30年度報告書で取り上げた事項についてのフォローアップに加え、消費者が最適な料金プランを選びやすい環境の整備に向けた課題、携帯電話端末に係る課題、MVNO（Mobile Virtual Network Operator）（注2）の競争環境の確保に向けた課題、MNOと販売代理店との取引に関する課題等について、競争政策上及び独占禁止法上の考え方を明らかにした。

　また、今回の調査の結果において、MNOと販売代理店との取引について、独占禁止法上問題となり得る実態が確認されたため、MNO3社に対して、自主的な点検及び改善を行い、点検結果と改善内容を公正取引委員会に報告することを要請した。

　（注1）　MNOとは、電気通信役務としての移動体通信サービスを提供する電気通信事業を営む者であって、当該移動体通信サービスに係る無線局を自ら開設（開設された無線局に係る免許人等の地位の承継を含む。）又は運用している者である。

　（注2）　MVNOとは、①MNOの提供する移動体通信サービスを利用して、又はMNOと接続して、移動体通信サービスを提供する電気通信事業者であって、②当該移動体通信サービスに係る無線局を自ら開設しておらず、かつ、運用をしていない者である。

　（詳細については令和3年6月10日報道発表資料「携帯電話市場における競争政策上の課題について（令和3年度調査）」を参照のこと。）

　https://warp.ndl.go.jp/info:ndljp/pid/12151012/www.jftc.go.jp/houdou/pressrelease/2021/jun/210610.html

---

3　新規株式公開（IPO）における公開価格設定プロセス等に関する実態把握

　自社の発行する株式を金融商品取引所に初めて上場する新規株式公開（以下「IPO」という。）は、企業にとって、その知名度や社会的信用力を向上させることや、社内管理体制を充実させ、従業員の士気を向上させるだけでなく、重要な資金調達の手段にもなっている。

　令和3年6月18日に閣議決定された「成長戦略実行計画」では、日本のIPOについて、上場後初めて市場で成立する株価（初値）が、上場時に新規上場会社（IPOを行う企業をいう。以下同じ。）が株式を売り出す価格（公開価格）を大幅に上回っており、公開価格で株式を取得した特定の投資家が差益を得るが、新規上場会社には直接の利益が及ばず、同じ発行株数でより多額の資金調達をし得たはずであったことが指摘されており、こうした点を踏まえ、IPO時の公開価格設定プロセスの在り方について、実態把握を行い、見直しを図ることとされている。また、令和3年11月8日に新しい資本主義実現会議が決定した「緊急提言～未来を切り拓く「新しい資本主義」とその起動に向けて～」においても、同趣旨の指摘がなされている。

　新規上場会社の企業の価値や需要に見合った公開価格が設定されること等により、新規上場会社が、自らの事業を成長させていくために必要な資金を調達しやすくし、市場における成長を促進する環境を整えることは、ひいては我が国の経済全体の活性化につながると考えられ、競争政策上望ましい。

　こうした問題意識の下、公正取引委員会では、初値が公開価格を大幅に上回る要因となり得ると考えられる事項について実態把握を行い、令和4年1月28日に報告書を公表した。

　本報告書において、公開価格の設定に係る実態、上場のための選択肢の多様性に係る実態及びIPOに係る取引慣行における独占禁止法上の論点について、競争政策上及び独占禁止法上の考え方を明らかにした。

（詳細については令和4年1月28日報道発表資料「新規株式公開（ＩＰＯ）における公開価格設定プロセス等に関する実態把握について」を参照のこと。）

https://warp.ndl.go.jp/info:ndljp/pid/12151012/www.jftc.go.jp/houdou/pressrelease/2022/jan/220128_IPO.html

4 **官公庁における情報システム調達に関する実態調査**

新型コロナウイルス感染症の感染拡大の影響等により、行政のデジタル化の推進が喫緊の課題となっているところ、政府は、国民の利便性の向上等に資するデジタル社会の実現に向け、デジタル庁を発足させるなどその実現に向けた改革に取り組んでいる。

公正取引委員会は、こうした政府全体の取組を踏まえつつ、競争政策の観点から、今後の情報システム調達について、ベンダーロックイン（注）が回避されることなどにより、多様なシステムベンダーが参入しやすい環境を整備することが重要であるとの認識の下、国の機関及び地方公共団体における情報システム調達の実態を把握するための調査を行い、令和4年2月8日に報告書を公表した。

本報告書において、情報システムの疎結合化、オープンな仕様の設計・情報システムのオープンソース化、組織・人員体制の整備等について、競争政策上及び独占禁止法上の考え方を明らかにした。

(注)「ベンダーロックイン」とは、ソフトウェアの機能改修やバージョンアップ、ハードウェアのメンテナンス等、情報システムを使い続けるために必要な作業を、それを導入した事業者以外が実施することができないために、特定のシステムベンダーを利用し続けなくてはならない状態のことをいう。

（詳細については令和4年2月8日報道発表資料「官公庁における情報システム調達に関する実態調査について」を参照のこと。）

https://warp.ndl.go.jp/info:ndljp/pid/12151012/www.jftc.go.jp/houdou/pressrelease/2022/feb/220208_system.html

5 **クレジットカードの取引に関する実態調査**

近年、我が国におけるキャッシュレス決済額の大半はクレジットカードによるものであり、また、クレジットカードによる決済額は増加傾向にある。政府としても、キャッシュレス決済比率を更に増やしていくとの方針を掲げており、クレジットカードによる決済額は今後も増えていくことが予想されたことから、公正取引委員会は、国際ブランドとクレ

　ジットカード会社との取引実態等に関する調査を行い、平成31年３月に「クレジットカードに関する取引実態調査報告書」を公表し、独占禁止法・競争政策上の考え方を取りまとめた。

　その後、「成長戦略実行計画」（令和３年６月18日閣議決定）において、「我が国では、キャッシュレス決済導入の拡大への課題の一つとして、クレジットカード加盟店手数料が高額であることが指摘されている。ヒアリングによると、加盟店手数料の約７割をインターチェンジフィー（クレジットカードでの決済があった際に、お店と契約する決済会社が、利用者と契約する決済会社に支払う手数料）が占めている。こうした点を踏まえ、公正取引委員会による調査…（略）…を実施する」とされた。

　公正取引委員会は、このような状況を踏まえ、インターチェンジフィーの標準料率の公開状況等を把握するとともに、クレジットカード市場における競争政策上の課題の有無を明らかにするため、今般、クレジットカードの取引に関する実態調査を実施し、令和４年４月８日、「クレジットカードの取引に関する実態調査報告書」を公表した。

　本報告書は、加盟店・クレジットカード会社間の加盟店手数料の交渉や、クレジットカード会社間の競争を促進する観点から、インターチェンジフィーの標準料率を定めている国際ブランドにあっては、我が国においても、標準料率を公開することが適当であるとの考え方を示した。また、カード発行市場における国際ブランド間の公正な競争条件を確保するとともに、クレジットカード市場全体の透明性を高める観点から、国際ブランドにあっては、標準料率を定めているか否かにかかわらず、インターチェンジフィー又はイシュア手数料の平均的な料率を公開することが望ましいとの考え方を示した。

　（詳細については令和４年４月８日報道発表資料「クレジットカードの取引に関する実態調査について」を参照のこと。）

　https://warp.ndl.go.jp/info:ndljp/pid/12251762/www.jftc.go.jp/houdou/pressrelease/2022/apr/220408.html

---

第３　デジタル市場競争会議

　内閣に設置されたデジタル市場競争本部の下、デジタル市場に関する重要事項の調査審議等を実施するため、デジタル市場競争会議が開催されている。当該会議は、内閣官房長官が議長を務め、公正取引委員会に関する事務を担当する内閣府特命担当大臣、公正取引委員会委員長も構成員となっている。

　令和３年４月27日に開催された第５回デジタル市場競争会議では、同年２月17日に公正取引委員会が公表した「デジタル広告分野の取引実態に関する最終報告書」の内容を踏まえ、「デジタル広告市場の競争評価最終報告」が取りまとめられた。また、令和４年４月26日に開催された第６回デジタル市場競争会議では、「モバイル・エコシステムに関する

競争評価中間報告」及び「新たな顧客接点（ボイスアシスタント及びウェアラブル）に関する競争評価中間報告」が取りまとめられた。

第4　独占禁止法適用除外の見直し等

1　独占禁止法適用除外の概要

　独占禁止法は、市場における公正かつ自由な競争を促進することにより、一般消費者の利益を確保するとともに国民経済の民主的で健全な発達を促進することを目的とし、これを達成するために、私的独占、不当な取引制限、不公正な取引方法等を禁止している。他方、他の政策目的を達成する観点から、特定の分野における一定の行為に独占禁止法の禁止規定の適用を除外するという適用除外が設けられている。

　適用除外は、その根拠規定が独占禁止法自体に定められているものと独占禁止法以外の個別の法律に定められているものとに分けることができる。

(1)　独占禁止法に基づく適用除外

　　独占禁止法は、知的財産権の行使行為（同法第21条）、一定の組合の行為（同法第22条）及び再販売価格維持契約（同法第23条）をそれぞれ同法の規定の適用除外としている。

(2)　個別法に基づく適用除外

　　独占禁止法以外の個別の法律において、特定の事業者又は事業者団体の行為について独占禁止法の適用除外を定めているものとしては、令和3年度末現在、保険業法等17の法律がある。

2　適用除外の見直し等

　適用除外の多くは、昭和20年代から昭和30年代にかけて、産業の育成・強化、国際競争力強化のための企業経営の安定、合理化等を達成するため、各産業分野において創設されてきたが、個々の事業者において効率化への努力が十分に行われず、事業活動における創意工夫の発揮が阻害されるおそれがあるなどの問題があることから、その見直しが行われてきた。

　平成9年7月20日、私的独占の禁止及び公正取引の確保に関する法律の適用除外制度の整理等に関する法律（平成9年法律第96号）が施行され、個別法に基づく適用除外のうち20法律35制度について廃止等の措置が採られた。次いで、平成11年7月23日、私的独占の禁止及び公正取引の確保に関する法律の適用除外制度の整理等に関する法律（平成11年法律第80号）が施行され、不況カルテル制度及び合理化カルテル制度の廃止、私的独占の禁止及び公正取引の確保に関する法律の適用除外等に関する法律の廃止等の措置が採られた。さらに、平成12年6月19日、私的独占の禁止及び公正取引の確保に関する法律の一部を改正する法律（平成12年法律第76号）が施行され、自然独占に固有の行為に関する適用除外の規定が削除された。

　平成25年度においては、平成25年10月1日、消費税転嫁対策特別措置法が施行され、消費税の転嫁及び表示の方法の決定に係る共同行為に関する特別措置が設けられた。また、

平成26年1月27日、特定地域における一般乗用旅客自動車運送事業の適正化及び活性化に関する特別措置法等の一部を改正する法律（平成25年法律第83号）が施行され、認可特定地域計画に基づく一般乗用旅客自動車運送事業（タクシー事業）の供給輸送力の削減等に関する適用除外の規定が設けられた。

その後、令和2年11月27日に、地域における一般乗合旅客自動車運送事業及び銀行業に係る基盤的なサービスの提供の維持を図るための私的独占の禁止及び公正取引の確保に関する法律の特例に関する法律（令和2年法律第32号）が施行され、地域一般乗合旅客自動車運送事業者及び地域銀行等（特定地域基盤企業等）の合併その他の行為について、適用除外の規定が設けられた。

なお、令和4年1月1日に、著作権法の一部を改正する法律（令和3年法律第52号）が施行され、これまで適用除外の対象であった商業用レコードの二次使用料等に関する取決めに加え、放送番組のインターネット同時配信等（注）を行うに当たり、集中管理等が行われておらず、文化庁長官が定める方法により円滑な許諾に必要な情報が公開されていない商業用レコードや映像実演等について権利者に支払う通常の使用料額に相当する補償金等に関する取決めについても適用除外の対象となった。

これらの措置により、平成7年度末において30法律89制度存在した適用除外は、令和3年度末現在、17法律23制度となっている。

（注）　「同時配信」のほか、「追っかけ配信」（放送が終了するまでの間に配信が開始されるもの）、一定期間の「見逃し配信」（番組の放送間隔・有線放送間隔に応じて文化庁長官が定める期間内に行われるもの）

3 　適用除外カルテル等

(1)　概要

独占禁止法は、公正かつ自由な競争を妨げるものとして、価格、数量、販路等のカルテルを禁止しているが、その一方で、他の政策目的を達成するなどの観点から、個々の適用除外ごとに設けられた一定の要件・手続の下で、特定のカルテルが例外的に許容される場合がある。このような適用除外カルテルが認められるのは、当該事業の特殊性のため（保険業法（平成7年法律第105号）に基づく保険カルテル）、地域住民の生活に必要な旅客輸送（いわゆる生活路線）を確保するため（道路運送法（昭和26年法律第183号）等に基づく運輸カルテル）など、様々な理由による。

個別法に基づく適用除外カルテルについては、一般に、公正取引委員会の同意を得、又は当委員会へ協議若しくは通知を行って、主務大臣が認可を行うこととなっている。

また、適用除外カルテルの認可に当たっては、一般に、当該適用除外カルテルの目的を達成するために必要であること等の積極的要件のほか、当該カルテルが弊害をもたらしたりすることのないよう、カルテルの目的を達成するために必要な限度を超えないこと、不当に差別的でないこと等の消極的要件を充足することがそれぞれの法律により必要とされている。

さらに、このような適用除外カルテルについては、不公正な取引方法に該当する行為が用いられた場合等には独占禁止法の適用除外とはならないとする、いわゆるただし書規定が設けられている。

公正取引委員会が認可し、又は当委員会の同意を得、若しくは当委員会に協議若しく

は通知を行って主務大臣が認可等を行ったカルテルの件数は、昭和40年度末の1,079件（中小企業団体の組織に関する法律（昭和32年法律第185号）に基づくカルテルのように、同一業種について都道府県等の地区別に結成されている組合ごとにカルテルが締結されている場合等に、同一業種についてのカルテルを1件として算定すると、件数は415件）をピークに減少傾向にあり、また、適用除外制度そのものが大幅に縮減されたこともあり、令和3年度末現在、36件となっている（内訳は附属資料3－2表を参照）。

⑵　個別法に基づく適用除外カルテル等の動向

令和3年度において、個別法に基づき主務大臣が公正取引委員会の同意を得、又は当委員会へ協議若しくは通知を行うこととされている適用除外カルテル等の処理状況及びこのうち現在実施されている個別法に基づく適用除外カルテル等の動向は、第1表のとおりである。

第1表　令和3年度における適用除外カルテル等の処理状況

法律名	カルテル等の内容		根拠条項	適用除外規定	公取委との関係	処理件数	結　果
保険業法	損害保険会社の共同行為	航空保険	第101条第1項第1号、第102条	第101条	同意（第105条第1項）	0	所要の検討を行った結果、同意した。
		原子力保険				0	
		自動車損害賠償責任保険				2（変更2）	
		地震保険				1（変更1）	
		船舶保険	第101条第1項第2号、第102条			0	
		外航貨物保険				0	
		自動車保険（対人賠償、自損事故及び無保険車傷害保険部分）				0	
		住宅瑕疵担保責任保険				0	
損害保険料率算出団体に関する法律	基準料率の算出	自動車損害賠償責任保険	第7条の2第1項第2号、第9条の3	第7条の3	通知（第9条の3第3項）	0	－
		地震保険				1（変更1）	
酒税の保全及び酒類業組合等に関する法律	施設、容器その他の販売方法の規制		第42条第5号、第43条	第93条	協議（第94条第1項）	0	－
著作権法	商業用レコードの二次使用料等に関する取決め		第93条の3、第94条、第94条の3、第95条、第95条の3、第96条の3、第97条、第97条の3	第93条の3、第95条	通知（施行令第45条の6第2項、第49条の2第2項）	10	－
生活衛生関係営業の運営の適正化及び振興に関する法律	料金、価格、営業方法の制限		第8条、第9条	第10条	協議（第13条第1項）	0	－
輸出入取引法	輸出取引における価格、数量、品質、意匠その他の協定等		第5条、第11条第2項、	第33条	通知（第34条第1項）	0	－
道路運送法	生活路線確保のための共同経営、旅客の利便向上に資する運行時刻の設定のための共同経営		第18条、第19条	第18条	協議（第19条の3第1項）	3（締結3）	所要の検討を行った結果、異議ない旨回答した。

法律名	カルテル等の内容	根拠条項	適用除外規定	公取委との関係	処理件数	結　果
航空法	<国内>生活路線確保のための共同経営	第110条第1号、第111条	第110条	協議（第111条の3第1項）	0	－
	<国際>公衆の利便を増進するための連絡運輸、運賃その他の運輸に関する協定	第110条第2号、第111条	第110条	通知（第111条の3第2項）	0	－
海上運送法	<内航>生活航路確保のための共同経営、利用者利便を増進する適切な運航時刻等を設定するための共同経営	第28条第1～3号、第29条	第28条	協議（第29条の3第1項）	3 （締結2） （変更1）	所要の検討を行った結果、異議ない旨回答した。
	<外航>運賃、料金その他の運送条件等を内容とする協定等	第28条第4号、第29条の2	第28条	通知（第29条の4第1項）	57 （締結8） （変更49）	－
内航海運組合法	運賃、料金、運送条件、配船船腹、保有船腹等の調整等	第8条第1項第1～6号、第10条、第12条	第18条	協議（第65条第1項）	0	－
特定地域及び準特定地域における一般乗用旅客自動車運送事業の適正化及び活性化に関する特別措置法	供給輸送力の削減等	第8条の2	第8条の4	通知（第8条の6第1項）	1 （計画の作成1）	－
地域における一般乗合旅客自動車運送事業及び銀行業に係る基盤的なサービスの提供の維持を図るための私的独占の禁止及び公正取引の確保に関する法律の特例に関する法律	特定地域基盤企業等の合併等	第3条、第5条	第3条第1項	協議（第5条第2項）	1	所要の検討を行った結果、異議ない旨等回答した。
	地域一般乗合旅客自動車運送事業者等による共同経営に関する協定の締結	第9条、第11条	第9条第2項	協議（第11条第2項）	5 （締結3） （変更2）	所要の検討を行った結果、異議ない旨等回答した。

ア　保険業法に基づくカルテル

　　保険業法に基づき損害保険会社は

①　航空保険事業、原子力保険事業、自動車損害賠償保障法（昭和30年法律第97号）
　　に基づく自動車損害賠償責任保険事業若しくは地震保険に関する法律（昭和41年法

律第73号）に基づく地震保険事業についての共同行為

又は

②　①以外の保険で共同再保険を必要とするものについての一定の共同行為

を行う場合又はその内容を変更しようとする場合には、金融庁長官の認可を受けなければならない。金融庁長官は、認可をする際には、公正取引委員会の同意を得ることとされている。

　また、損害保険会社は、①及び②の保険について、共同行為を廃止した場合には、金融庁長官に届け出なければならない。金融庁長官は、届出を受理したときは、公正取引委員会に通知することとされている。

　令和3年度において、金融庁長官から同意を求められたものは3件であった。また、令和3年度末における同法に基づくカルテルは8件である。

イ　損害保険料率算出団体に関する法律に基づくカルテル

　損害保険料率算出団体は、自動車損害賠償責任保険及び地震保険について基準料率を算出した場合又は変更しようとする場合には、金融庁長官に届け出なければならない。金融庁長官は、届出を受理したときは、公正取引委員会に通知することとされている。

　令和3年度において、金融庁長官から通知を受けたものは1件であった。また、令和3年度末における同法に基づくカルテルは2件である。

ウ　著作権法に基づく商業用レコードの二次使用料等に関する取決め

　著作隣接権者（実演家又はレコード製作者）が有する商業用レコードの二次使用料等の請求権については、毎年、その請求額を文化庁長官が指定する著作権等管理事業者又は団体（指定団体）と放送事業者等又はその団体間において協議して定めることとされており、指定団体は当該協議において定められた額を文化庁長官に届け出なければならない。文化庁長官は、届出を受理したときは、公正取引委員会に通知することとされている。

　令和3年度において、文化庁長官から通知を受けたものは10件であった。

エ　道路運送法に基づくカルテル

　輸送需要の減少により事業の継続が困難と見込まれる路線において地域住民の生活に必要な旅客輸送を確保するため、又は旅客の利便を増進する適切な運行時刻を設定するため、一般乗合旅客自動車運送事業者は、他の一般乗合旅客自動車運送事業者と、共同経営に関する協定を締結することができる。この協定の締結・変更に当たっては、国土交通大臣の認可を受けなければならない。国土交通大臣は、認可をする際には、公正取引委員会に協議することとされている。

　令和3年度において、国土交通大臣から協議を受けたものは3件であった。また、令和3年度末における同法に基づくカルテルは3件である。

オ　航空法に基づくカルテル

(ア)　**国内航空カルテル**

航空輸送需要の減少により事業の継続が困難と見込まれる本邦内の各地間の路線において地域住民の生活に必要な旅客輸送を確保するため、本邦航空運送事業者は、他の航空運送事業者と、共同経営に関する協定を締結することができる。この協定の締結・変更に当たっては、国土交通大臣の認可を受けなければならない。国土交通大臣は、認可をする際には、公正取引委員会に協議することとされている。

令和3年度において、国土交通大臣から協議を受けたものはなかった。また、令和3年度末における同法に基づくカルテルはない。

(イ)　**国際航空カルテル**

本邦内の地点と本邦外の地点との間の路線又は本邦外の各地間の路線において公衆の利便を増進するため、本邦航空運送事業者は、他の航空運送事業者と、連絡運輸に関する契約、運賃協定その他の運輸に関する協定を締結することができる。この協定の締結・変更に当たっては、国土交通大臣の認可を受けなければならない。国土交通大臣は、認可をしたときは、公正取引委員会に通知することとされている。

令和3年度において、国土交通大臣から通知を受けたものはなかった。

カ　海上運送法に基づくカルテル

(ア)　**内航海運カルテル**

本邦の各港間の航路において、地域住民の生活に必要な旅客輸送を確保するため、旅客の利便を増進する適切な運航日程・運航時刻を設定するため、又は貨物の運送の利用者の利便を増進する適切な運航日程を設定するため、定期航路事業者は、他の定期航路事業者と、共同経営に関する協定を締結することができる。この協定の締結・変更に当たっては、国土交通大臣の認可を受けなければならない。国土交通大臣は、認可をする際には、公正取引委員会に協議することとされている。

令和3年度において、国土交通大臣から協議を受けたものは3件であった。また、令和3年度末における同法に基づくカルテルは3件である。

(イ)　**外航海運カルテル**

本邦の港と本邦以外の地域の港との間の航路において、船舶運航事業者は、他の船舶運航事業者と、運賃及び料金その他の運送条件、航路、配船並びに積取りに関する事項を内容とする協定を締結することができる。この協定の締結・変更に当たっては、あらかじめ国土交通大臣に届け出なければならない。国土交通大臣は、届出を受理したときは、公正取引委員会に通知することとされている。

令和3年度において、国土交通大臣から通知を受けたものは57件であった。

キ　内航海運組合法に基づくカルテル

内航海運組合法（昭和32年法律第162号）に基づき内航海運組合が調整事業を行う場合には、調整規程又は団体協約を設定し、国土交通大臣の認可を受けなければならない。国土交通大臣は、認可をする際には、公正取引委員会に協議することとされている。

令和3年度において、国土交通大臣から協議を受けたものはなかった。また、令和

３年度末における同法に基づくカルテルは１件である。

ク　特定地域及び準特定地域における一般乗用旅客自動車運送事業の適正化及び活性化に関する特別措置法に基づくカルテル

　一般乗用旅客自動車運送事業が供給過剰であると認められる特定地域において、一般乗用旅客自動車運送事業者等により組織された協議会は、当該地域において削減すべき供給輸送力やその削減方法等を定める特定地域計画を作成し、当該計画に合意した一般乗用旅客自動車運送事業者はこれに従い、供給輸送力の削減を行わなければならない。この計画の作成・変更に当たっては、国土交通大臣の認可を受けなければならない。国土交通大臣は、認可をしたときは、公正取引委員会に通知することとされている。

　令和３年度において、国土交通大臣から通知を受けたものは１件であった。また、令和３年度末における同法に基づくカルテルは３件である。

ケ　地域における一般乗合旅客自動車運送事業及び銀行業に係る基盤的なサービスの提供の維持を図るための私的独占の禁止及び公正取引の確保に関する法律の特例に関する法律に基づく合併及び共同経営

(ｱ)　**特定地域基盤企業等の合併等**

　特定地域基盤企業等が合併等を行う場合には、主務大臣の認可を受けなければならない。主務大臣は、認可をする際には、公正取引委員会に協議することとされている。

　令和３年度において、主務大臣から協議を受けたものは１件であった。

(ｲ)　**地域一般乗合旅客自動車運送事業者等による共同経営に関する協定の締結**

　地域一般乗合旅客自動車運送事業者等が、共同経営に関する協定の締結等を行う場合には、国土交通大臣の認可を受けなければならない。国土交通大臣は、認可をする際には、公正取引委員会に協議することとされている。

　令和３年度において、国土交通大臣から協議を受けたものは５件であった。また、令和３年度末における同法に基づくカルテルは５件である。

4　協同組合の届出状況

　独占禁止法第22条は、「小規模の事業者又は消費者の相互扶助を目的とすること」（同条第１号）等同条各号に掲げる要件を備え、かつ、法律の規定に基づいて設立された組合（組合の連合会を含む。）の行為について、不公正な取引方法を用いる場合又は一定の取引分野における競争を実質的に制限することにより不当に対価を引き上げることとなる場合を除き、同法を適用しない旨を定めている（一定の組合の行為に対する独占禁止法適用除外制度）。

　中小企業等協同組合法（昭和24年法律第181号。以下「中協法」という。）に基づいて設立された事業協同組合及び信用協同組合（以下「協同組合」という。）は、その組合員たる事業者が、①資本金の額又は出資の総額が３億円（小売業又はサービス業を主たる事業とする事業者については5000万円、卸売業を主たる事業とする事業者については１億円）

を超えない法人たる事業者又は②常時使用する従業員の数が300人（小売業を主たる事業とする事業者については50人、卸売業又はサービス業を主たる事業とする事業者については100人）を超えない事業者に該当するものである場合、独占禁止法の適用に際しては、同法第22条第1号の要件を備える組合とみなされる（中協法第7条第1項）。

　一方、協同組合が前記①又は②以外の事業者を組合員に含む場合には、公正取引委員会は、その協同組合が独占禁止法第22条第1号の要件を備えているかどうかを判断する権限を有しており（中協法第7条第2項）、これらの協同組合に対し、当該組合員が加入している旨を当委員会に届け出る義務を課している（中協法第7条第3項）。

　この中協法第7条第3項の規定に基づく届出件数は、令和3年度において、211件であった（第2表及び附属資料3－11表参照）。

第2表　協同組合届出件数の推移

年度	24	25	26	27	28	29	30	元	2	3
協同組合届出件数	184	187	227	235	273	240	294	304	214	211

5　著作物再販適用除外の取扱いについて

　商品の供給者がその商品の取引先である事業者に対して再販売する価格を指示し、これを遵守させることは、原則として、独占禁止法第2条第9項第4号（再販売価格の拘束）に該当し、同法第19条に違反するものであるが、同法第23条第4項の規定に基づき、著作物6品目（書籍・雑誌、新聞及びレコード盤・音楽用テープ・音楽用CDをいう。以下同じ。）については、例外的に同法の適用が除外されている。

　公正取引委員会は、著作物6品目の再販適用除外の取扱いについて、国民各層から意見を求めるなどして検討を進め、平成13年3月、当面同再販適用除外を存置することが相当であると考えるとの結論を得るに至った（第3表参照）。

　公正取引委員会は、著作物6品目の再販適用除外が消費者利益を不当に害することがないよう、著作物6品目の流通・取引慣行の実態を調査し、関係業界における弊害是正の取組の進捗を検証するとともに、関係業界における運用の弾力化の取組等、著作物6品目の流通についての意見交換を行うため、当委員会、関係事業者、消費者、学識経験者等を構成員とする著作物再販協議会を設け、平成13年12月から平成20年6月までの間に8回の会合を開催した。平成22年度からは、著作物再販協議会に代わって、関係業界に対する著作物再販ヒアリング等を実施し、関係業界における運用の弾力化の取組等の実態を把握するとともにその取組を促している。

第3表　著作物再販制度の取扱いについて（概要）（平成13年3月23日）

(1)　著作物再販制度は、独占禁止法上原則禁止されている再販売価格維持行為に対する適用除外制度であり、競争政策の観点からは同制度を廃止し、著作物の流通において競争が促進されるべきであると考える。

　　しかしながら、国民各層から寄せられた意見をみると、著作物再販制度を廃止すべきとする意見がある反面、文化・公共面での影響が生じるおそれがあるとし、同制度の廃止に反対する意見も多く、なお同制度の廃止について国民的合意が形成されるに至っていない状況にある。

　　したがって、現段階において独占禁止法の改正に向けた措置を講じて著作物再販制度を廃止することは行わず、当面同制度を存置することが相当であると考える。

(2)　著作物再販制度の下においても、可能な限り運用の弾力化等の取組が進められることによって消費者利益の向上が図られるよう、関係業界に対し、非再販商品の発行・流通の拡大、各種割引制度の導入等による価格設定の多様化等の方策を一層推進することを提案し、その実施を要請する。また、これらの方策が実効を挙げているか否かを検証し、より効果的な方途を検討するなど、著作物の流通について意見交換をする場として、公正取引委員会、関係事業者、消費者、学識経験者等を構成員とする協議会を設けることとする。公正取引委員会としては、今後とも著作物再販制度の廃止について国民的合意が得られるよう努力を傾注するとともに、当面存置される同制度が硬直的に運用されて消費者利益が害されることがないよう著作物の取引実態の調査・検証に努めることとする。

(3)　また、著作物再販制度の対象となる著作物の範囲については、従来公正取引委員会が解釈・運用してきた6品目（書籍・雑誌、新聞及びレコード盤・音楽用テープ・音楽用ＣＤ）に限ることとする。

第5　競争評価に関する取組

1　競争評価の本格的実施

　平成19年10月以後、各府省が規制の新設又は改廃を行おうとする場合、原則として、規制の事前評価の実施が義務付けられ、規制の事前評価において、競争状況への影響の把握・分析（以下「競争評価」という。）も行うこととされ、平成22年4月から試行的に実施されてきた。

　平成29年7月28日、「規制の政策評価の実施に関するガイドライン」が改正され、競争評価については、公正取引委員会が定める手法により把握すること、また、競争に影響を及ぼす可能性があるとの結果となった場合には、その旨を規制の事前評価書へ記載することが必要であるなどとされたことを受け、当委員会は、競争評価の手法として、同月31日に「規制の政策評価における競争状況への影響の把握・分析に関する考え方について」及

び競争評価の具体的な手法である「競争評価チェックリスト」を作成し、公表した。また、これらを補完するものとして「規制の政策評価における競争状況への影響の把握・分析に係る事務参考マニュアル」を同年9月26日に公表し、その後、令和元年6月27日に、各府省における競争評価の実施状況を踏まえ、説明を追加する等の改訂を行った。改正された「規制の政策評価の実施に関するガイドライン」等が平成29年10月1日に施行されたことに伴い、競争評価も同日から本格的に実施された。規制の事前評価における競争評価において、各府省は、競争評価チェックリストを作成し、規制の事前評価書の提出と併せて総務省に提出し、総務省は、受領した競争評価チェックリストを当委員会へ送付することとされている。

公正取引委員会は、令和3年度においては、総務省から競争評価チェックリストを109件受領し、その内容を精査した。また、各府省における競争評価のより適切な実施の促進を目的として、競争評価の手法の改善等を検討するため、経済学や規制の政策評価の知見を有する有識者による競争評価検討会議を令和3年度において3回開催した。

2　競争評価の普及・定着に係る公正取引委員会の取組

公正取引委員会は、競争評価チェックリストに記入するに当たっての考え方や検討方法について、随時、相談を受け付けている。

第6　入札談合の防止への取組

公正取引委員会は、以前から積極的に入札談合の摘発に努めているほか、平成6年7月に「公共的な入札に係る事業者及び事業者団体の活動に関する独占禁止法上の指針」を公表し、入札に係るどのような行為が独占禁止法上問題となるかについて具体例を挙げながら明らかにすることによって、入札談合の防止の徹底を図っている。

また、入札談合の防止を徹底するためには、発注者側の取組が極めて重要であるとの観点から、独占禁止法違反の可能性のある行為に関し、発注官庁等から公正取引委員会に対し情報が円滑に提供されるよう、各発注官庁等において、公共入札に関する当委員会との連絡担当官として会計課長等が指名されている。

公正取引委員会は、連絡担当官との連絡・協力体制を一層緊密なものとするため、平成5年度以降、「公共入札に関する公正取引委員会との連絡担当官会議」を開催している。令和3年度においては、国の本府省庁との連絡担当官会議を令和3年12月1日に開催するとともに、国の地方支分部局等との連絡担当官会議を全国9か所で開催した。

また、公正取引委員会は、地方公共団体等の調達担当者等に対する独占禁止法や入札談合等関与行為防止法の研修会を開催するとともに、国、地方公共団体等が実施する調達担当者等に対する同様の研修会への講師の派遣及び資料の提供等の協力を行っている。令和3年度においては、研修会を全国で30回開催するとともに、国、地方公共団体及び特定法人（注）に対して187件の講師の派遣を行った。

（注）国又は地方公共団体が資本金の2分の1以上を出資している法人及び特別の法律により設立された法人のうち、国又は地方公共団体が法律により、常時、発行済株式の総数又は総株主の議決権の3分の1以上に当たる株式の保有を義務付けられている株式会社（政令で定めるもの等を除く。）をいう。

第7　独占的状態調査

　独占禁止法第8条の4は、独占的状態に対する措置について定めている。公正取引委員会は、同条の規定の適切な運用を図るため、「独占的状態の定義規定のうち事業分野に関する考え方について」（昭和52年公正取引委員会事務局）において、独占禁止法第2条第7項に規定する独占的状態に係る要件のうち市場構造要件（国内総供給価額要件及び事業分野占拠率要件）の考え方を明らかにしている。

　市場構造要件に係る事業活動及び経済実態については、これまで国内向け供給価額及び供給量に関する独自調査を実施してきたが、統計調査に係る報告者負担の軽減と業務の見直し・効率化を図るとの政府方針（統計改革推進会議最終取りまとめ（平成29年5月19日統計改革推進会議決定））も踏まえ、当該独自調査を実施しないこととした（平成30年11月13日公表）ところ、令和3年度においては、令和2年度に引き続き、政府統計情報等を活用しつつ、市場構造要件に係る事業活動及び経済実態に関する調査を実施した。

第5章　競争政策に関する理論的・実証的基盤の整備

1　はじめに

　いわゆる経済の高度化、ボーダーレス化等が進展する中で、公正取引委員会における競争政策上の制度設計や法執行に関し、経済学的、あるいは法学的な分析の成果を取り入れる必要性がますます高まっている。

　このような中、公正取引委員会は、平成15年6月、事務総局内に「競争政策研究センター」を発足させた。同センターでは、中長期的観点から、独占禁止法の運用や競争政策の企画・立案・評価を行う上での理論的・実証的な基礎を強化するため、独占禁止法や経済学等の専門家等の参画を得て、研究活動を行うほか各種セミナー等を開催している。

2　「データ市場に係る競争政策に関する検討会」報告書

　公正取引委員会は、競争政策研究センター内において、競争政策上の課題について議論を行うため、検討会委員として有識者等の参画を得て、検討会を開催している。令和3年度においては、令和2年度から引き続き「データ市場に係る競争政策に関する検討会」を開催し、データ市場に関して、競争政策上の諸論点や課題について研究を行った。同検討会では、令和2年11月以降、8回にわたって検討が行われ、報告書が取りまとめられた（令和3年6月25日公表）。

　同報告書においては、産業データやパーソナルデータに係る取組の事例を紹介しつつ、データの利活用やそのための仕組み構築等を検討するに当たりどのようなことが望まれるのかという点について整理している。具体的には、「多くの関係者の参加を得た仕組み構築等の検討」、「データへの自由かつ容易なアクセスの確保」、「協調領域・競争領域それぞれにおける政府等による取組」、「データポータビリティ・インターオペラビリティの確保」、「プライバシーに対する懸念への対応」及び「仲介事業者やデジタル・プラットフォーム事業者に対するルールの検討」といった六つの点が重要であると指摘している。

　（詳細については令和3年6月25日報道発表資料「「データ市場に係る競争政策に関する検討会」報告書について」を参照のこと。）
　　https://warp.ndl.go.jp/info:ndljp/pid/12151012/www.jftc.go.jp/houdou/pressrelease/2021/jun/210625_data.html

---

3　ディスカッション・ペーパーの公表

　競争政策研究センターでは、競争政策上の先端的な課題について、学識経験者等が、所長、主任研究官、公正取引委員会の職員等と議論しながら、執筆者の名義・責任の下にディスカ

ッション・ペーパーを公表してきている。令和３年度においては、９本のディスカッション・ペーパーを公表した（第１表参照）。その内容は競争政策研究センターのウェブサイト（https://www.jftc.go.jp/cprc/index.html）上に全文が掲載されている。

第１表　ディスカッション・ペーパー（令和３年度公表分）

	公表年月日	タイトル・執筆者（注）
1	3. 5.28	「企業結合に関する事後検証②～日本精工による天辻鋼球製作所の株式取得についての差分の差分分析～」 小松原　崇史（上武大学ビジネス情報学部准教授・競争政策研究センター客員研究員）
2	3. 5.28	「Informal Incentives, Labor Supply, and the Effect of Immigration on Wages」 Matthias Fahn（ヨハネス・ケプラー大学（リンツ）助教授） 室岡　健志（大阪大学大学院国際公共政策研究科准教授・競争政策研究センター客員研究員）
3	3. 6.25	「オンラインプラットフォームにおける搾取型濫用行為規制の理論～フェイスブックケース（ドイツ連邦カルテル庁決定）を手掛かりとして～」 柴田　潤子（香川大学法学部教授・競争政策研究センター客員研究員） 東條　吉純（立教大学法学部教授・競争政策研究センター客員研究員）
4	3. 9.15	「Cross-Market Platform Competition in Mobile App Economy」 善如　悠介（神戸大学大学院経営学研究科准教授）
5	3.10. 8	「ＥＵ等における選択的流通関連事件の検証」 多田　英明（東洋大学法学部教授・元競争政策研究センター客員研究員）
6	3.10.27	「プライスシグナリングに対する競争法による規律－欧米における議論及び事例を踏まえて不当な取引制限の条項との関係を整理する」 池田　毅（池田・染谷法律事務所弁護士・元競争政策研究センター客員研究員） 高宮　雄介（森・濱田松本法律事務所弁護士・元競争政策研究センター客員研究員）
7	4. 1.14	「部分的株式所有を伴う企業間提携の理論分析」 森田　穂高（一橋大学経済研究所教授） 秋山　薫平（株式会社メンバーズデータアドベンチャーカンパニーデータアナリスト） 荒　知宏（福島大学経済経営学類准教授） 野口　翔右（ライス大学経済学部博士課程学生） Arghya Ghosh (Professor, School of Economics, UNSW Business School, UNSW Sydney)
8	4. 3.18	「アルゴリズムと共謀―経済分析のサーベイと競争政策への含意―」 小田切　宏之（一橋大学名誉教授）
9	4. 3.29	「標準必須特許と他の商品のセット供給の独占禁止法上の検討　～米国FTC v. Qualcommを素材として～」 白石　幸輔（公正取引委員会事務総局審査局管理企画課企画室・競争政策研究センター研究員）

（注）執筆者の役職は公表時点のものである。

4　イベントの開催

(1)　シンポジウム

　競争政策研究センターでは、競争政策に関する国内外との交流拠点の機能を果たすため、海外の競争当局担当者や国内外の学識経験者を迎えたシンポジウムを開催している。令和３年度においては、２件のシンポジウムを開催した（第２表参照）。

第2表　シンポジウムの開催状況（令和3年度）

	開催年月日	主催者・共催者等	テーマ・講演者等（注）
1	3.11.26	[主催者] 公正取引委員会 [共催者] 大阪弁護士会、大阪商工会議所、（一社）電子情報技術産業協会、神戸大学科研「プラットフォームとイノベーションをめぐる新たな競争政策の構築」、（公財）公正取引協会 [後援] （公社）関西経済連合会	第4回大阪シンポジウム「スタートアップの成長と競争政策」 [講演者] 　栗谷　康正（公正取引委員会事務総局経済取引局取引部取引調査室長） 　本庄　裕司（中央大学商学部教授、経済産業研究所ファカルティフェロー） [モデレーター] 　松島　法明（大阪大学社会経済研究所教授、競争政策研究センター所長） [パネリスト] 　板崎　一雄（三浦法律事務所パートナー弁護士、ドーナッツロボティクス社COO&CLO） 　泉水　文雄（神戸大学大学院法学研究科教授） 　本庄　裕司（中央大学商学部教授、経済産業研究所ファカルティフェロー）
2	4.3.25	[主催者] 公正取引委員会 [共催者] ㈱日本経済新聞社、（公財）公正取引協会	第20回国際シンポジウム「グリーン成長と競争政策」 [講演者] 　Jeroen Capiau（欧州委員会競争総局 Policy Officer） 　Caroline Wolberink（オランダ消費者・市場庁 Head of Sustainability Team） [モデレーター] 　宮井　雅明（立命館大学法学部教授、競争政策研究センター主任研究官） [パネリスト] 　Jeroen Capiau（欧州委員会競争総局 Policy Officer） 　Caroline Wolberink（オランダ消費者・市場庁 Head of Sustainability Team） 　高宮　雄介（森・濱田松本法律事務所パートナー弁護士） 　柳　武史（一橋大学大学院法学研究科准教授）

(注) 講演者等の役職は開催時点のものである。

⑵　公開セミナー

　　競争政策研究センターは、国内外の学識経験者・有識者を講演者とし、主として学術関係者を対象として、アカデミックな議論を深めることを目的として、公開セミナーを開催している。令和3年度においては、2件の公開セミナーを開催した（第3表参照）。

第3表　公開セミナーの開催状況（令和3年度）

	開催年月日	主催者・共催者	テーマ・講演者等（注）
1	3.6.18	[主催者] 公正取引委員会	第49回公開セミナー「Competition law enforcement and competition regulation: the digital challenge」 [講演者] 　Frederic Jenny（OECD競争委員会議長、ESSECパリ・ビジネススクール教授）

	開催年月日	主催者・共催者	テーマ・講演者等（注）
2	4. 2. 4	［主催者］ 神戸大学科研「プラットフォームとイノベーションをめぐる新たな競争政策の構築」 ［共催者］ 香川大学四国グローバルリーガルセンター、公正取引委員会	第 50 回公開セミナー「デジタルプラットフォームと競争：独禁法・透明化法上の諸課題」 ［講演者・パネリスト］ 　和久井　理子（京都大学大学院法学研究科教授） 　池田　大起（公正取引委員会事務総局経済取引局総務課デジタル市場企画調査室室長補佐） 　日置　純子（経済産業省商務情報政策局情報経済課デジタル取引環境整備室長） 　角田　美咲（経済産業省商務情報政策局情報経済課デジタル取引環境整備室法令専門官） 　柴田　潤子（香川大学法学部教授）

（注）講演者等の役職は開催時点のものである。

⑶　ＣＰＲＣセミナー

　競争政策研究センターは、競争政策上の将来の研究課題の発掘等に資するために、有識者による講演（ＣＰＲＣセミナー）を随時開催している。

⑷　ＢＢＬ（Brown Bag Lunch）ミーティング

　競争政策研究センターは、将来の研究課題の発掘等に資するために、競争政策の観点から注目すべき業界の動向等について、昼食時間等を利用して、有識者による講演（ＢＢＬミーティング）を随時開催している。

⑸　研究成果発表会

　競争政策研究センターは、研究員が執筆したディスカッション・ペーパー等の研究成果について発表する研究成果発表会を随時開催している。

⑹　事件等解説会

　競争政策研究センターは、公正取引委員会が実施した事件審査や実態調査等について担当者が解説する事件等解説会を随時開催している。

第6章　株式取得、合併等に関する業務

第1　概説

　独占禁止法第4章は、事業支配力が過度に集中することとなる会社の設立等の禁止（同法第9条）及び銀行業又は保険業を営む会社の議決権取得・保有の制限（同法第11条）について規定しているほか、一定の取引分野における競争を実質的に制限することとなる場合及び不公正な取引方法による場合の会社等の株式取得・所有、役員兼任、合併、分割、共同株式移転及び事業譲受け等の禁止並びに一定の条件を満たす企業結合についての届出義務（同法第10条及び第13条から第16条まで）を規定している。公正取引委員会は、これらの規定に従い、企業結合審査を行っている。個別事案の審査に当たっては、必要に応じ経済分析を積極的に活用している。

　また、公正取引委員会は、いわゆる第2次審査を行って排除措置命令を行わない旨の通知をした場合等について、当該審査結果を公表するほか、届出を受理した事案等のうち、企業結合を計画している事業者の参考に資すると思われる事案については、一定の取引分野の画定の考え方や独占禁止法上の判断の理由等についてできるだけ詳細に記載し、その内容を公表している。

第2　独占禁止法第9条の規定による報告・届出

　独占禁止法第9条第1項及び第2項は、他の国内の会社の株式を所有することにより事業支配力が過度に集中することとなる会社を設立すること及び会社が他の国内の会社の株式を取得し又は所有することにより事業支配力が過度に集中することとなる会社に転化することを禁止しており、会社及びその子会社（注）の総資産合計額が、①持株会社については6000億円、②銀行業、保険業又は第一種金融商品取引業を営む会社（持株会社を除く。）については8兆円、③一般事業会社（①及び②以外の会社）については2兆円を超える場合には、(i)毎事業年度終了後3か月以内に当該会社及び子会社の事業報告書を提出すること（同条第4項）、(ii)当該会社の新設について設立後30日以内に届け出ること（同条第7項）を義務付けている。

　令和3年度において、独占禁止法第9条第4項の規定に基づき提出された会社の事業報告書の件数は114件であり、同条第7項の規定に基づく会社設立届出書の件数は3件であった。

（注）会社がその総株主の議決権の過半数を有する他の国内の会社をいう。この場合において、会社及びその一若しくは二以上の子会社又は会社の一若しくは二以上の子会社がその総株主の議決権の過半数を有する他の国内の会社は、当該会社の子会社とみなす。

第3　銀行業又は保険業を営む会社の議決権取得・保有

　独占禁止法第11条第1項の規定では、銀行業又は保険業を営む会社は他の国内の会社の議決権をその総株主の議決権の5％（保険会社は10％）を超えて取得・保有してはならな

第
6
章

株式取得、合併等に関する業務

いとされている。ただし、あらかじめ公正取引委員会の認可を受けるなど一定の要件を満たした場合は、同項の規定の適用を受けない（同条第１項ただし書、第２項）。

　令和３年度において、公正取引委員会が認可した銀行業又は保険業を営む会社の議決権取得・保有の件数は15件であった。このうち、独占禁止法第11条第１項ただし書の規定に基づくものが13件（銀行業を営む会社に係るもの11件、保険業を営む会社に係るもの２件）、同条第２項の規定に基づくものが２件（全て銀行業を営む会社に係るもの）であった。また、外国会社に係るものはなかった（銀行業又は保険業を営む会社の議決権取得・保有の制限に係る認可についての詳細は、附属資料４－１表参照）。

第4　株式取得・合併・分割・共同株式移転・事業譲受け等

1　概要

⑴　一定の条件を満たす会社が、株式取得、合併、分割、共同株式移転及び事業譲受け等（以下「企業結合」という。）を行う場合には、それぞれ独占禁止法第10条第２項、第15条第２項、第15条の２第２項及び第３項、第15条の３第２項又は第16条第２項の規定により、公正取引委員会に企業結合に関する計画を届け出ることが義務付けられている（ただし、合併等をしようとする全ての会社が同一の企業結合集団に属する場合等については届出が不要である。）。

　企業結合に関する計画の届出が必要な場合は、具体的には次のとおりである。

ア　株式取得の場合

> 会社の属する企業結合集団（注１）の国内売上高合計額（注２）が200億円を超える会社が、他の会社であって、その国内売上高と子会社（注３）の国内売上高を合計した額が50億円を超える会社の株式を取得する場合において、当該会社の属する企業結合集団に属する会社が所有することとなる株式に係る議決権の数の割合が20％又は50％を超えることとなる場合（注４）

（注１）会社及び当該会社の子会社並びに当該会社の最終親会社（親会社であって他の会社の子会社でないものをいう。）及び当該最終親会社の子会社（当該会社及び当該会社の子会社を除く。）から成る集団をいう。
（注２）会社の属する企業結合集団に属する会社等の国内売上高を合計したものをいう。
（注３）会社が他の会社等の財務及び事業の方針の決定を支配している場合における当該他の会社等をいう。
（注４）ただし、あらかじめ届出を行うことが困難である場合として公正取引委員会規則で定める場合は、届出が不要である。

イ　合併の場合

> 会社の属する企業結合集団の国内売上高合計額200億円超の会社と国内売上高合計額50億円超の会社の場合

ウ　共同新設分割の場合

> 会社の属する企業結合集団の国内売上高合計額200億円超の全部承継会社と会社の属する企業結合集団の国内売上高合計額50億円超の全部承継会社の場合
> 会社の属する企業結合集団の国内売上高合計額200億円超の全部承継会社と承継対象部分に係る国内売上高が30億円超の重要部分承継会社の場合
> 承継対象部分に係る国内売上高が100億円超の重要部分承継会社と会社の属する企業結合集団の国内売上高合計額50億円超の全部承継会社の場合

承継対象部分に係る国内売上高が100億円超の重要部分承継会社と承継対象部分に係る国内売上高が30億円超の重要部分承継会社の場合

エ　吸収分割の場合

会社の属する企業結合集団の国内売上高合計額200億円超の全部承継会社と会社の属する企業結合集団の国内売上高合計額50億円超の被承継会社の場合

会社の属する企業結合集団の国内売上高合計額50億円超の全部承継会社と会社の属する企業結合集団の国内売上高合計額200億円超の被承継会社の場合

承継対象部分に係る国内売上高が100億円超の重要部分承継会社と会社の属する企業結合集団の国内売上高合計額50億円超の被承継会社の場合

承継対象部分に係る国内売上高が30億円超の重要部分承継会社と会社の属する企業結合集団の国内売上高合計額200億円超の被承継会社の場合

オ　共同株式移転の場合

会社の属する企業結合集団の国内売上高合計額200億円超の会社と会社の属する企業結合集団の国内売上高合計額50億円超の会社の場合

カ　事業譲受け等の場合

会社の属する企業結合集団の国内売上高合計額200億円超の譲受会社と国内売上高30億円超の全部譲渡会社の場合

会社の属する企業結合集団の国内売上高合計額200億円超の譲受会社と対象部分の国内売上高が30億円超の重要部分譲渡会社の場合

⑵　令和３年度において、独占禁止法第10条第２項等の規定に基づく企業結合に関する計画の届出を受理した件数は337件であった。

⑶　公正取引委員会は、企業結合により一定の取引分野における競争を実質的に制限することとなるかについて調査を行っている。

　　令和３年度に届出を受理した337件のうち、届出受理の日から独占禁止法第10条第９項（第15条第３項、第15条の２第４項、第15条の３第３項及び第16条第３項の規定により準用する場合を含む。）に規定する報告等の要請を行う日の前日まで（報告等の要請を行わない場合は、排除措置命令を行わない旨の通知を行う日まで）の期間に行う第１次審査で終了した件数は328件、第１次審査終了前に取下げがあった件数は８件、報告等の要請を行う日から意見聴取の通知を行う日まで（同通知を行わない場合は、排除措置命令を行わない旨の通知を行う日まで）の期間に行う第２次審査に移行した件数は１件であった。

　　令和３年度に届出を受理した337件のうち、独占禁止法第10条第８項ただし書（第15条第３項、第15条の２第４項、第15条の３第３項及び第16条第３項の規定により準用する場合を含む。）の規定に基づき、企業結合をしてはならない期間を短縮した件数は248件であった。

⑷　令和3年度において、独占禁止法第10条第1項、第15条第1項、第15条の2第1項、第15条の3第1項又は第16条第1項の規定に違反するとして、同法第17条の2第1項の規定に基づき排除措置命令を行ったものはなかった。

⑸　令和3年度において、第2次審査が終了したもののうち、届出会社が一定の適切な措置（問題解消措置）を講ずることを前提に独占禁止法上の問題はないと判断したものはなかった。

⑹　令和3年度において、産業競争力強化法（平成25年法律第98号）第27条第1項（注5）の規定に基づく協議を受けた件数は2件であった。

（注5）産業競争力強化法等の一部を改正する等の法律（令和3年法律第70号）による改正後は第25条第1項

⑺　令和3年度において、農業競争力強化支援法（平成29年法律第35号）第20条第1項の規定に基づく協議を受けた件数は1件であった。

⑻　令和3年度において、地域における一般乗合旅客自動車運送事業及び銀行業に係る基盤的なサービスの提供の維持を図るための私的独占の禁止及び公正取引の確保に関する法律の特例に関する法律（令和2年法律第32号）第5条第2項の規定に基づく協議を受けた件数は1件であった。

第1表　過去3年度に受理した届出の処理状況

	令和元年度	令和2年度	令和3年度
届出件数	310	266	337
第1次審査で終了したもの	300	258	328
うち禁止期間の短縮を行ったもの	(217)	(199)	(248)
第1次審査終了前に取下げがあったもの	9	7	8
第2次審査に移行したもの	1	1	1

第2表　過去3年度における第2次審査の処理状況

	令和元年度	令和2年度	令和3年度
第2次審査で終了した件数	0	1	1
うち問題解消措置を前提に問題なしとした件数	0	1	0
排除措置命令を行った件数	0	0	0

（注）当該年度に受理したか否かにかかわらず、当該年度において処理したものについて記載している。

2　株式取得・合併・分割・共同株式移転・事業譲受け等の動向

令和３年度における株式取得の届出受理件数は、288件であり、前年度の届出受理件数223件に比べ増加している（対前年度比29.1％増）。

　令和３年度における合併の届出受理件数は、10件であり、前年度の届出受理件数16件に比べ減少している（対前年度比37.5％減）。

　令和３年度における分割の届出受理件数は、17件であり、前年度の届出受理件数７件に比べ増加している（対前年度比142.9％増）。

　令和３年度における共同株式移転の届出受理件数は３件であり、前年度の届出受理件数０件に比べ増加している。

　令和３年度における事業譲受け等の届出受理件数は、19件であり、前年度の届出受理件数20件に比べ減少している（対前年度比5.0％減）。

　令和３年度に届出を受理した企業結合を国内売上高合計額別、議決権取得割合別・態様別、業種別及び形態別でみると、次のとおりである（第３表から第11表まで）。

⑴　国内売上高合計額別

　令和３年度の企業結合に関する計画の届出受理件数について、それぞれ国内売上高合計額別にみると、次のとおりである。

ア　株式取得

　株式取得会社の国内売上高合計額が5000億円未満の会社による株式取得が過半を占めている（第３表参照）。

イ　合併

　存続会社の国内売上高合計額が5000億円未満の会社による合併が全てである（第４表参照）。

ウ　分割

⑺　共同新設分割

　共同新設分割をする会社のうち、分割対象部分に係る国内売上高合計額が最も大きい会社の国内売上高合計額が1000億円未満の会社による共同新設分割が全てである（第５表参照）。

⑷　吸収分割

　事業を承継する会社の国内売上高合計額が5000億円未満のものが過半を占めている（第６表参照）。

エ　共同株式移転

　共同株式移転をする会社のうち、国内売上高合計額が最も大きい会社の国内売上高合計額が1000億円未満の会社による共同株式移転が全てである（第７表参照）。

オ　事業譲受け等

　譲受会社の国内売上高合計額が5000億円未満の会社による事業譲受け等が過半を占めている（第８表参照）。

⑵　議決権取得割合別・態様別
　　ア　議決権取得割合（注）
　　　　令和3年度の株式取得に関する計画の届出受理件数を議決権取得割合別にみると、総数288件のうち、20％超50％以下が72件（全体の25.0％）、50％超が216件（同75.0％）であった（第9表参照）。
　　　　（注）議決権取得割合とは、株式発行会社の株式を取得しようとする場合において、届出会社が取得の後において所有することとなる当該株式発行会社の株式に係る議決権の数と届出会社の属する企業結合集団に属する当該届出会社以外の会社等が所有する当該株式発行会社の株式に係る議決権の数とを合計した議決権の数の株式発行会社の総株主の議決権の数に占める割合である。

　　イ　態様別
　　　　令和3年度の企業結合に関する計画の届出受理件数を態様別にみると、合併については、総数10件の全てが吸収合併であった。分割については、総数17件のうち、2件が共同新設分割（全体の11.8％）で、15件が吸収分割（同88.2％）であった。また、事業譲受け等については、総数19件のうち、10件が事業の譲受け（全体の52.6％）、9件が事業上の固定資産の譲受け（同47.4％）であった。

⑶　業種別
　　　令和3年度の企業結合に関する計画の届出受理件数を業種別にみると、次のとおりである（第10表参照）。
　　ア　株式取得
　　　　その他を除けば、卸・小売業が41件（全体の14.2％）と最も多く、以下、製造業が36件（同12.5％）、運輸・通信・倉庫業が18件（同6.3％）と続いている。
　　　　製造業の中では、化学・石油・石炭業及び機械業が各11件と多くなっている。

　　イ　合併
　　　　その他を除けば、製造業が3件（全体の30.0％）と最も多く、卸・小売業及び運輸・通信・倉庫業が各1件（同10.0％）であった。

　　ウ　分割
　　　　その他を除けば、製造業が7件（全体の41.2％）と最も多く、以下、卸・小売業が6件（同35.3％）、サービス業が2件（同11.8％）と続いている。

　　エ　共同株式移転
　　　　卸・小売業、サービス業及び金融・保険業が各1件（全体の33.3％）であった。

　　オ　事業譲受け等
　　　　製造業が6件（全体の31.6％）と最も多く、その他を除けば、以下、卸・小売業が4件（同21.1％）と続いている。
　　　　製造業の中では、機械業が3件と多くなっている。

⑷　形態別

令和３年度の企業結合の形態別の件数は、次のとおりである（第11表参照）。
　なお、形態別の件数については、複数の形態に該当する企業結合の場合、該当する形態を全て集計している。そのため、件数の合計は企業結合に関する計画の届出受理件数と必ずしも一致しない。

ア　株式取得

　水平関係が157件（全体の54.5％）と最も多く、以下、垂直関係（前進）及び混合関係（純粋）が各73件（同25.3％）と続いている。

イ　合併

　混合関係（商品拡大）が４件（全体の40.0％）と最も多く、以下、水平関係及び混合関係（純粋）が各３件（同30.0％）と続いている。

ウ　分割

　水平関係が15件（全体の88.2％）と最も多く、以下、垂直関係（前進）及び垂直関係（後進）が各５件（同29.4％）と続いている。

エ　共同株式移転

　３件全てが水平関係であった。

オ　事業譲受け等

　水平関係が10件（全体の52.6％）と最も多く、以下、垂直関係（後進）が８件（同42.1％）、垂直関係（前進）が３件（同15.8％）と続いている。

第3表 国内売上高合計額別株式取得届出受理件数

株式取得 会社の国内 売上高合計額 ＼ 株式発行会社の 国内売上高 合計額	50億円以上 200億円未満	200億円以上 500億円未満	500億円以上 1000億円未満	1000億円以上 5000億円未満	5000億円以上	合計
200億円以上 500億円未満	32	5	1	0	0	38
500億円以上 1000億円未満	40	5	5	1	0	51
1000億円以上 5000億円未満	60	20	12	9	2	103
5000億円以上 1兆円未満	30	7	1	8	1	47
1兆円以上 5兆円未満	13	9	2	3	0	27
5兆円以上	10	3	5	4	0	22
合計	185	49	26	25	3	288

第4表　国内売上高合計額別合併届出受理件数

存続会社の国内売上高合計額 ＼ 消滅会社の国内売上高合計額	50億円以上 200億円未満	200億円以上 500億円未満	500億円以上 1000億円未満	1000億円以上 5000億円未満	5000億円以上	合計
50億円以上 200億円未満	0	1	0	3	0	4
200億円以上 500億円未満	2	0	0	0	1	3
500億円以上 1000億円未満	0	0	0	2	0	2
1000億円以上 5000億円未満	1	0	0	0	0	1
5000億円以上 1兆円未満	0	0	0	0	0	0
1兆円以上 5兆円未満	0	0	0	0	0	0
5兆円以上	0	0	0	0	0	0
合計	3	1	0	5	1	10

（注）　3社以上の合併、すなわち消滅会社が2社以上である場合には、国内売上高合計額が最も大きい消滅会社を基準とする。

第5表　国内売上高合計額別共同新設分割届出受理件数

分割する会社2の国内売上高合計額（又は分割対象部分に係る国内売上高）／分割する会社1の国内売上高合計額（又は分割対象部分に係る国内売上高）	30億円以上200億円未満	200億円以上500億円未満	500億円以上1000億円未満	1000億円以上5000億円未満	5000億円以上	合計
50億円以上200億円未満	0 (1)	0 (0)	0 (0)	0 (0)	0 (0)	0 (1)
200億円以上500億円未満	0 (0)	0 (0)	0 (0)	0 (0)	0 (0)	0 (0)
500億円以上1000億円未満	0 (1)	0 (0)	0 (0)	0 (0)	0 (0)	0 (1)
1000億円以上5000億円未満	0 (0)	0 (0)	0 (0)	0 (0)	0 (0)	0 (0)
5000億円以上1兆円未満	0 (0)	0 (0)	0 (0)	0 (0)	0 (0)	0 (0)
1兆円以上5兆円未満	0 (0)	0 (0)	0 (0)	0 (0)	0 (0)	0 (0)
5兆円以上	0 (0)	0 (0)	0 (0)	0 (0)	0 (0)	0 (0)
合計	0 (2)	0 (0)	0 (0)	0 (0)	0 (0)	0 (2)

（注）共同新設分割をする会社のうち、国内売上高合計額又は分割対象部分に係る国内売上高が最も大きい会社を「分割する会社1」、その次に大きい会社を「分割する会社2」とした。また、（　）外は事業の全部を承継する会社に係る国内売上高合計額による届出受理の件数であり、（　）内は事業の重要部分を承継する会社の分割対象部分に係る国内売上高による届出受理の件数である（内数ではない。）。

第6表　国内売上高合計額別吸収分割届出受理件数

承継する会社の国内売上高合計額 ＼ 分割する会社の国内売上高合計額（又は分割対象部分に係る国内売上高）	30億円以上200億円未満	200億円以上500億円未満	500億円以上1000億円未満	1000億円以上5000億円未満	5000億円以上	合計
50億円以上200億円未満	0 (0)	0 (0)	0 (0)	0 (0)	0 (0)	0 (0)
200億円以上500億円未満	0 (0)	0 (0)	0 (0)	0 (0)	0 (0)	0 (0)
500億円以上1000億円未満	0 (2)	0 (0)	0 (0)	0 (0)	0 (0)	0 (2)
1000億円以上5000億円未満	0 (3)	0 (0)	0 (1)	0 (2)	0 (0)	0 (6)
5000億円以上1兆円未満	0 (1)	0 (1)	0 (0)	0 (0)	0 (0)	0 (2)
1兆円以上5兆円未満	0 (4)	0 (0)	0 (1)	0 (0)	0 (0)	0 (5)
5兆円以上	0 (0)	0 (0)	0 (0)	0 (0)	0 (0)	0 (0)
合計	0 (10)	0 (1)	0 (2)	0 (2)	0 (0)	0 (15)

（注）（　）外は事業の全部を承継する会社に係る国内売上高合計額による届出受理の件数であり、（　）内は事業の重要部分を承継する会社の分割対象部分に係る国内売上高による届出受理の件数である（内数ではない。）。

第7表　国内売上高合計額別共同株式移転届出受理件数

株式移転会社2の国内売上高合計額／株式移転会社1の国内売上高合計額	50億円以上200億円未満	200億円以上500億円未満	500億円以上1000億円未満	1000億円以上5000億円未満	5000億円以上	合計
200億円以上500億円未満	0	1	0	0	0	1
500億円以上1000億円未満	0	2	0	0	0	2
1000億円以上5000億円未満	0	0	0	0	0	0
5000億円以上1兆円未満	0	0	0	0	0	0
1兆円以上5兆円未満	0	0	0	0	0	0
5兆円以上	0	0	0	0	0	0
合計	0	3	0	0	0	3

（注）共同株式移転をする会社のうち、国内売上高合計額が最も大きい会社を「株式移転会社1」、その次に大きい会社を「株式移転会社2」とした。

第8表　国内売上高合計額別事業譲受け等届出受理件数

譲受け対象部分に係る国内売上高／譲受会社の国内売上高合計額	30億円以上200億円未満	200億円以上500億円未満	500億円以上1000億円未満	1000億円以上5000億円未満	5000億円以上	合計
200億円以上500億円未満	3	0	1	0	0	4
500億円以上1000億円未満	3	0	0	0	0	3
1000億円以上5000億円未満	4	1	0	0	0	5
5000億円以上1兆円未満	2	0	0	0	0	2
1兆円以上5兆円未満	2	0	0	0	0	2
5兆円以上	3	0	0	0	0	3
合計	17	1	1	0	0	19

（注）　2社以上からの事業譲受け等、すなわち譲渡会社が2社以上である場合には、譲受け対象部分に係る国内売上高が最も大きい譲渡会社を基準とする。

第6章　株式取得、合併等に関する業務

第9表　議決権取得割合別の株式取得届出受理件数

20%超50%以下	50%超	合　計
72	216	288

第10表　業種別届出受理件数

業種別	株式取得	合併	分割	共同株式移転	事業譲受け等	合計
農林・水産業	0	0	0	0	0	0
鉱業	0	0	0	0	0	0
建設業	10	0	0	0	1	11
製造業	36	3	7	0	6	52
食料品	2	0	0	0	0	2
繊維	0	0	0	0	0	0
木材・木製品	0	0	0	0	0	0
紙・パルプ	3	0	0	0	0	3
出版・印刷	0	0	0	0	0	0
化学・石油・石炭	11	1	1	0	1	14
ゴム・皮革	0	0	0	0	0	0
窯業・土石	1	0	2	0	0	3
鉄鋼	1	0	0	0	0	1
非鉄金属	1	0	0	0	0	1
金属製品	2	1	3	0	1	7
機械	11	1	0	0	3	15
その他製造業	4	0	1	0	1	6
卸・小売業	41	1	6	1	4	53
不動産業	11	0	0	0	0	11
運輸・通信・倉庫業	18	1	0	0	3	22
サービス業	17	0	2	1	1	21
金融・保険業	11	0	1	1	0	13
電気・ガス熱供給・水道業	6	0	1	0	0	7
その他	138	5	0	0	4	147
合　計	288	10	17	3	19	337

(注) 業種は、株式取得の場合には株式を取得した会社の業種に、合併の場合には合併後の存続会社の業種に、共同新設分割の場合には分割した会社の業種に、吸収分割の場合には事業を承継した会社の業種に、共同株式移転の場合には新設会社の業種に、事業譲受け等の場合には事業等を譲り受けた会社の業種によった。

第11表　形態別届出受理件数

形　態　別		株式取得	合併	共同新設分割	吸収分割	共同株式移転	事業譲受け等
水平関係		157	3	2	13	3	10
垂直関係	前進	73	2	0	5	0	3
	後進	71	1	0	5	0	8
混合関係	地域拡大	38	0	0	3	0	1
	商品拡大	41	4	0	0	0	0
	純粋	73	3	0	0	0	1
届出受理件数		288	10	2	15	3	19

（注1）企業結合の形態の定義については、附属資料4－2⑶参照。

（注2）形態別の件数については、複数の形態に該当する企業結合の場合、該当する形態を全て集計している。
　　　そのため、形態別の件数の合計は、届出受理件数と必ずしも一致しない。

第6章

株式取得、合併等に関する業務

第5 主要な事例

　公正取引委員会は、令和３年６月に㈱福井銀行による㈱福邦銀行の株式取得について、同年７月にセールスフォース・ドットコム・インク及びスラック・テクノロジーズ・インクの統合について、同年 11 月にグローバルウェーハズ・ゲーエムベーハーによるシルトロニック・アーゲーの株式取得について、審査結果を公表している。

　いずれも令和３年度中に届出を受理したものであり、グローバルウェーハズ・ゲーエムベーハーによるシルトロニック・アーゲーの株式取得は第２次審査に移行したものである。

事例1 ㈱福井銀行による㈱福邦銀行の株式取得（令和３年６月 16 日公表）

　公正取引委員会は、㈱福井銀行（以下「福井銀行」という。）による㈱福邦銀行（以下「福邦銀行」という。）の株式取得について、福井銀行から独占禁止法の規定に基づく株式取得に係る計画届出書の提出を受け、審査を行った結果、一定の取引分野における競争を実質的に制限することとはならないと認められたので、福井銀行に対し、排除措置命令を行わない旨の通知を行い、本件審査を終了した。

⑴　本件の概要

　本件は、福井銀行が福邦銀行の株式に係る議決権を50％を超えて取得すること（以下「本件行為」という。）を計画しているものであった。

⑵　本件の経緯

　　令和３年５月17日　本件行為に関する計画の届出の受理（第１次審査の開始）

　　　　　　６月16日　排除措置命令を行わない旨の通知

⑶　結論

　　公正取引委員会は、本件行為が一定の取引分野における競争を実質的に制限することとはならないと判断した。

> （詳細については令和３年６月 16 日報道発表資料「株式会社福井銀行による株式会社福邦銀行の株式取得に関する審査結果について」を参照のこと。）
> 　https://warp.ndl.go.jp/info:ndljp/pid/12151012/www.jftc.go.jp/houdou/pressrelease/2021/jun/210616f.html

事例2 セールスフォース・ドットコム・インク及びスラック・テクノロジーズ・インクの統合（令和３年７月１日公表）

公正取引委員会は、セールスフォース・ドットコム・インク（本社米国。以下「セールスフォース社」という。）及びスラック・テクノロジーズ・インク（本社米国。以下「スラック社」という。また、両社をそれぞれ最終親会社として既に結合関係が形成されている企業の集団を併せて「当事会社グループ」という。）の統合について、当事会社グループから独占禁止法の規定に基づく株式取得及び合併に関する計画届出書の提出を受け、審査を行った結果、一定の取引分野における競争を実質的に制限することとはならないと認められたので、当事会社グループに対し、排除措置命令を行わない旨の通知を行い、本件審査を終了した。

　公正取引委員会は、本件について、オーストラリア競争・消費者委員会及び米国司法省との間で情報交換を行いつつ審査を進めた。

⑴　本件の概要
　本件は、当事会社グループが、株式取得及び合併によって、セールスフォース社及びスラック社の統合（以下「本件行為」という。）を計画しているものであった。

⑵　本件の経緯
　令和3年6月2日　本件行為に関する計画の届出の受理（第1次審査の開始）
　　　　　7月1日　排除措置命令を行わない旨の通知

⑶　結論
　公正取引委員会は、本件行為が一定の取引分野における競争を実質的に制限することとはならないと判断した。

　（詳細については令和3年7月1日報道発表資料「セールスフォース・ドットコム・インク及びスラック・テクノロジーズ・インクの統合に関する審査結果について」を参照のこと。）

　https://warp.ndl.go.jp/info:ndljp/pid/12151012/www.jftc.go.jp/houdou/pressrelease/2021/jul/210701s.html

---

事例3　グローバルウェーハズ・ゲーエムベーハーによるシルトロニック・アーゲーの株式取得（令和3年11月26日公表）

　公正取引委員会は、グローバルウェーハズ・ゲーエムベーハー（本社ドイツ。以下「GW」といい、GWの最終親会社であるシノアメリカン・シリコン・プロダクツ・インクと結合関係が形成されている企業の集団を「GWグループ」という。）によるシルトロニック・アーゲー（本社ドイツ。）の株式取得について、GWから独占禁止法の規定に基づく株式取得に関する計画届出書の提出を受け、審査を行った結果、一定の取引分野における

競争を実質的に制限することとはならないと認められたので、ＧＷに対し、排除措置命令を行わない旨の通知を行い、本件審査を終了した。

　公正取引委員会は、本件について、シンガポール競争・消費者委員会及び米国連邦取引委員会との間で情報交換を行いつつ審査を進めた。

(1)　**本件の概要**

　本件は、シリコンウェーハの製造販売業を営むＧＷグループに属するＧＷが、シリコンウェーハの製造販売業を営むシルトロニック・アーゲーの株式に係る議決権の 70%以上を取得すること（以下「本件行為」という。）を計画しているものであった。

(2)　**本件の経緯**

　　令和3年5月17日　本件行為に関する計画の届出の受理（第1次審査の開始）

　　　　6月15日　報告等の要請（第2次審査の開始）

　　　10月4日　全ての報告等の受理

　　　　　　　　（意見聴取の通知期限：令和4年1月3日）

　　　11月26日　排除措置命令を行わない旨の通知

(3)　**結論**

　公正取引委員会は、本件行為が一定の取引分野における競争を実質的に制限することとはならないと判断した。

　（詳細については令和3年11月26日報道発表資料「グローバルウェーハズ・ゲーエムベーハーによるシルトロニック・アーゲーの株式取得に関する審査結果について」を参照のこと。）

　　https://warp.ndl.go.jp/info:ndljp/pid/12151012/www.jftc.go.jp/houdou/pressrelease/2021/nov/211126w.html

---

第7章　不公正な取引方法への取組

第1　概説

　独占禁止法は、第19条において事業者が不公正な取引方法を用いることを禁止しているほか、事業者及び事業者団体が不公正な取引方法に該当する事項を内容とする国際的契約を締結すること、事業者団体が事業者に不公正な取引方法に該当する行為をさせるようにすること、会社及び会社以外の者が不公正な取引方法により株式を取得し又は所有すること、会社が不公正な取引方法により役員の兼任を強制すること、会社が不公正な取引方法により合併すること等の行為を禁止している（第6条、第8条第5号、第10条第1項、第13条第2項、第14条、第15条第1項、第15条の2第1項第2号及び第16条第1項）。不公正な取引方法として規制される行為の具体的な内容は、公正取引委員会が告示により指定することとされてきたが、私的独占の禁止及び公正取引の確保に関する法律の一部を改正する法律（平成21年法律第51号。以下「平成21年独占禁止法改正法」という。）により、これまで不公正な取引方法（昭和57年公正取引委員会告示第15号）により指定されていたもののうち、共同の取引拒絶、差別対価、不当廉売、再販売価格の拘束及び優越的地位の濫用の全部又は一部が法定化され（第2条第9項第1号から第5号まで）、新たに課徴金納付命令の対象となった（第20条の2から第20条の6まで）。

　不公正な取引方法に対する取組に関しては、前記規定に違反する事件の処理のほか、不公正な取引方法の指定に関する調査、不公正な取引方法に関する説明会の開催等の普及・啓発活動、不公正な取引方法を防止するための指導業務等がある。また、不公正な取引方法に関する事業者からの相談に積極的に応じることにより違反行為の未然防止に努めている（優越的地位の濫用の未然防止に向けた取組については、第9章参照）。

第2　不当廉売に対する取組

　企業が効率化によって達成した低価格で商品を供給するのではなく、採算を度外視した低価格によって顧客を獲得しようとすることは、独占禁止法の目的からみて問題がある場合があり、公正な競争秩序に悪影響を与えるときは、不公正な取引方法の一つである不当廉売として規制される。

　公正取引委員会は、以前から、不当廉売に対し、厳正かつ積極的に対処することとしている。

1　不当廉売事案への対処
(1)　処理方針
　小売業における不当廉売事案については、①申告のあった事案に関しては、処理結果を通知するまでの目標処理期間を原則2か月以内として迅速処理（注）することとし、繰り返し注意を受ける事業者に対しては、事案に応じて、責任者を招致した上で直接注意を行うほか、②大規模な事業者による事案又は繰り返し行われている事案であって、

周辺の販売業者に対する影響が大きいと考えられるものについて、周辺の販売業者の事業活動への影響等について個別に調査を行い、問題のみられる事案については厳正に対処することとしている。

（注）申告のあった不当廉売事案に対し可能な限り迅速に処理する（原則２か月以内）という方針に基づいて行う処理をいう。

(2)　処理の状況

令和３年度においては、酒類、石油製品、家庭用電気製品等の小売業に係る不当廉売の申告等に対し迅速処理を行い、不当廉売につながるおそれがあるとして合計244件の事案に関して注意を行った（第１表参照）。

例えば、酒類について、酒類小売業者に対して複数の酒類製品をその供給に要する費用を著しく下回る対価で販売した酒類卸売業者の責任者に対し、不当廉売につながるおそれがあるとして注意した事例があった。また、石油製品について、供給に要する費用を著しく下回る対価で繰り返し販売した事業者の責任者に対し、直接注意した事例があった。

第１表　令和３年度における小売業に係る不当廉売事案の注意件数（迅速処理によるもの）

(単位：件)

	酒類	石油製品	家庭用電気製品	その他	合計
注意件数	29	206	1	8	244

2　規制基準の明確化等

公正取引委員会は、昭和59年に「不当廉売に関する独占禁止法上の考え方」を公表し、その後、個別の業種（酒類、ガソリン等及び家庭用電気製品）についてその取引実態を踏まえたガイドラインを順次公表することにより、不当廉売規制の考え方を明らかにしてきた。

平成21年独占禁止法改正法により、不当廉売が新たに課徴金納付命令の対象となったこと等に伴い、公正取引委員会は、不当廉売の要件に関する解釈を更に明確化すること等により、法運用の透明性を一層確保し、事業者の予見可能性をより向上させるため、これらのガイドラインを改定し、平成21年12月18日に公表した。

(1)　給油所のコスト構造に関する実態調査

ガソリン流通市場に関して、前記のとおりガイドラインを策定・公表した後、ガソリン等販売業を取り巻く経営環境の変化等がみられることから、ガソリン等販売業における最近の取引・コスト構造の実態を把握するため、揮発油販売業の登録を受けている全てのガソリン等販売業者を対象として、給油所のコスト構造に関する実態把握を行い、令和３年11月に調査結果を公表した。

（詳細については令和３年11月公表資料「給油所のコスト構造に関する実態調査について」を参照のこと。）

https://warp.ndl.go.jp/info:ndljp/pid/12151012/www.jftc.go.jp/dk/renbai/ss_cost_research_files/ss_cost_research.pdf

⑵　「酒類の公正な取引に関する基準」に係る協議

　　平成28年５月27日に、酒税法及び酒税の保全及び酒類業組合等に関する法律の一部を改正する法律（平成28年法律第57号）が成立し、改正後の酒税の保全及び酒類業組合等に関する法律第86条の３第１項の規定に基づき、国税庁により「酒類の公正な取引に関する基準」が制定され、平成29年６月１日に同時に施行された。また、同基準は、令和４年３月31日に改正された（同年６月１日に施行）。

　　財務大臣は、同基準を改正しようとするときは、同法第94条第１項の規定に基づき、当委員会に協議を行うこととされている。令和４年３月、国税庁から当委員会に対し、「酒類の公正な取引に関する基準」の改正について協議が行われ、当委員会は、所要の検討を行った結果、異議ない旨を国税庁に回答した。

第３　優越的地位の濫用に対する取組

　　自己の取引上の地位が相手方に優越していることを利用して、取引の相手方に正常な商慣習に照らして不当に不利益を与える行為（優越的地位の濫用）は、自己と競争者間及び相手方とその競争者間の公正な競争を阻害するおそれがあるものであり、不公正な取引方法の一つとして禁止されている。

　　公正取引委員会は、以前から、優越的地位の濫用行為に対し、厳正かつ効果的に対処することとしている（優越的地位の濫用の未然防止に向けた取組については、第９章参照）。

1　優越的地位の濫用への対処

　　公正取引委員会は、優越的地位の濫用行為に係る調査を効率的かつ効果的に行い、必要な是正措置を講じていくことを目的とした「優越的地位濫用事件タスクフォース」を設置し（平成21年11月）、調査を行っているところ、令和３年度においては、46件の注意を行った。注意の内訳（行為類型）は第２表のとおりであり、減額が26件、従業員等の派遣の要請が24件、返品が18件、協賛金等の負担の要請が10件、購入・利用強制が９件、不当な給付内容の変更及びやり直しの要請が６件、その他経済上の利益の提供の要請が４件、支払遅延が４件、その他が４件、受領拒否が１件、取引の対価の一方的決定が１件となっている（注）。

(注)　独占禁止法の不公正な取引方法の規制の補完法である下請法において勧告又は指導が行われた違反行為等は、後記第８章第２ 3 違反行為類型別件数のとおりである。下請法においては、独占禁止法の優越的地位の濫用規制とは異なり、支払遅延、減額及び買いたたきの３類型が違反行為類型別の実体規定違反件数の約９割を占めている。ただし、下請法の対象は、親事業者と下請事業者との間の一定の委託取引に限られており（後記第８章第１参照）、そのような限定がない優越的地位の濫用規制とは異なる。

第２表　注意事案の行為類型一覧

(単位：件)

取引形態 行為類型	小売業者に対する納入取引	物流取引	宿泊業者に対する納入等取引	飲食業者に対する納入等取引	卸売業者に対する納入取引	冠婚葬祭業者に対する納入等取引	その他の取引	合計
購入・利用強制	4	1	2	0	1	1	0	9
協賛金等の負担の要請	9	0	0	0	1	0	0	10
従業員等の派遣の要請	23	0	0	0	1	0	0	24
その他経済上の利益の提供の要請	1	3	0	0	0	0	0	4
受領拒否	0	0	1	0	0	0	0	1
返品	16	0	2	0	0	0	0	18
支払遅延	0	4	0	0	0	0	0	4
減額	15	11	0	0	0	0	0	26
取引の対価の一方的決定	0	1	0	0	0	0	0	1
不当な給付内容の変更及びやり直しの要請	0	6	0	0	0	0	0	6
その他	0	3	0	0	1	0	0	4
合計	68	29	5	0	4	1	0	107

(注)　一つの事案において複数の行為類型について注意を行っている場合があるため，注意件数（46件）と行為類型の内訳の合計数（107件）とは一致しない。

2　インボイス制度に係る対応

　インボイス制度（消費税の適格請求書等保存方式）の導入に際しては、免税事業者を始めとした事業者の取引環境の整備が求められているところ、これへの対応として、公正取引委員会では、インボイス制度の導入に際して起こり得る、免税事業者に対する一方的な値引きや、課税事業者に転換した者に対する一方的な価格の据え置きといった行為など、どのような行為が独占禁止法や下請法上問題となるかについての考え方をＱ＆Ａの形で明

らかにした。このQ&Aは、令和4年1月19日に関係省庁連名で公表し、その後、同年3月8日に改正を行った。

（Q&Aについては、下記リンクを参照のこと。）
　https://warp.ndl.go.jp/info:ndljp/pid/12251762/www.jftc.go.jp/dk/guideline/unyoukijun/invoice_qanda.html

第8章　下請法に関する業務

第1　概説

　下請法は、経済的に優越した地位にある親事業者が下請代金の支払を遅延するなどの行為を迅速かつ効果的に規制することにより、下請取引の公正化を図るとともに下請事業者の利益を保護する目的で、独占禁止法の不公正な取引方法の規制の補完法として昭和31年に制定された。

　下請法は、親事業者が下請事業者に対し物品の製造・修理、プログラム等の情報成果物の作成及び役務の提供を委託する場合、親事業者に下請事業者への発注書面の交付（第3条）並びに下請取引に関する書類の作成及びその2年間の保存（第5条）を義務付けているほか、親事業者の禁止事項として、①受領拒否（第4条第1項第1号）、②下請代金の支払遅延（同項第2号）、③下請代金の減額（同項第3号）、④返品（同項第4号）、⑤買いたたき（同項第5号）、⑥物の購入強制・役務の利用強制（同項第6号）、⑦報復措置（同項第7号）、⑧有償支給原材料等の対価の早期決済（同条第2項第1号）、⑨割引困難な手形の交付（同項第2号）、⑩不当な経済上の利益の提供要請（同項第3号）、⑪不当な給付内容の変更・不当なやり直し（同項第4号）を定めており、これらの行為が行われた場合には、公正取引委員会は、その親事業者に対し、当該行為を取りやめ、下請事業者が被った不利益の原状回復措置等を講じるよう勧告する旨を定めている（第7条）。

　なお、公正取引委員会は、こうした下請法違反行為の未然防止を図る観点から、下請法の普及・啓発に関する取組を行っているが、当該取組については、第9章参照。

第2　違反事件の処理

　下請取引においては、親事業者の下請法違反行為により下請事業者が不利益を受けている場合であっても、その取引の性格から、下請事業者からの自発的な情報提供が期待しにくい実態にあるため、公正取引委員会は、中小企業庁と協力し、親事業者及びこれらと取引している下請事業者を対象として定期的な調査を実施するなど違反行為の発見に努めている（第1表及び附属資料5－1表参照）。

　これらの調査の結果、違反行為が認められた親事業者に対しては、その行為を取りやめさせるほか、下請事業者が被った不利益の原状回復措置等を講じさせている（第2表及び附属資料5－2表参照）。

1　書面調査

　公正取引委員会は、令和3年度において、資本金の額又は出資の総額が1000万円超の親事業者6万5000名（製造委託等（注1）3万7280名、役務委託等（注2）2万7720名）及びその下請事業者30万名（製造委託等16万9318名、役務委託等13万682名）を対象に書面調査を実施した（第1表参照）。

（注1）製造委託及び修理委託をいう。以下同じ。

（注2）情報成果物作成委託及び役務提供委託をいう。以下同じ。

第1表　書面調査の実施状況の推移

（単位：名）

年度　　　　　　　　　　区分		書面調査実施件数	
		親事業者調査	下請事業者調査
3		65,000	300,000
	製造委託等	37,280	169,318
	役務委託等	27,720	130,682
2		60,000	300,000
	製造委託等	36,128	196,879
	役務委託等	23,872	103,121
元		60,000	300,000
	製造委託等	35,810	200,190
	役務委託等	24,190	99,810
30		60,000	300,000
	製造委託等	39,175	211,741
	役務委託等	20,825	88,259
29		60,000	300,000
	製造委託等	38,680	208,513
	役務委託等	21,320	91,487

2　違反被疑事件の新規着手件数及び処理件数

(1)　新規着手件数

　　令和3年度においては、新規に着手した下請法違反被疑事件は8,464件である。このうち、書面調査により職権探知したものは8,369件、下請事業者等からの申告によるものは94件、中小企業庁長官からの措置請求は1件である（第2表及び附属資料5－2表参照）。

(2)　処理件数

　　令和3年度においては、公正取引委員会は、8,100件の下請法違反被疑事件を処理し、このうち、7,926件について違反行為又は違反のおそれのある行為（以下総称して「違反行為等」という。）があると認めた。このうち4件について同法第7条の規定に基づき勧告を行い、いずれも公表し、7,922件について指導の措置を採るとともに、親事業者に対して、違反行為等の改善及び再発防止のために、社内研修、監査等により社内体制を整備するよう指導した（第2表、第1図及び附属資料5－2表参照）。

第2表　下請法違反被疑事件の処理状況の推移

区分＼年度	新 規 着 手 件 数				処 理 件 数				
	書面調査	申　告	中小企業庁長官からの措置請求	計	措　置			不　問	計
					勧告	指導	小　計		
3	8,369	94	1	8,464	4	7,922	7,926	174	8,100
製造委託等	5,384	61	1	5,446	3	5,146	5,149	113	5,262
役務委託等	2,985	33	0	3,018	1	2,776	2,777	61	2,838
2	8,291	101	1	8,393	4	8,107	8,111	222	8,333
製造委託等	5,450	59	1	5,510	3	5,340	5,343	139	5,482
役務委託等	2,841	42	0	2,883	1	2,767	2,768	83	2,851
元	8,360	155	0	8,515	7	8,016	8,023	292	8,315
製造委託等	5,725	100	0	5,825	7	5,524	5,531	179	5,710
役務委託等	2,635	55	0	2,690	0	2,492	2,492	113	2,605
30	7,757	141	0	7,898	7	7,710	7,717	382	8,099
製造委託等	5,276	84	0	5,360	7	5,250	5,257	256	5,513
役務委託等	2,481	57	0	2,538	0	2,460	2,460	126	2,586
29	7,173	97	1	7,271	9	6,752	6,761	307	7,068
製造委託等	5,033	61	1	5,095	9	4,718	4,727	205	4,932
役務委託等	2,140	36	0	2,176	0	2,034	2,034	102	2,136

第1図　下請法の事件処理件数の推移

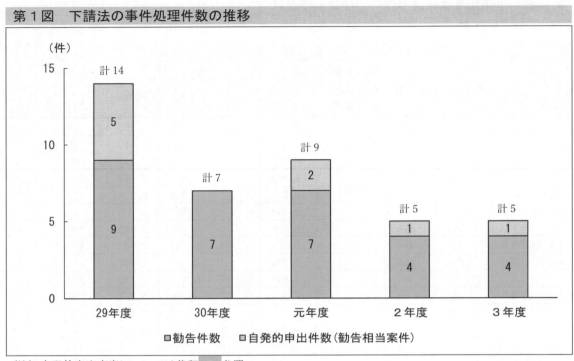

（注）自発的申出事案については後記 5 参照。

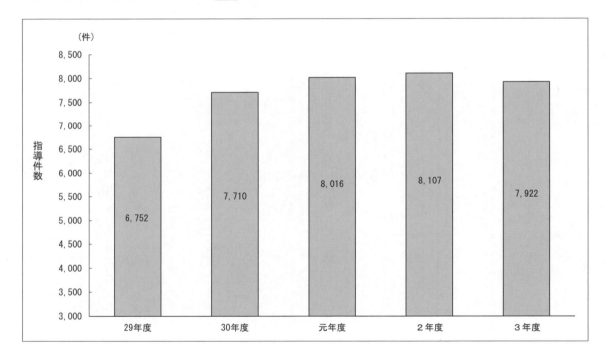

3　違反行為類型別件数

　令和3年度において勧告又は指導が行われた違反行為等を行為類型別にみると、手続規定違反（下請法第3条又は第5条違反）は6,133件（違反行為類型別件数の延べ合計の43.8％）である。このうち、発注時に下請代金の額、支払方法等を記載した書面を交付していない、又は交付していても記載すべき事項が不備のもの（第3条違反）が5,401件、下請取引に関する書類を一定期間保存していないもの（第5条違反）が732件である。ま

た、実体規定違反（第4条違反）は、7,878件（違反行為類型別件数の延べ合計の56.2％）となっており、このうち、下請代金の支払遅延（同条第1項第2号違反）が4,900件（実体規定違反件数の合計の62.2％）、下請代金の減額（同項第3号違反）が1,195件（同15.2％）、買いたたき（同項第5号違反）が866件（同11.0％）となっている（第3表及び附属資料5－3表参照）。

第3表　下請法違反行為類型別件数の推移

（単位：件、（％））

違反行為類型		年度	3	製造委託等	役務委託等	2	製造委託等	役務委託等	元	製造委託等	役務委託等
実体規定違反	受領拒否（第4条第1項第1号違反）		48	40	8	40	36	4	32	29	3
			(0.6)	(0.8)	(0.3)	(0.5)	(0.7)	(0.1)	(0.5)	(0.6)	(0.1)
	下請代金の支払遅延（第4条第1項第2号違反）		4,900	2,909	1,991	4,738	2,881	1,857	3,651	2,160	1,491
			(62.2)	(57.9)	(69.9)	(59.4)	(54.7)	(68.5)	(52.8)	(45.7)	(68.1)
	下請代金の減額（第4条第1項第3号違反）		1,195	826	369	1,471	1,072	399	1,150	867	283
			(15.2)	(16.4)	(12.9)	(18.4)	(20.4)	(14.7)	(16.6)	(18.3)	(12.9)
	返品（第4条第1項第4号違反）		11	9	2	15	15	0	14	11	3
			(0.1)	(0.2)	(0.1)	(0.2)	(0.3)	(0.0)	(0.2)	(0.2)	(0.1)
	買いたたき（第4条第1項第5号違反）		866	493	373	830	497	333	721	533	188
			(11.0)	(9.8)	(13.1)	(10.4)	(9.4)	(12.3)	(10.4)	(11.3)	(8.6)
	購入・利用強制（第4条第1項第6号違反）		48	29	19	76	47	29	72	47	25
			(0.6)	(0.6)	(0.7)	(1.0)	(0.9)	(1.1)	(1.0)	(1.0)	(1.1)
	報復措置（第4条第1項第7号違反）		12	9	3	0	0	0	1	1	0
			(0.2)	(0.2)	(0.1)	(0.0)	(0.0)	(0.0)	(0.0)	(0.0)	(0.0)
	有償支給原材料等の対価の早期決済（第4条第2項第1号違反）		72	62	10	78	72	6	98	92	6
			(0.9)	(1.2)	(0.4)	(1.0)	(1.4)	(0.2)	(1.4)	(1.9)	(0.3)
	割引困難な手形の交付（第4条第2項第2号違反）		293	282	11	314	303	11	254	243	11
			(3.7)	(5.6)	(0.4)	(3.9)	(5.8)	(0.4)	(3.7)	(5.1)	(0.5)
	不当な経済上の利益の提供要請（第4条第2項第3号違反）		332	290	42	297	255	42	336	287	49
			(4.2)	(5.8)	(1.5)	(3.7)	(4.8)	(1.5)	(4.9)	(6.1)	(2.2)
	不当な給付内容の変更・やり直し（第4条第2項第4号違反）		101	79	22	120	89	31	590	458	132
			(1.3)	(1.6)	(0.8)	(1.5)	(1.7)	(1.1)	(8.5)	(9.7)	(6.0)
	小　計		7,878	5,028	2,850	7,979	5,267	2,712	6,919	4,728	2,191
			(100)	(100)	(100)	(100)	(100)	(100)	(100)	(100)	(100)
手続規定違反	発注書面不交付・不備（第3条違反）		5,401	3,703	1,698	6,003	4,181	1,822	5,864	4,202	1,662
	書類不保存等（第5条違反）		732	450	282	934	612	322	745	458	287
	虚偽報告等（第9条第1項違反）		0	0	0	0	0	0	0	0	0
	小　計		6,133	4,153	1,980	6,937	4,793	2,144	6,609	4,660	1,949
	合　計		14,011	9,181	4,830	14,916	10,060	4,856	13,528	9,388	4,140

4 下請事業者が被った不利益の原状回復の状況

　令和3年度においては、下請事業者が被った不利益について、親事業者187名から、下請事業者5,625名に対し、下請代金の減額分の返還等、総額5億5995万円相当の原状回復が行われた。

　主なものとしては、①下請代金の減額事件において、親事業者は総額3億3909万円を下請事業者に返還し、②下請代金の支払遅延事件において、親事業者は遅延利息等として総額1億2035万円を下請事業者に支払い、③返品事件において、親事業者は総額5676万円相当の商品を引き取り、④受領拒否事件において、親事業者は下請事業者から総額2767万円相当の商品を下請事業者から受領した（第4表及び第2図参照）。

第4表　下請事業者が被った不利益の原状回復の状況

違反行為類型	年度	返還等を行った親事業者数 (注2)	返還等を受けた下請事業者数 (注2)	原状回復の金額 (注1)
減額	3年度	65名	2,561名	3億3909万円
	2年度	71名	3,858名	3億7155万円
	元年度	104名	4,087名	17億6191万円
	30年度	120名	4,593名	1億8367万円
	29年度	140名	7,659名	16億7800万円
支払遅延	3年度	105名	2,970名	1億2035万円
	2年度	126名	2,340名	9364万円
	元年度	132名	2,931名	3億2026万円
	30年度	165名	4,901名	4億2288万円
	29年度	138名	3,015名	1億9675万円
返品	3年度	3名	3名	5676万円
	2年度	4名	33名	1168万円
	元年度	11名	106名	6億6438万円
	30年度	7名	59名	1911万円
	29年度	11名	107名	360万円
受領拒否	3年度	1名	9名	2767万円
	2年度	1名	1名	5万円
	元年度	1名	1名	208万円
	30年度	1名	1名	162万円
	29年度	3名	162名	14億7624万円
不当な経済上の利益の提供要請	3年度	7名	58名	978万円
	2年度	10名	84名	5923万円
	元年度	8名	229名	2556万円
	30年度	7名	346名	1750万円
	29年度	8名	47名	633万円
やり直し等	3年度	2名	10名	488万円
	2年度	3名	37名	323万円
	元年度	2名	4名	49万円
	30年度	2名	3名	24万円
	29年度	-名	-名	-
有償支給原材料等の対価の早期決済	3年度	4名	14名	138万円
	2年度	1名	1名	50万円
	元年度	3名	5名	6万円
	30年度	9名	95名	2088万円
	29年度	4名	19名	168万円

違反行為類型	年度	返還等を行った 親事業者数 (注2)	返還等を受けた 下請事業者数 (注2)	原状回復の金額 (注1)
割引困難な 手形の交付	3年度	-名	-名	-
	2年度	-名	-名	-
	元年度	1名	10名	109万円
	30年度	2名	8名	5万円
	29年度	1名	5名	158万円
購入等強制	3年度	-名	-名	-
	2年度	-名	-名	-
	元年度	4名	94名	61万円
	30年度	5名	152名	225万円
	29年度	2名	10名	6万円
買いたたき	3年度	-名	-名	-
	2年度	-名	-名	-
	元年度	2名	2名	3万円
	30年度	3名	14名	244万円
	29年度	1名	1名	289万円
合計	3年度	187名	5,625名	5億5995万円
	2年度	216名	6,354名	5億3992万円
	元年度	268名	7,469名	27億7651万円
	30年度	321名	10,172名	6億7068万円
	29年度	308名	11,025名	33億6716万円

（注1）違反行為類型ごとの返還等の金額は1万円未満を切り捨てているため、各金額の合計額と総額とは一致しない場合がある。

（注2）親事業者数及び下請事業者数は延べ数である。

（注3）該当がない場合を「－」で示した。

第2図　原状回復の状況

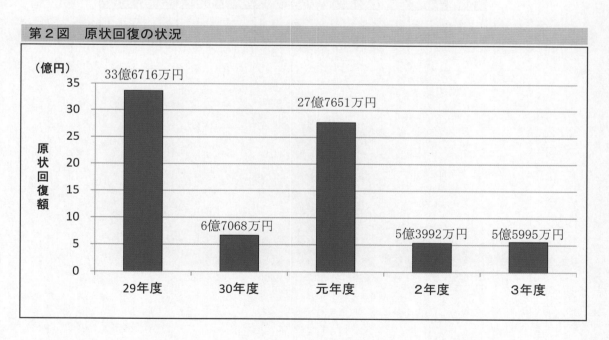

5 　下請法違反行為を自発的に申し出た親事業者に係る事案

　公正取引委員会は、親事業者の自発的な改善措置が下請事業者の受けた不利益の早期回復に資することに鑑み、当委員会が調査に着手する前に、違反行為を自発的に申し出、かつ、自発的な改善措置を採っているなどの事由が認められる事案については、親事業者の法令遵守を促す観点から、下請事業者の利益を保護するために必要な措置を採ることを勧告するまでの必要はないものとして取り扱うこととし、この旨を公表している（平成20年12月17日（https://www.jftc.go.jp/shitauke/shitauke_tetsuduki/081217.html））。

　令和3年度においては、前記のような親事業者からの違反行為の自発的な申出は32件であった（第5表参照）。また、同年度に処理した自発的な申出は34件であり、そのうちの1件については、違反行為の内容が下請事業者に与える不利益が大きいなど勧告に相当するような事案であった。令和3年度においては、親事業者からの違反行為の自発的な申出により、下請事業者433名に対し、下請代金の減額分の返還等、総額1億4896万円相当の原状回復が行われた（注）。

（注）前記 4 記載の金額に含まれている。

第5表　自発的な申出の件数

（単位：件）

29年度	30年度	元年度	2年度	3年度
47	73	78	24	32

勧告事件及び主な指導事件

令和３年度における勧告事件及び主な指導事件は次のとおりである。

(1) 勧告事件

事業内容	違 反 行 為 等 の 概 要	関係法条
携帯電話の通信サービス等に係る販売代理業 （3.6.23勧告）	㈱ティーガイアは、平成30年3月から平成31年4月までの間、「戻入金（れいにゅうきん）」として、下請代金の額から差し引くことにより、下請代金の額を減じていた。 　減額金額は、下請事業者8名に対し、総額5660万9388円であり、同社は勧告前に減額分を下請事業者に返還している。	第4条第1項第3号（下請代金の減額の禁止）
服飾副資材の卸売業 （3.6.30勧告）	東京吉岡㈱は、令和元年11月から令和2年10月までの間、「歩引」として、下請代金の額から差し引くことにより、下請代金の額を減じていた。 　減額金額は、下請事業者24名に対し、総額2015万166円であり、同社は勧告前に減額分を下請事業者に返還している。	第4条第1項第3号（下請代金の減額の禁止）
ユニットハウスの製造・販売・レンタル業 （3.11.12勧告）	㈱ナガワは、平成30年9月から令和元年9月までの間、「早期支払割引料」として、下請代金の額から差し引くことにより、下請代金の額を減じていた。 　減額金額は、下請事業者66名に対し、総額1911万9134円であり、同社は勧告前に減額分を下請事業者に返還している。	第4条第1項第3号（下請代金の減額の禁止）
婦人服等の販売業 （4.3.1勧告）	㈱イングは、自社の各店舗への配送等が不要なインターネット販売用の商品について、「物流費」（平成30年2月から平成31年4月までの間）及び「物流業務委託料」（令和元年7月から令和3年4月までの間）として、下請代金の額から差し引くことにより、下請代金の額を減じていた。 　減額金額は、下請事業者24名に対し、総額7094万8217円であり、同社は勧告前に減額分を下請事業者に返還している。	第4条第1項第3号（下請代金の減額の禁止）

(2)　主な指導事件

違　反　行　為　等　の　概　要	関係法条
鉄鋼製品の加工を下請事業者に委託しているA社は、従業員の都合がつかないことを理由に、あらかじめ定められた納期に下請事業者の給付を受領しなかった。	第4条第1項第1号（受領拒否の禁止）
運送業務を下請事業者に委託しているB社は、「毎月末日締切、翌々月25日支払」の支払制度を採っているため、下請事業者の給付を受領してから60日を経過して下請代金を支払っていた。	第4条第1項第2号（下請代金の支払遅延の禁止）
工作機械の部品の製造を下請事業者に委託しているC社は、「割引料」と称して、下請代金の額に一定率を乗じて得た額を下請代金の額から減じていた。	第4条第1項第3号（下請代金の減額の禁止）
自らの店舗で販売する雑貨の製造を下請事業者に委託しているD社は、下請事業者から商品を受領し、1年以上経過した後に当該商品に瑕疵があるとの理由で下請事業者に当該商品を引き取らせていた。	第4条第1項第4号（返品の禁止）
押出成型品の製造を下請事業者に委託しているE社は、下請事業者から原材料価格等が高騰したため単価の引上げを求められたにもかかわらず、下請事業者と十分に協議をすることなく一方的に従来どおりに単価を据え置いていた。	第4条第1項第5号（買いたたきの禁止）
食品等の製造を下請事業者に委託しているF社は、下請事業者に対し、中元・歳暮の時期等に、自社商品を購入するよう要請していた。	第4条第1項第6号（購入・利用強制の禁止）
ゴム・樹脂製品の製造を下請事業者に委託しているG社は、下請事業者に対し、有償で原材料を支給しているところ、当該原材料の対価の一部について、当該原材料を用いた給付に係る下請代金の支払期日よりも早い時期に、支払うべき下請代金の額から控除することとなる支払制度を採っていた。	第4条第2項第1号（有償支給原材料等の対価の早期決済の禁止）
水産加工等の製造を下請事業者に委託しているH社は、下請事業者に対し、手形期間が120日（繊維業以外の業種において認められる手形期間）を超える手形（150日）を交付していた。	第4条第2項第2号（割引困難な手形の交付の禁止）
機械部品の加工を下請事業者に委託しているI社は、取引先から貸与された金型を下請事業者に貸与して部品の加工を委託しているところ、長期間使用されない金型を無償で保管させていた。	第4条第2項第3号（不当な経済上の利益の提供要請の禁止）

第９章	「パートナーシップによる価値創造のための転嫁円滑化施策パッケージ」を踏まえた「令和４年中小事業者等取引公正化推進アクションプラン」に関する業務

1 概説

　公正取引委員会は、令和３年９月８日、中小事業者等への不当なしわ寄せが生じないよう、取引の公正化を一層推進するため、「中小事業者等取引公正化推進アクションプラン」を策定し、同年11月24日、現下の経済状況に適切に対応しつつ、取引の公正化をより一層推進する観点から、同アクションプランの改定を行った。

　公正取引委員会は、令和３年12月27日、「パートナーシップによる価値創造のための転嫁円滑化施策パッケージ」（以下「転嫁円滑化施策パッケージ」という。）が取りまとめられたことを踏まえ、令和４年３月30日、新たに「令和４年中小事業者等取引公正化推進アクションプラン」を策定し、取引の公正化の更なる推進を図っていくこととした。

　具体的には、①「価格転嫁円滑化スキーム」を通じた関係省庁との緊密な連携、②独占禁止法の執行強化、③下請法の執行強化に関する取組を実施した（詳細は後記 2 から 4 までを参照）。

○【特設ウェブサイト】「パートナーシップによる価値創造のための転嫁円滑化施策パッケージ」に関する公正取引委員会の取組

https://warp.ndl.go.jp/info:ndljp/pid/12213389/www.jftc.go.jp/partnership_package/index.html

○令和３年９月８日公表「最低賃金の引上げ等に伴う不当なしわ寄せ防止に向けた中小事業者等取引公正化推進アクションプラン」

https://warp.ndl.go.jp/info:ndljp/pid/12213389/www.jftc.go.jp/houdou/pressrelease/2021/sep/210908.html

○令和３年11月24日公表「「中小事業者等取引公正化推進アクションプラン」の改定について」

https://warp.ndl.go.jp/info:ndljp/pid/12213389/www.jftc.go.jp/houdou/pressrelease/2021/nov/211124.html

○令和３年12月27日公表「「パートナーシップによる価値創造のための転嫁円滑化施策パッケージ」について」

https://warp.ndl.go.jp/info:ndljp/pid/12213389/www.jftc.go.jp/houdou/pressrelease/2021/dec/211227.html

○令和４年３月30日公表「「令和４年中小事業者等取引公正化推進
　アクションプラン」の策定について」

　　https://warp.ndl.go.jp/info:ndljp/pid/12213389/www.jftc.go.jp/h
　oudou/pressrelease/2022/mar/220330_kigyoutorihikika_01.html

2　価格転嫁円滑化スキーム

　転嫁円滑化施策パッケージでは、業種別の法遵守状況の点検を行う新たな仕組みを創設するとし、その新たな仕組みにおいては、事業所管省庁と連携を図り、①関係省庁からの情報提供や要請、②下請事業者が匿名で「買いたたき」などの違反行為を行っていると疑われる親事業者に関する情報を提供できる「違反行為情報提供フォーム」を通じて、広範囲に情報を受け付けるとされた。公正取引委員会では、関係省庁から情報提供や要請を受け付けるとともに、令和４年１月26日に「違反行為情報提供フォーム」を設置した。

○違反行為情報提供フォーム（買いたたきなどの違反行為が疑われる
　親事業者に関する情報提供フォーム）

　　https://warp.ndl.go.jp/info:ndljp/pid/12213389/www.jftc.go.jp/cgi-
　bin/formmail/formmail.cgi?d=joho

　転嫁円滑化施策パッケージでは、令和３年度末までに把握した情報に基づき、事例、実績、業種別状況等についての報告書を取りまとめ、労務費、原材料費、エネルギーコストの上昇分の転嫁拒否が疑われる事案が発生していると見込まれる業種について、重点立入業種を定めて立入調査を行うとしていたところ、令和４年５月31日、公正取引委員会及び中小企業庁は、「価格転嫁に係る業種分析報告書」を公表し、下請法上の重点立入業種として、道路貨物運送業、金属製品製造業、生産用機械器具製造業及び輸送用機械器具製造業を選定した。

○令和４年５月31日公表「価格転嫁に係る業種分析報告書につい
　て」

　　https://warp.ndl.go.jp/info:ndljp/pid/12295683/www.jftc.go.jp/h
　oudou/pressrelease/2022/may/220531_gyousyubunseki.html

○令和４年５月31日公表「重点立入業種の選定について」

　　https://warp.ndl.go.jp/info:ndljp/pid/12295683/www.jftc.go.jp/h
　oudou/pressrelease/2022/may/220531_jyuutentachiirigyousyu.ht
　ml

3 独占禁止法の執行強化

(1) 独占禁止法上の優越的地位の濫用に関する緊急調査

　転嫁円滑化施策パッケージでは、労務費、原材料費、エネルギーコストの上昇分の転嫁拒否が疑われる事案が発生していると見込まれる業種について、独占禁止法上の優越的地位の濫用に関する緊急調査（以下「緊急調査」という。）を実施するとしていたところ、公正取引委員会は、令和4年3月30日、緊急調査の中心となる対象業種として22の業種を選定し、同年6月3日、受注者向けの調査票8万通を発送した。

○令和4年3月30日公表「独占禁止法上の「優越的地位の濫用」に
　関する緊急調査の対象業種の選定について」
　https://warp.ndl.go.jp/info:ndljp/pid/12213389/www.jftc.go.jp/houdou/pressrelease/2022/mar/220330_kigyoutorihikika_02.html

---

(2) スタートアップをめぐる取引に関する調査

　令和4年3月31日、公正取引委員会及び経済産業省は、「スタートアップとの事業連携及びスタートアップへの出資に関する指針」を策定した。当委員会は、この指針にのっとり、スタートアップをめぐる取引に関する調査を実施することとし、同年6月15日、約1万7000通の調査票を関係事業者に発送した。

(3) 荷主と物流事業者との取引に関する調査

　公正取引委員会では、荷主による物流事業者に対する優越的地位の濫用を効果的に規制する観点から、独占禁止法に基づき「特定荷主が物品の運送又は保管を委託する場合の特定の不公正な取引方法」を指定し、荷主と物流事業者との取引の公正化に向けた調査を行っている。令和3年度においては、荷主3万名及び物流事業者4万名を対象とする書面調査を実施した。さらに、書面調査の結果を踏まえ、労務費、原材料費、エネルギーコストの上昇分の転嫁拒否が疑われる事案について、荷主19名に対する立入調査を実施した。書面調査及び立入調査の結果を踏まえ、独占禁止法上の問題につながるおそれのあった荷主641名に対し、具体的な懸念事項を明示した文書を送付した。

○令和4年5月25日公表「荷主と物流事業者との取引に関する調査
　結果について」
　https://warp.ndl.go.jp/info:ndljp/pid/12295683/www.jftc.go.jp/houdou/pressrelease/2022/may/220525_buttokuchousakekka.html

---

⑷　労働基準監督機関との連携強化

　　公正取引委員会は、従前から、厚生労働省との間において、労働基準監督署が、労働
基準関係法令違反の背景に「特定荷主が物品の運送又は保管を委託する場合の特定の不
公正な取引方法」に該当する独占禁止法違反行為又は下請法違反行為の存在が疑われる
事案を把握した場合に、厚生労働省が当委員会に通報を行う制度を運用してきた。転嫁
円滑化施策パッケージでは、この通報制度を拡充するものとして、労働基準監督署が、
事業所に立入検査・監督指導（臨検監督）を実施した際に、労働基準関係法令違反が認
められなくても、賃金引上げの阻害要因として「買いたたき」等が疑われる事案につい
ては、通報の対象とすることとされ、令和4年4月1日、拡充された通報制度の運用が
開始された。

⑸　公正取引委員会の体制強化及び独占禁止法の適用の明確化

　　公正取引委員会は、令和4年2月16日、転嫁円滑化施策パッケージに基づき、独占禁
止法上の優越的地位の濫用に関する執行を強化するため、「優越的地位濫用未然防止対
策調査室」を新たに設置するとともに、労務費、原材料費、エネルギーコストの上昇を
取引価格に反映しない取引が独占禁止法上の優越的地位の濫用に該当するおそれがある
ことを明確化するため、新たに独占禁止法Q＆Aを作成・公表した。さらに、独占禁止
法上の優越的地位の濫用に関する執行体制の更なる強化を図る観点から、同年5月20日、
関係事業者に立入調査等を行う「優越Gメン」の体制を新たに創設した。

○令和4年2月16日公表「「優越的地位濫用未然防止対策調査室」
　の設置等について」

　https://warp.ndl.go.jp/info:ndljp/pid/12213389/www.jftc.go.jp/h
oudou/pressrelease/2022/feb/220216_1_Yuuetutekitiiranyoumize
nboushitaisakuchousashituNo.html

○令和4年5月20日公表「「優越Gメン」の体制創設について」

　https://warp.ndl.go.jp/info:ndljp/pid/12295683/www.jftc.go.jp/h
oudou/pressrelease/2022/may/220520_01_gmen.html

4　下請法の執行強化

⑴　下請法上の「買いたたき」の解釈の明確化

　　公正取引委員会は、令和4年1月26日、転嫁円滑化施策パッケージに基づき、労務費、
原材料費、エネルギーコストの上昇を取引価格に反映しない取引が下請法上の「買いた
たき」に該当するおそれがあることを明確化するため、「下請代金支払遅延等防止法に
関する運用基準」の改正を行うとともに、労務費、原材料費、エネルギーコストの上昇
に伴い、下請法上留意すべき点を明らかにするため、新たに下請法Q＆Aを作成・公表
した。

○令和4年1月26日公表「「パートナーシップによる価値創造のための転嫁円滑化施策パッケージ」に関する取組について」

https://warp.ndl.go.jp/info:ndljp/pid/12213389/www.jftc.go.jp/houdou/pressrelease/2022/jan/220126.html

(2) 相談対応の強化

　公正取引委員会では、全国の相談窓口において、下請法及び優越的地位の濫用に係る相談を受け付けている。令和3年度においては、下請法に関する相談が1万908件、優越的地位の濫用に関する相談が1,188件の合計1万2096件の相談に対応した。令和3年9月8日には「不当なしわ寄せに関する下請相談窓口」を設置し、当該相談窓口ではフリーダイヤル経由でも電話相談に対応した。さらに、中小事業者等からの要望に応じ、独占禁止法上の優越的地位の濫用規制又は下請法について基本的な内容を分かりやすく説明するとともに相談受付を行うためのオンライン相談会を実施した。

(3) 下請法違反行為の再発防止が不十分な事業者に対する取組の実施

　公正取引委員会及び中小企業庁は、転嫁円滑化施策パッケージに関する取組として、令和4年5月20日から、下請法違反行為の再発防止が不十分と認められる事業者に対し、指導を行う際に、取締役会決議を経た上での改善報告書の提出を求めていくこととした。

○令和4年5月20日公表「下請法違反行為の再発防止が不十分な事業者に対する取組の実施について」

https://warp.da.ndl.go.jp/info:ndljp/pid/12295683/www.jftc.go.jp/houdou/pressrelease/2022/may/220520.html

(4) 下請取引の監督強化のための情報システムの構築

　転嫁円滑化施策パッケージでは、下請法上の違反行為を行っているおそれが強い事業者を抽出し、優先的に調査するため、過去に実施した指導や勧告についての情報、関係省庁が提供する情報、申告情報などを一元的に管理できる情報システムを新たに構築することとした。公正取引委員会は、令和4年内において、可能な限り速やかに情報システムの運用が開始できるよう、情報システムの構築に向けた作業を進めている。

(5) ソフトウェア業の下請取引等に関する実態調査報告書

　昨今のDX（Digital Transformation）化の流れを支えるソフトウェア業においては、多重下請構造型のサプライチェーンの中で、下請法上の買いたたき、仕様変更への無償対応要求といった違反行為の存在が懸念され、公正取引委員会は、ソフトウェア業における2万1000社（資本金3億円以下）を対象としたアンケート調査、関係事業者・団体

に対するヒアリング調査などによって、ソフトウェア業の下請取引等に関する実態調査を実施し、令和4年6月29日に報告書を公表した。

(6) 不当なしわ寄せ防止に向けた普及啓発活動の拡充・強化

ア　経済団体等への働きかけ

公正取引委員会は、転嫁円滑化施策パッケージに関する取組について、発注側の大企業、受注側の中小事業者等を含め、取引の当事者となる事業者への周知徹底を図るため、令和4年2月以降、経済団体等との意見交換の場を設けて、傘下の団体・事業者等への周知について働きかけを行った。

イ　下請取引適正化推進月間に関する取組

公正取引委員会は、中小企業庁と共同して、毎年11月を「下請取引適正化推進月間」と定め、下請取引適正化の推進に関する講習を実施するなどの普及啓発活動を実施している。令和3年度においては、下請取引適正化推進講習の実施に加え、下請取引適正化推進講習で使用するテキストの内容を繰り返し習得できる動画を新たに作成し、ウェブサイト上で公開した。

○下請取引適正化推進講習会動画

https://warp.ndl.go.jp/info:ndljp/pid/12213389/www.jftc.go.jp/event/kousyukai/r3_suishinkousyuukai_douga.html

ウ　親事業者に対する下請法遵守のための年末要請

年末にかけての金融繁忙期においては、下請事業者の資金繰り等について厳しさが増すことが懸念されることから、公正取引委員会及び経済産業省は、下請法の遵守の徹底等について、公正取引委員会委員長及び経済産業大臣の連名の文書で要請している。令和3年度においては、関係事業者団体約1,400団体に対し、令和3年11月16日に要請を行った。

○令和3年11月16日公表「下請取引の適正化について」

https://warp.ndl.go.jp/info:ndljp/pid/12213389/www.jftc.go.jp/houdou/pressrelease/2021/nov/211116.html

エ　下請代金の支払の適正化に向けた取組

公正取引委員会及び中小企業庁は、令和6年を目途として、サイトが60日を超える手形等を下請法の割引困難な手形等に該当するおそれがあるものとして指導の対象とすることを前提に、下請法の運用の見直しを検討することとしているところ、令和4

年2月16日、手形等のサイトの短縮化の更なる促進を図るため、公正取引委員会及び中小企業庁の連名で、サイトが60日を超える手形等により下請代金を支払っているとした親事業者約5,000名に対し、可能な限り速やかに手形等のサイトを60日以内に短縮することを求める要請を実施した。

○令和4年2月16日公表「手形等のサイトの短縮について」

https://warp.ndl.go.jp/info:ndljp/pid/12213389/www.jftc.go.jp/houdou/pressrelease/2022/feb/220216_2_Tegatatounosaitonotanshukunituite.html

オ　コンプライアンス確立への積極的支援・下請取引等改善協力委員への意見聴取

公正取引委員会は、①下請法等に関する基礎知識を習得することを希望する者を対象とした基礎講習、②下請法等に関する基礎知識を有する者を対象とした事例研究を中心とした応用的な内容に関する応用講習、③業種ごとの実態に即した分かりやすい具体例を用いて説明を行う業種別講習、④事業者団体が開催する研修会等への出講を実施しているところ、令和3年度においても、これらの取組を実施した。

また、公正取引委員会は、下請法等の効果的な運用に資するため、各地域の下請取引等の実情に明るい中小事業者等に下請取引等改善協力委員を委嘱しているところ、令和3年度においては、下請取引等改善協力委員から、労務費、原材料費、エネルギーコストの上昇に伴う下請代金の見直しなどについて意見聴取を行った。

○令和4年5月31日公表「令和3年度における下請法の運用状況
　　及び中小事業者等の取引公正化に向けた取組」

https://warp.ndl.go.jp/info:ndljp/pid/12295683/www.jftc.go.jp/houdou/pressrelease/2022/may/220531.html

第10章　消費税転嫁対策特別措置法に関する業務

第1　概説

　消費税転嫁対策特別措置法は、消費税率の引上げに際し、消費税の円滑かつ適正な転嫁を確保することを目的として、平成25年6月5日に成立し、同年10月1日に施行された。

　消費税転嫁対策特別措置法は、消費税の転嫁拒否等の行為の是正に関する特別措置を定めており、平成26年4月1日以後に特定供給事業者から受ける商品又は役務の供給に関して、特定事業者の禁止行為として、①減額又は買いたたき（第3条第1号）、②商品購入、役務利用又は利益提供の要請（第3条第2号）、③本体価格での交渉の拒否（第3条第3号）、④報復行為（第3条第4号）を定め、公正取引委員会は、その特定事業者に対し、これらの行為を防止し、又は是正するために必要な指導又は助言をする旨を定め（第4条）、また、これらの消費税の転嫁拒否等の行為（以下「転嫁拒否行為」という。）が認められた場合には、速やかに消費税の適正な転嫁に応じることその他必要な措置を採るべきことを勧告する旨を定めている（第6条）。

　なお、消費税転嫁対策特別措置法は、令和3年3月31日をもって失効したが、同法附則第2条第2項の規定に基づき、同法の失効前に行われた違反行為に対する調査、指導、勧告等の規定については、失効後もなお効力を有するとされていることから、失効前に行われた転嫁拒否行為に対しては、引き続き、同法に基づいて、迅速かつ的確に対処していく。

第2　消費税の転嫁拒否等の行為の是正に関する特別措置

1　転嫁拒否行為に関する情報収集

⑴　相談窓口における対応

　公正取引委員会は、本局及び全国の地方事務所等に相談窓口を設置しており、当該窓口において転嫁拒否行為等に関する事業者からの相談や情報提供を一元的に受け付けている。

　令和3年度においては、620件の相談に対応した。

⑵　書面調査

　公正取引委員会は、転嫁拒否行為を受けた事業者にとって、自らその事実を申し出にくい場合もあると考えられることから、転嫁拒否行為を受けた事業者からの情報提供を受身的に待つだけではなく、書面調査を実施し、中小企業・小規模事業者等（売手側）から転嫁拒否行為に関する情報収集を積極的に行っている。

　令和3年度においても転嫁拒否行為を監視するため、令和3年5月以降、令和2年度に引き続き中小企業庁と合同で、中小企業・小規模事業者等（約290万名）に対する悉皆的な書面調査を実施した。また、令和3年10月以降、中小企業庁と合同で、個人事業者（約360万名）に対する悉皆的な書面調査を実施した。

⑶　下請法の書面調査の活用

　　公正取引委員会は、下請法の書面調査を通じて、転嫁拒否行為に関する情報も併せて収集し、転嫁拒否行為に関する情報が得られた場合には、速やかに調査を行った。

⑷　下請法との一体的な運用

　　公正取引委員会は、消費税転嫁対策特別措置法に基づく調査において、下請法に違反する事実（発注書面不交付・不備、受領拒否、割引困難な手形の交付等）が判明した場合には、下請法に基づき速やかに調査を行った。

2　転嫁拒否行為に対する調査・措置等

⑴　転嫁拒否行為に対する勧告及び指導件数

　　公正取引委員会は、様々な情報収集活動によって把握した情報を踏まえ、立入検査等の調査を積極的に実施し、転嫁拒否行為に対しては、指導により転嫁拒否行為に係る不利益の回復等の必要な改善措置を講ずるよう迅速かつ的確に対処している。また、重大な転嫁拒否行為が認められた場合には勧告を行うとともに、違反行為を行った特定事業者の名称、違反行為の概要等を公表している。

　　令和３年度においては、244件について指導を行った（第１表参照）。

第１表　転嫁拒否行為に対する勧告及び指導件数

（単位：件）

	勧告	指導
令和3年度	0 （ 0）	244 （ 10）
令和2年度	5 （ 2）	280 （ 15）
累　　計（注1）	59 （13）	3,683 （199）

（注１）平成25年10月から令和４年３月までの累計である。
（注２）（　）内の件数は、大規模小売事業者に対する勧告又は指導の件数で内数である。

第2表　勧告及び指導件数の内訳（業種別）

（単位：件）

業種	令和3年度			令和2年度			累計（注3）		
	勧告	指導	合計	勧告	指導	合計	勧告	指導	合計
建設業	0	25	25	0	40	40	5	434	439
製造業	0	36	36	1	48	49	2	822	824
情報通信業	0	33	33	1	26	27	9	322	331
運輸業（道路貨物運送業等）	0	10	10	1	11	12	2	190	192
卸売業	0	11	11	0	13	13	1	254	255
小売業	0	21	21	2	23	25	13	402	415
不動産業	0	11	11	0	21	21	9	203	212
技術サービス業（広告・建築設計業等）	0	10	10	0	12	12	1	165	166
学校教育・教育支援業	0	36	36	0	14	14	4	116	120
その他（注4）	0	51	51	0	72	72	13	775	788
合　計	0	244	244	5	280	285	59	3,683	3,742

（注3）平成25年10月から令和4年3月までの累計である。
（注4）「その他」は、娯楽業、金融・保険業等である。
（注5）複数の業種にわたる場合は、当該事業者の主たる業種により分類している。

⑵　行為類型別件数

　　令和3年度において指導が行われた違反行為を行為類型別にみると、減額（消費税転嫁対策特別措置法第3条第1号前段）が30件、買いたたき（同法第3条第1号後段）が234件となっている（第3表参照）。

第3表　勧告及び指導件数の内訳（行為類型別）

（単位：件）

行為類型	令和3年度			令和2年度			累計（注6）		
	勧告	指導	合計	勧告	指導	合計	勧告	指導	合計
減額	0	30	30	0	40	40	6	414	420
買いたたき	0	234	234	5	273	278	57	3,254	3,311
役務利用又は利益提供の要請	0	0	0	0	0	0	0	70	70
本体価格での交渉の拒否	0	0	0	0	3	3	0	275	275
勧告・指導件数（注7）	0	244	244	5	280	285	59	3,683	3,742

（注6）平成25年10月から令和4年3月までの累計である。
（注7）1事業者に対して複数の行為について措置を採っている場合があるため、各行為類型の件数の合計値は、「勧告・指導件数」と一致しない。

⑶　特定供給事業者が被った不利益の原状回復の状況

　　令和３年度においては、転嫁拒否行為によって特定供給事業者が被った不利益について、特定事業者230名から、特定供給事業者１万4642名に対し、総額５億9670万円の原状回復が行われた（第４表参照）。

第４表　特定供給事業者が被った不利益の原状回復の状況

	令和3年度	令和2年度	累計（注8）
原状回復を行った特定事業者数	230名	279名	2,269名
原状回復を受けた特定供給事業者数	14,642名	46,504名	291,157名
原状回復額（注9）	5億9670万円	7億3257万円	87億9132万円

（注8）平成26年４月から令和４年３月までの累計である。
（注9）原状回復額は１万円未満を切り捨てている。

3　主な指導事例

令和３年度における主な指導事例は次のとおりである。

業　　種	違　反　行　為　の　概　要	関係法条
小売業	大規模小売事業者であり、スーパーマーケット等を運営するＡ社は、商品の納入業者（特定供給事業者）に対し、仕入代金を本体価格で定めて月単位で支払うこととしているところ、平成26年４月以後、仕入伝票ごとに本体価格に消費税率を乗じて1円未満の端数を切り捨てた額を消費税相当額として支払うことにより、支払対象期間の本体価格の合計額に消費税率を乗じて得られた消費税相当額から、その一部を減じていた。	第3条第1号前段（減額）
製造業	製造業を営むＢ社は、顧客訪問業務を委託している事業者（特定供給事業者）に対し、委託代金を本体価格で定めているところ、平成26年４月以後、本体価格に消費税相当額を上乗せず支払うことにより、消費税相当額を減じていた。	第3条第1号前段（減額）
建設業	住宅のリフォーム業を営むＣ社は、外壁補修工事を委託している事業者（特定供給事業者）に対し、委託代金を本体価格で定めているところ、令和元年9月以前に契約し、令和元年10月1日以後に引渡しを受けた工事について、本体価格に旧税率（8％）を適用して支払うことにより、本体価格に新税率（10％）を適用した消費税込みの金額から減じていた。	第3条第1号前段（減額）
情報通信業	転職ポータルサイトの運営を行うＤ社は、当該サイトに掲載するスキルチェックのための問題等の作成業務を委託している事業者（特定供給事業者）に対し、委託代金を本体価格で定めているところ、平成26年４月以後、本体価格に消費税相当額を上乗せず支払うことにより、消費税相当額を減じていた。	第3条第1号前段（減額）
金融業	暗号資産交換業を営むＥ社は、顧客データの分析システムの利用サービスを提供する事業者（特定供給事業者）に対し、当該システムの利用代金を本体価格で定めているところ、消費税率引上げをまたぐ1年間分の利用代金を、本体価格に旧税率（8％）を適用して一括前払いで支払うことにより、令和元年10月1日以後の利用代金について、本体価格に新税率（10％）を適用した消費税込みの金額から減じていた。	第3条第1号前段（減額）
小売業	大規模小売事業者であり、コンビニエンスストアを運営するＦ社は、事務所又は駐車場の賃貸人（特定供給事業者）に対し、平成26年４月以後の消費税込みの賃料について、消費税率の引上げ分を上乗せすることなく、据え置いていた。	第3条第1号後段（買いたたき）

業 種	違 反 行 為 の 概 要	関係法条
製造業	製造業を営むG社は、配送業務を委託している事業者（特定供給事業者）に対し、平成26年4月以後の消費税込みの委託代金について、消費税率の引上げ分を上乗せすることなく、据え置いていた。	第3条第1号後段（買いたたき）
教育、学習支援業	学習塾を営むH社は、講師業務を委託している事業者（特定供給事業者）に対し、令和元年10月以後の消費税込みの委託代金について、消費税率の引上げ分を上乗せすることなく、据え置いていた。	第3条第1号後段（買いたたき）
生活関連サービス業	美容業を営むI社は、美容業務を委託している事業者（特定供給事業者）に対し、令和元年10月以後の消費税込みの委託代金について、消費税率の引上げ分を上乗せすることなく、据え置いていた。	第3条第1号後段（買いたたき）
情報通信業	放送業を営むJ社は、テレビ番組の制作に係る業務を委託している事業者（特定供給事業者）に対し、令和元年10月1日以後の消費税込みの委託代金について、消費税率の引上げ分を上乗せした額よりも低く定めていた。	第3条第1号後段（買いたたき）

第3　消費税転嫁対策特別措置法の普及・啓発

　公正取引委員会は、消費税の円滑かつ適正な転嫁を確保することを目的として、消費税転嫁対策特別措置法の周知等の転嫁拒否行為を防止するための各種の施策を実施している。

1　消費税転嫁対策特別措置法に係る広報等

(1)　「消費税の転嫁拒否等の行為に関するよくある質問」の掲載

　公正取引委員会は、消費税転嫁対策特別措置法の運用を踏まえて、「消費税の転嫁拒否等の行為に関するよくある質問」を作成の上、当委員会ウェブサイトの「消費税転嫁対策コーナー」に掲載している。

(2)　消費税転嫁対策特別措置法に係るeラーニング資料の公開

　新型コロナウイルス感染拡大防止の観点から、事業者がいつでも消費税転嫁対策特別措置法の内容を学ぶ機会を提供するため、同法に係る eラーニング資料（音声解説付）を作成し、当委員会ウェブサイト上に公開している。

(3)　インターネットによる申告の対応

　新型コロナウイルス感染拡大防止の観点から、事業者がいつでも電子的手段により消費税転嫁対策特別措置法の違反被疑情報を申し出ることができるよう、電子申告窓口を開設している。

2　消費税転嫁対策特別措置法の失効に関する取組

　消費税転嫁対策特別措置法は、令和3年3月31日をもって失効したが、同法の失効後における転嫁拒否行為に関して、特に注意すべき点について、独占禁止法及び下請法の考え方をQ＆A形式で示した「消費税転嫁対策特別措置法の失効後における消費税の転嫁拒否等の行為に係る独占禁止法及び下請法の考え方に関するQ＆A」を作成し、消費税転嫁対策コーナーに掲載している。

第11章　国際関係業務

第1　独占禁止協力協定等

　近年、複数の国・地域の競争法に抵触する事案、複数の国・地域の競争当局が同時に審査を行う必要のある事案等が増加するなど、競争当局間の協力・連携の強化の必要性が高まっている。このような状況を踏まえ、公正取引委員会は、二国間独占禁止協力協定等に基づき、関係国の競争当局に対して執行活動等に関する通報を行うなど、外国の競争当局との間で緊密な協力を行っている。

1　独占禁止協力協定

(1)　日米独占禁止協力協定

　日本国政府は、米国政府との間で、平成11年10月7日に「反競争的行為に係る協力に関する日本国政府とアメリカ合衆国政府との間の協定」に署名し、同協定は同日に発効した。同協定は、両政府の競争当局間における執行活動に係る通報、協力、調整、執行活動の要請、重要な利益の考慮等を規定している。

(2)　日欧州共同体独占禁止協力協定

　日本国政府は、欧州共同体との間で、平成15年7月10日に「反競争的行為に係る協力に関する日本国政府と欧州共同体との間の協定」に署名し、同協定は同年8月9日に発効した。同協定は、前記日米独占禁止協力協定とほぼ同様の内容となっている。

　なお、我が国及び欧州連合（EU）の双方は、競争分野における日EU間の協力関係をより一層強化するために同協定を改正することとしており、平成29年10月19日及び20日に改正交渉第1回会合を開催して以降、改正交渉を継続して行っている。

(3)　日加独占禁止協力協定

　日本国政府は、カナダ政府との間で、平成17年9月6日に「反競争的行為に係る協力に関する日本国政府とカナダ政府との間の協定」に署名し、同協定は同年10月6日に発効した。同協定は、前記日米独占禁止協力協定とほぼ同様の内容となっている。

2　競争当局間の協力に関する覚書

　公正取引委員会は、令和3年度においては、インドの競争当局であるインド競争委員会との間で、令和3年8月6日に「日本国公正取引委員会とインド競争委員会との間の協力に関する覚書」に署名した。同覚書は、両競争当局間における通報、情報交換、技術協力等を規定している。

第2　競争当局間協議

　公正取引委員会は、我が国と経済的交流が特に活発な国・地域の競争当局との間で競争

政策に関する協議を定期的に行っている。令和3年度における協議の開催状況は、第1表のとおりである。

第1表　令和3年度における競争当局間協議の開催状況

	期日及び場所		相手当局
ドイツ	令和3年4月15日	東京（ウェブ会談）	ドイツ連邦カルテル庁
英国	令和3年6月17日	東京（ウェブ会談）	英国競争・市場庁
シンガポール	令和3年9月15日	東京（ウェブ会談）	シンガポール競争・消費者委員会
米国	令和3年9月17日	東京（ウェブ会談）	米国連邦取引委員会
タイ	令和3年10月25日	東京（ウェブ会談）	タイ取引競争委員会
マレーシア	令和3年12月17日	東京（ウェブ会談）	マレーシア競争委員会
米国	令和4年1月26日	東京（ウェブ会談）	米国司法省反トラスト局
インドネシア	令和4年3月29日	東京（ウェブ会談）	インドネシア事業競争監視委員会

第3　経済連携協定への取組

　近年における経済のグローバル化の進展と並行して、地域貿易の強化のため、現在、多くの国が、経済連携協定や自由貿易協定の締結又は締結のための交渉を行っている。

　令和4年1月1日には、地域的な包括的経済連携（RCEP：Regional Comprehensive Economic Partnership）協定が、我が国を含む10か国について発効した。

　競争政策の観点からは、経済連携協定等が市場における競争を一層促進するものとなることが重要であり、公正取引委員会は、このような観点から我が国の経済連携協定等の締結に関する取組に参画している。我が国がこれまでに署名・締結した発効済み経済連携協定のうち、第2表に掲げるものには、競争に関する規定が設けられ、両国が反競争的行為に対する規制の分野において協力することが盛り込まれている。

第2表　我が国が署名・締結した発効済み経済連携協定のうち競争に関する規定が設けられているもの

協定名	状況
日・シンガポール経済連携協定	平成14年1月署名 平成14年11月発効（注1）
日・メキシコ経済連携協定	平成16年9月署名 平成17年4月発効
日・マレーシア経済連携協定	平成17年12月署名 平成18年7月発効
日・フィリピン経済連携協定	平成18年9月署名 平成20年12月発効
日・チリ経済連携協定	平成19年3月署名 平成19年9月発効
日・タイ経済連携協定	平成19年4月署名 平成19年11月発効
日・インドネシア経済連携協定	平成19年8月署名 平成20年7月発効
日・ASEAN包括的経済連携協定	平成20年4月署名（注2） 平成20年12月発効（注3）

協定名	状況
日・ベトナム経済連携協定	平成20年12月署名 平成21年10月発効
日・スイス経済連携協定	平成21年2月署名 平成21年9月発効
日・インド包括的経済連携協定	平成23年2月署名 平成23年8月発効
日・ペルー経済連携協定	平成23年5月署名 平成24年3月発効
日・オーストラリア経済連携協定	平成26年7月署名 平成27年1月発効
日・モンゴル経済連携協定	平成27年2月署名 平成28年6月発効
環太平洋パートナーシップに関する包括的及び先進的な協定（TPP11協定）（注4）	平成30年3月署名 平成30年12月発効
日・EU経済連携協定	平成30年7月署名 平成31年2月発効
日・英包括的経済連携協定	令和2年10月署名 令和3年1月発効
地域的な包括的経済連携協定（RCEP協定）	令和2年11月署名（注5） 令和4年1月発効（注6）

（注1）平成19年3月に両国間で見直しのための改正議定書が署名され、同年9月に発効した。競争に関する章については、実施取極において、シンガポール側における競争法導入及び競争当局設立に伴う修正が行われた。

（注2）平成20年4月に我が国及び全ASEAN加盟国の署名が完了した。

（注3）我が国とシンガポール、ラオス、ベトナム及びミャンマーとの間では平成20年12月に、ブルネイとの間では平成21年1月に、マレーシアとの間では同年2月に、タイとの間では同年6月に、カンボジアとの間では同年12月に、インドネシアとの間では平成22年3月に、フィリピンとの間では同年7月に発効した。

（注4）平成28年2月に、我が国のほか、オーストラリア、ブルネイ、カナダ、チリ、マレーシア、メキシコ、ニュージーランド、ペルー、シンガポール、米国及びベトナムにより環太平洋パートナーシップ（Trans-Pacific Partnership）協定が署名された。その後、米国が離脱を表明したことを受けて、平成30年3月、米国を除く11か国によりTPP11協定（Comprehensive and Progressive Agreement for Trans-Pacific Partnership）が署名され、同年12月に発効した。

（注5）令和2年11月に、我が国のほか、ブルネイ、カンボジア、インドネシア、ラオス、マレーシア、ミャンマー、フィリピン、シンガポール、タイ、ベトナム、中国、韓国、オーストラリア及びニュージーランドによりRCEP協定が署名された。

（注6）RCEP協定は、少なくとも6のASEAN加盟国である署名国及び少なくとも3のASEAN加盟国でない署名国が批准等をすることにより発効することとなっている。令和3年11月に同発効基準を満たしたことから、令和4年1月1日に批准等を終えた10か国（我が国、ブルネイ、カンボジア、ラオス、シンガポール、タイ、ベトナム、中国、豪州及びニュージーランド）について発効し、その後、同年2月1日に韓国、同年3月18日にマレーシアについてそれぞれ発効した。

第4　多国間関係

1　国際競争ネットワーク（ICN：International Competition Network）

(1)　ICNの概要

　　ICNは、競争法執行における手続面及び実体面の収れんを促進することを目的として平成13年10月に発足した各国・地域の競争当局を中心としたネットワークであり、令和3年度末現在、130か国・地域から140の競争当局が加盟している。また、国際機関、研究者、弁護士等の非政府アドバイザー（NGA：Non-Governmental Advisors）もIC

Nに参加している。

　ＩＣＮは、主要な21の競争当局の代表者で構成される運営委員会（Steering　Group）により、その活動全体が管理されている。公正取引委員会委員長は、ＩＣＮの設立以来、運営委員会のメンバーとなっている。

　ＩＣＮは、運営委員会の下に、テーマごとに、①カルテル作業部会、②企業結合作業部会、③単独行為作業部会、④アドボカシー作業部会及び⑤当局有効性作業部会の五つの作業部会並びにＩＣＮの組織及び運営等に関する作業部会を設置している。これらの作業部会においては、ウェブ会議、質問票、各国・地域の競争当局からの書面提出等を通じて、それぞれの課題に対する検討が行われているほか、テーマごとにワークショップが開催されている。公正取引委員会は、これらの活動に積極的に取り組んでおり、平成23年５月から平成26年４月までカルテル作業部会の共同議長を、平成26年４月から平成29年５月まで同作業部会サブグループ（ＳＧ１）の共同議長を、平成29年５月から令和２年５月まで企業結合作業部会の共同議長をそれぞれ務め、令和２年５月からは単独行為作業部会の共同議長を務めている。

　また、ＩＣＮは、これらの作業部会の成果の報告、次年度のワークプランの策定等のため、年次総会を開催している。第20回年次総会は、令和３年10月13日から同月15日までウェブ会議形式で開催され、公正取引委員会委員がスピーカーとして参加した。

　令和３年度における主な会議の開催状況は、第３表のとおりである。

第３表　令和３年度におけるＩＣＮの主な会議の開催状況

会議	期日	形式
第20回年次総会	令和3年10月13日〜15日	ウェブ会議（ハンガリー競争委員会主催）
カルテルワークショップ	令和3年11月17日〜19日	ハイブリッド形式（対面及びウェブ会議）（ポルトガル競争庁主催）
アドボカシーワークショップ	令和4年2月9日〜10日	ウェブ会議（スペイン国家市場競争委員会主催）
単独行為ワークショップ	令和4年3月22日〜23日	ウェブ会議（インド競争委員会主催）
企業結合ワークショップ	令和4年3月29日〜4月1日	ハイブリッド形式（ブラジル経済擁護行政委員会主催）

⑵　各作業部会の活動状況

　令和３年度における各作業部会の活動状況は、次のとおりである。

ア　カルテル作業部会

　カルテル作業部会は、反カルテル執行における国内的及び国際的な諸問題に対処することを目的として設置された作業部会である。同作業部会には、ハードコア・カルテルの定義等の基本的な概念について検討を行う一般的枠組みサブグループ（ＳＧ１）及び個別の審査手法に関する情報交換等を通じてカルテルに対する法執行の効率性を高めることを目的とした審査手法サブグループ（ＳＧ２）が設置されている。

　第20回年次総会以降、ＳＧ１においては、過去10年間の反カルテル執行の動向に関

する調査に基づき報告書が作成されたほか、「リニエンシー制度の効果的な活用：教訓と今後の課題」、「複雑なカルテル事件に対処するための審査技術」及び「新型コロナウイルス感染症の流行下における危機カルテル（Crisis Cartel）の評価：過去の危機からの教訓」をテーマとしたオンラインセミナーが開催され、公正取引委員会事務総局の職員が参加した。このほか、上記のテーマのうち「リニエンシー制度の効果的な活用：教訓と今後の課題」については、アジア太平洋地域に所在する競争当局が参加しやすい時間帯にオンラインセミナーが開催され、このオンラインセミナーにおいて、当委員会事務総局の職員がスピーカーを務めた。

　ＳＧ２においては、公正取引委員会は、平成27年に当委員会の主導により設立された「非秘密情報の交換を促進するためのフレームワーク」について、引き続きその運用を行うとともに、利用促進を図っている。

　また、令和３年11月、「効果的な経済回復に向けたより強力な反カルテル執行」をテーマとしたカルテルワークショップがハイブリッド形式で開催され、公正取引委員会事務総局の職員がスピーカー等としてウェブ会議形式で参加した。

イ　企業結合作業部会

　企業結合作業部会は、企業結合審査の効率性を高めるとともに、その手続面及び実体面の収れんを促進し、国際的企業結合の審査を効率化することを目的として設置された作業部会である。

　第20回年次総会以降、同作業部会においては、企業結合審査に関して推奨される慣行のうち、「参入と拡大」の章の改定の準備作業が行われている。また、公正取引委員会は、平成24年に当委員会の主導により同作業部会の下に設立された「企業結合審査に係る国際協力のためのフレームワーク」について、引き続きその運用を行うとともに、利用促進を図っている。

　加えて、企業結合における問題解消措置に関する一連のオンラインセミナーが開催され、公正取引委員会事務総局の職員がスピーカーを務めた。また、「事後的な企業結合評価」をテーマとしたオンラインセミナーが開催された。さらに、令和４年３月から４月まで企業結合ワークショップがハイブリッド形式で開催され、「経済のデジタル化への対応について」、「新たな世界における企業結合規制が直面する課題」等のテーマについて議論が行われ、当委員会事務総局の職員がスピーカー等としてウェブ会議形式で参加した。

ウ　単独行為作業部会

　単独行為作業部会は、事業者による反競争的単独行為に対する規制の在り方等について議論することを目的として設置された作業部会である。

　第20回年次総会以降、同作業部会においては、競争制限のメカニズムの分析等の論点を検討することを目的として「デジタル市場における市場支配的地位又は実質的市場支配力を伴う単独行為に係る競争制限のメカニズムの分析及び是正措置の設計」に係る調査が実施されたほか、「規制対象セクターにおける支配的地位の濫用」をテーマとしたオンラインセミナーが開催された。公正取引委員会は、同作業部会の共同議

長として、デジタル市場における単独行為に係る調査では、メンバー向けアンケート調査の実施及びその結果を踏まえた報告書の作成を主導している。

また、令和4年3月、「デジタル市場における濫用的な単独行為の種類－（従来の及び新しい問題）」をテーマとした単独行為ワークショップがウェブ会議形式で開催され、公正取引委員会事務総局の職員がスピーカー等として参加した。

エ　アドボカシー作業部会

アドボカシー作業部会は、アドボカシー活動（競争唱導・提言）の有効性を向上させることを目的として設置された作業部会である。

同作業部会においては、世界銀行との共催で、各競争当局のアドボカシー活動の成功例に関する2021年アドボカシーコンテストが開催され、同年10月に授賞式が行われたところ、「より迅速で包括的な復興のための、デジタル経済の競争力の活用」をテーマとするカテゴリにおいて、公正取引委員会が公表した「QR コード等を用いたキャッシュレス決済に関する実態調査報告書」（令和2年4月21日公表）が、最も優れた取組に選定されて優勝した。

また、第20回年次総会以降、同作業部会においては、アドボカシー活動ツールキットの一部が更新されたほか、競争法コンプライアンスに関する調査に基づき報告書が作成された。

さらに、令和4年2月、アドボカシーワークショップがウェブ会議形式で開催され、公正取引委員会委員及び当委員会事務総局の職員がスピーカー等として参加した。

オ　当局有効性作業部会

当局有効性作業部会は、競争政策の有効性に関する諸問題とその有効性を達成するために最もふさわしい競争当局の組織設計を検討することを目的として設立された作業部会である。

第20回年次総会以降、同作業部会においては、新型コロナウイルス感染症拡大の状況下において競争当局がその有効性を維持又は改善するためにどのように変化したかを明らかにすることを目的として、「新型コロナウイルス感染症収束後における当局有効性」に関する調査が実施され、これを踏まえ、「新型コロナウイルス感染症収束後における当局有効性－競争当局が学んだ教訓－」をテーマとしたオンラインセミナーが開催されたほか、「反トラストにおけるスクリーニングの活用」及び「競争当局のデジタル変革の形成－デジタルエキスパートの役割－」をテーマとしたオンラインセミナーが開催された。

2　経済協力開発機構（ＯＥＣＤ）・競争委員会（ＣＯＭＰ：Competition Committee）

(1)　競争委員会は、ＯＥＣＤに設けられている各種委員会の一つであり、昭和36年12月に設立された制限的商慣行専門家委員会が昭和62年に競争法・政策委員会に改組され、平成13年12月に現在の名称に変更されたものである。我が国は、昭和39年のＯＥＣＤ加盟以来、その活動に参加してきており、公正取引委員会は、同年10月の会合以降、これに参加してきている。競争委員会は、本会合のほか、その下に各種の作業部会を設け、随

時会合を行っている。また、競争委員会の各種会合に加え、ＯＥＣＤ加盟国以外の国・地域の参加が可能な競争に関するグローバルフォーラムや、アジア太平洋地域の競争当局を対象としたハイレベル会合も随時開催されている。令和３年度における会議の開催状況は、後記(2)及び(3)のとおり（第４表参照）であり、当委員会からは、委員及び事務総局の職員が出席し、我が国の経験を紹介するなどして、議論に貢献した。

第４表　令和３年度における競争委員会の開催状況

期日	会議
令和3年6月7日〜11日	第135回本会合、第71回第2作業部会（競争と規制）、第133回第3作業部会（協力と執行）
令和3年11月29日〜12月8日	第136回本会合、第72回第2作業部会（競争と規制）、第134回第3作業部会（協力と執行）、第20回競争に関するグローバルフォーラム
令和3年12月13日	第6回アジア太平洋競争当局ハイレベル会合
令和4年3月24日	第137回本会合

（注）前記会議は、全てウェブ会議である。

(2)　令和３年６月の第135回本会合においては、①データポータビリティ、相互運用性及び競争に係るヒアリング、②潜在的競争の概念に係るラウンドテーブル並びに③市場競争の測定方法に係るヒアリングが行われた。また、同年12月の第136回本会合においては、①競争法のエンフォースメントにおける環境への配慮に係るラウンドテーブル、②デジタル市場における事前規制及び競争に係るヒアリング並びに③ニュースメディア及びデジタルプラットフォームに係るラウンドテーブルが行われた。そのほか、令和４年３月の第137回本会合においては、令和５年及び令和６年の事業計画予算に係る議論等が行われた。

(3)　競争委員会に属する各作業部会、競争に関するグローバルフォーラム及びアジア太平洋競争当局ハイレベル会合の令和３年度における主要な活動は、次のとおりである。
　ア　第２作業部会では、令和３年６月の会合においては、競争法の執行と規制の代替案に係るラウンドテーブル等が行われた。また、同年11月の会合においては、書籍及び電子書籍に関する競争上の課題に係るヒアリング等が行われた。

　イ　第３作業部会では、令和３年６月の会合においては、競争法コンプライアンスプログラムに係るラウンドテーブルが行われた。また、同年11月の会合においては、「競争法執行及び手続における国際協力に関する理事会勧告」のモニタリングに関する議論等が行われた。

　ウ　競争に関するグローバルフォーラムでは、令和３年12月の会合においては、①貿易、開発及び競争に係るセッション、②市場支配的地位の濫用事件における経済分析及び証拠に係るセッション、③競争当局による競争中立性の促進に係るセッション等が行われた。

エ　アジア太平洋競争当局ハイレベル会合では、令和3年12月の会合においては、危機的状況下における競争政策に関する議論が行われた。

3　東アジア競争政策トップ会合及び東アジア競争法・政策カンファレンス

東アジア競争政策トップ会合は、東アジア地域における競争当局のトップ等が一堂に会し、その時々の課題や政策動向等について率直な意見・情報交換を行うことにより、東アジア地域における競争当局間の協力関係を強化することを目的とするものである。同会合においては、競争法・政策の執行に係る課題、効果的・効率的な技術支援のための協力・調整等のテーマについて議論が行われている。

東アジア競争法・政策カンファレンスは、競争当局に加え、学界、産業界等からの出席者を交えて、競争法・政策に係るプレゼンテーション・質疑応答等を行い、東アジア地域における競争法・政策の普及・広報に寄与することを主要な目的とするものである。

公正取引委員会は、東アジア競争政策トップ会合及び東アジア競争法・政策カンファレンスにおいて主導的な役割を果たしている。

令和3年度においては、公正取引委員会は、同年9月にウェブ会議形式でシンガポールの競争当局等との共催により、第16回東アジア競争政策トップ会合及び第13回東アジア競争法・政策カンファレンスを開催した。

4　アジア太平洋経済協力（APEC）

APECにおいては、APEC域内における競争政策についての理解を深め、貿易及び投資の自由化及び円滑化に貢献することを目的として、貿易投資委員会の下部組織として競争政策・規制緩和グループ（CPDG）が平成8年に設置された。同グループは、平成19年に貿易投資委員会の下部組織から経済委員会（EC）の下部組織に移行し、平成20年には競争政策・競争法グループ（CPLG）に改称した。公正取引委員会は、平成17年から平成24年12月までCPLG（改称前においてはCPDG）の議長を務め、平成28年1月からはCPLGの副議長を務めるなど、APECにおける競争政策に関する取組に対して積極的に貢献を行っている。

令和3年度においては、公正取引委員会事務総局の職員が、令和4年2月にウェブ会議形式で開催されたCPLG会合において、デジタル分野における取組等の我が国の競争政策の動向について報告するとともに、デジタル分野における競争法執行事例の紹介を行った。

5　国連貿易開発会議（UNCTAD）

昭和55年、UNCTAD主催による制限的商慣行国連会議において、「制限的商慣行規制のための多国間の合意による一連の衡平な原則と規則」（以下「原則と規則」という。）が採択された。また、原則と規則は、同年の第35回国連総会において、国連加盟国に対する勧告として採択された。原則と規則は、国際貿易、特に開発途上国の国際貿易と経済発展に悪影響を及ぼす制限的商慣行を特定して規制することにより、国際貿易と経済発展に資することを目的としている。その後、このような制限的商慣行についての調査研究、情報収集等を行うために、昭和56年、制限的商慣行政府間専門家会合が設置され、平成8年

のUNCTAD第9回総会において競争法・政策専門家会合と名称変更された後、平成9年12月の国連総会の決議により、競争法・政策に関する政府間専門家会合と名称が再変更された。また、同会合のほか、原則と規則の全ての側面についてレビューを行う国連レビュー会合が5年に1回開催されている。

令和3年度には、同年7月7日から同月9日までスイス・ジュネーブにおいて第19回競争法・政策に関する政府間専門家会合がハイブリッド形式で開催され、公正取引委員会事務総局の職員が同会合にウェブ会議の方式で参加した。

また、公正取引委員会は、平成28年7月から令和3年度末までUNCTAD競争消費者政策課に当委員会事務総局の職員1名を派遣するなど、海外の競争当局等に対する技術支援の分野でUNCTADと協力を進めている。

6 G7エンフォーサーズ・サミット

令和3年4月28日に採択されたG7デジタル・技術大臣会合の大臣宣言において、「デジタル競争に関する協力深化」が重要な取組の一つに挙げられ、デジタル競争に関する取組を支援するため、英国競争・市場庁（以下「CMA」という。）に、令和3年にG7の競争当局（注1）の会合を開催するよう要請された。これを受けて、CMAが、令和3年11月29日及び30日、G7の競争当局及び招待国の競争当局（注2）（以下まとめて「G7等の競争当局」という。）のトップが出席する「エンフォーサーズ・サミット」（Enforcers Summit）をハイブリッド形式で開催した。同サミットには公正取引委員会委員長が出席し、デジタル分野に関する様々な問題について議論が行われた。

また、同サミットの開催に当たり、G7等の競争当局は、デジタル市場における競争上の問題に対処するための各競争当局の活動を概観するとともに、共通の取組等に焦点を当てた「デジタル市場における競争を促進するための各当局の取組の要約（Compendium）」を共同で公表した。

（注1）競争・市場保護委員会（イタリア）、競争委員会（フランス）、連邦カルテル庁（ドイツ）、産業省競争局（カナダ）、競争・市場庁（英国）、司法省反トラスト局（米国）、欧州委員会競争総局（EU）、連邦取引委員会（米国）及び公正取引委員会（日本）のことをいう。

（注2）令和3年のG7に招待国として参加した、オーストラリア、インド、韓国及び南アフリカの各競争当局である、競争・消費者委員会（オーストラリア）、競争委員会（インド）、公正取引委員会（韓国）及び競争委員会（南アフリカ）のことをいう。

第5 海外の競争当局等に対する技術支援

近年、東アジア地域等の開発途上国において、競争法・政策の重要性が認識されてきていることに伴い、既存の競争法制を強化する動きや新たに競争法制を導入する動きが活発化しており、これらの国に対する技術支援の必要性が高まってきている。公正取引委員会は、独立行政法人国際協力機構（JICA）を通じて、これら諸国の競争当局等に対し、当委員会事務総局の職員の派遣や研修の実施等による競争法・政策分野における技術支援活動を行っている。また、平成28年9月から、ASEAN競争当局者フォーラム及びインドネシアの競争当局の協力の下、当委員会は、日・ASEAN統合基金（JAIF）を活用した新たな技術支援プロジェクトを開始しており、我が国における研修やASEAN加

盟国における現地ワークショップを開催している。

　公正取引委員会による開発途上国に対する具体的な技術支援の概要は、次のとおりである。

1　ＪＩＣＡの枠組みによる技術支援

⑴　ベトナムに対する技術支援

　公正取引委員会は、令和元年11月から、当委員会事務総局の職員1名をＪＩＣＡ長期専門家としてベトナムの競争当局に累次派遣し、現地における技術支援を実施している。また、当委員会は、令和3年11月11日並びに令和4年2月28日及び同年3月7日に、ベトナムの競争当局の職員等に対してオンライン研修を実施した。

⑵　モンゴルに対する技術支援

　公正取引委員会は、令和3年6月25日及び同年11月19日に、モンゴルの競争当局の職員に対してオンライン研修を実施した。

⑶　マレーシアに対する技術支援

　公正取引委員会は、令和3年1月から令和4年1月まで当委員会事務総局の職員1名をＪＩＣＡ長期専門家としてマレーシアの競争当局に派遣し、現地における技術支援を実施した。また、当委員会は、令和3年4月30日並びに同年6月21日及び22日に、マレーシアの競争当局の職員に対してオンライン研修を実施した。

⑷　タイに対する技術支援

　公正取引委員会は、令和3年11月から、当委員会事務総局の職員1名をＪＩＣＡ長期専門家としてタイの競争当局に派遣し、現地における技術支援を実施している。また、当委員会は、令和3年5月12日、令和4年3月16日及び18日並びに同月23日及び25日に、タイの競争当局の職員に対してオンライン研修を実施した。

⑸　集団研修

　公正取引委員会は、平成6年度以降、競争法制を導入しようとする国や既存の競争法制の強化を図ろうとする国の競争当局等の職員を我が国に招へいし、競争法・政策に関する研修を実施している。令和3年度においては、開発途上国10か国から16名の参加を得て、令和4年2月14日から同月28日まで（日曜日、土曜日及び国民の祝日を除く。）オンライン研修を実施した。

⑹　その他の開発途上国に対する技術支援

　公正取引委員会は、令和3年8月26日にベトナム、モンゴル、タイ及びマレーシアの各競争当局の職員に対して、また、令和3年11月10日及び12日にフィリピンの競争当局の職員に対してそれぞれオンライン研修を実施した。

2　ＪＡＩＦを活用した技術支援

⑴　研修

　　公正取引委員会は、令和３年８月２日から同月４日まで及び同年12月13日から同月14日まで、ウェブ会議形式で開催された、ＡＳＥＡＮ加盟国の各競争当局の職員に対する研修に、当委員会事務総局の職員及び学識経験者を講師として参加させた。

⑵　ＡＳＥＡＮ加盟国における競争法に係るピアレビュー

　　公正取引委員会は、平成31年１月以降、日本、ＡＳＥＡＮ加盟国及び国際機関出身の専門家とともに、ＡＳＥＡＮ加盟国における競争法に係るピアレビュー指針の共同開発を行い、ＡＳＥＡＮ加盟国における競争法に係るピアレビューを実施している。

⑶　ＡＳＥＡＮ加盟国における競争認知度指標の共同開発

　　公正取引委員会は、平成31年１月以降、日本及びＡＳＥＡＮ加盟国の専門家と共同で、ＡＳＥＡＮ加盟国における競争法・政策の認知度を調査して指標にまとめるプロジェクトを実施した。

⑷　国際的な競争法違反事件における審査協力のための推奨手続に係る共同研究

　　公正取引委員会は、平成31年１月以降、ＡＳＥＡＮ加盟国の専門家とともに、国際的な競争法違反事件における審査協力のための推奨手続に係る共同研究を実施した。

3　開発途上国に対するその他の技術支援

　公正取引委員会は、令和３年６月11日にインドネシアの競争当局の職員に対して、オンライン研修を実施した。このほか、当委員会は、開発途上国に対する技術支援として、外国政府等が主催する、東アジアにおける競争法・政策に関するセミナーに当委員会事務総局の職員を積極的に参加させている。

第６　海外調査

　公正取引委員会は、競争政策の企画・運営に資するため、諸外国・地域の競争政策の動向、競争法制及びその運用状況等について情報収集や調査研究を行っている。令和３年度においては、米国、ＥＵ、その他主要なＯＥＣＤ加盟諸国やアジア各国を中心として、競争当局の政策動向、競争法関係の立法活動等について調査を行い、その内容の分析及びウェブサイト等による紹介に努めた。

第７　海外への情報発信

　公正取引委員会は、我が国の競争政策の状況を広く海外に周知することにより当委員会の国際的なプレゼンスを向上させるため、報道発表資料や所管法令・ガイドライン等を英訳し、当委員会の英文ウェブサイトに掲載している。令和３年度においては、前年度に引き続き、英語版報道発表資料の一層の充実及び速報化に努めた。

　このほか、諸外国・地域の競争当局、弁護士会等が主催するセミナー等に積極的に公正取引委員会委員及び事務総局の職員を派遣したり、海外のメディアに寄稿を行ったりするなどの活動を行っている。令和3年度においては、同年9月にウェブ会議形式で開催されたジョージタウン大学国際反トラスト法執行シンポジウム及び同年11月にハイブリッド形式で開催されたソウル国際競争フォーラムに、当委員会委員がスピーカーとして参加した（ソウル国際競争フォーラムにはウェブ会議形式で参加）。

　また、令和3年8月にウェブ会議形式で開催されたGCR（Global Competition Review）Connect(Law Leaders Asia-Pacific)に、同年11月にハイブリッド形式で開催されたBRICS国際競争カンファレンスに、同年12月にウェブ会議形式で開催された第9回ASEAN競争法カンファレンスに、令和4年2月にウェブ会議形式で開催された第5回マニラフォーラム等に、それぞれ公正取引委員会事務総局の職員がスピーカーとして参加した。

第12章　広報・広聴等に関する業務

第1　広報・広聴

1　概要

公正取引委員会は、独占禁止法等に対する企業関係者の理解を深めて同法等の違反行為の未然防止を図るとともに、今後の競争政策の有効かつ適切な推進に資するため、広く国民に情報提供を行い、国民各層からの意見、要望の把握、小中学生を含めた幅広い国民各層の競争政策に対する理解の増進に努めているところである。広報・広聴業務の主なものは、次のとおりである（海外向け広報については第11章第7参照）。

2　記者会見

事務総長定例記者会見を毎週水曜日に開催している。

3　報道発表

公正取引委員会は、独占禁止法違反事件に対する法的措置、企業結合に係る審査結果、独占禁止法を始めとする関係法令に係る各種ガイドライン、実態調査報告書等の内容について、幅広く報道発表を行っている。令和3年度においては、269件の報道発表を行った。なお、特定のテーマについては、報道発表のほか政府広報を利用した広報を行っている。

4　講師派遣

事業者団体等の要請に対応して、講演会、研修会等に職員を講師として派遣し、独占禁止法等について広報を行った。

5　各委員制度等及びその運用状況

(1)　独占禁止政策協力委員制度

競争政策への理解の促進と地域の経済社会の実状に即した政策運営に資するため、平成11年度から、独占禁止政策協力委員制度を設置し、公正取引委員会に対する独占禁止法等の運用や競争政策の運営等に係る意見・要望の聴取等を行い、施策の実施の参考としている。令和3年度においては、各地域の有識者149名に対して独占禁止政策協力委員を委嘱し、意見聴取等を147件実施した。

(2)　消費者アドバイザー

競争政策は、一般消費者に多様な選択肢を提供することを通じ、最終的には一般消費者の利益を確保することを目的とするものであることを踏まえ、平成30年5月以降、主要消費者団体の推薦を得て、消費者アドバイザーを委嘱している。消費者アドバイザーからは、最近の消費者問題の動向や独占禁止法及び競争政策に関連すると思われる消費者問題に関する知見を聴取すること等によって、公正取引委員会の行政運営等に活かすこととしている。

⑶　その他の制度

　　公正取引委員会は、独占禁止政策協力委員制度のほか、下請取引等改善協力委員制度、独占禁止法相談ネットワーク制度等を通じて、事業者等に対して当委員会の活動状況等について広報を行うとともに、意見・要望等を聴取し、施策の実施の参考としている。

6　各種懇談会等の実施

⑴　独占禁止懇話会

ア　概要

　　経済社会の変化に即応して競争政策を有効かつ適切に推進するため、公正取引委員会が広く各界の有識者と意見を交換し、併せて競争政策の一層の理解を求めることを目的として、昭和43年度以降、毎年開催している。

イ　開催状況

　　令和3年度においては、独占禁止懇話会を3回開催した。

⑵　地方有識者との懇談会

ア　概要

　　地方有識者と公正取引委員会の委員等との懇談会及び講演会を通して、競争政策についてより一層の理解を求めるとともに、幅広く意見及び要望を把握し、今後の競争政策の有効かつ適切な推進を図るため、昭和47年度以降、毎年、全国各地において開催している。

イ　開催状況

　　令和3年度においては、新型コロナウイルス感染症の影響により、全国各地における現地開催は中止とし、代替策として、全国9地区（北海道帯広地区、仙台地区、長野県松本地区、名古屋地区、大津地区、岡山地区、高松地区、宮崎地区及び那覇地区）の主要経済団体、学識経験者、報道関係者等の有識者と公正取引委員会委員等との間で、公正取引委員会の最近の活動状況等についての意見交換をウェブ会議により行った。

　　このほか、地方事務所長等の公正取引委員会事務総局の職員と有識者との懇談会（全国各地区）を、新型コロナウイルス感染症対策として、ウェブ会議等も活用して55回開催した。

⑶　弁護士会との懇談会等

　　独占禁止法等に対する弁護士等の認知度を向上させるとともに、その相談・情報収集体制を強化することを目的として、平成23年度から本格的に行っている。

　　令和3年度においては、弁護士会との懇談会（全国各地区）を、新型コロナウイルス感染症対策として、ウェブ会議も活用して18回開催した。

7　一日公正取引委員会

(1)　概要

　　本局及び地方事務所等の所在地以外の都市における独占禁止法等の普及啓発活動や相談対応の一層の充実を図るため、独占禁止法講演会、消費税転嫁対策特別措置法説明会、下請法基礎講習会、入札談合等関与行為防止法研修会、消費者セミナー、独占禁止法教室、報道機関との懇談会、相談コーナー等を１か所の会場で開催している。

(2)　開催状況

　　令和３年度においては、新型コロナウイルス感染症の感染拡大防止の観点から、開催中止とした。

8　消費者セミナー

　　一般消費者に独占禁止法の内容や公正取引委員会の活動について、より一層の理解を深めてもらうため、対話型・参加型のイベントとして開催している。

　　令和３年度においては、新型コロナウイルス感染症対策として、ウェブ会議等の非対面形式も活用して、合計53回開催した。

9　独占禁止法教室（出前授業）

　　中学校等の授業に職員を講師として派遣し、市場経済の基本的な考え方における競争の必要性等について授業を行っている。また、大学（大学院等を含む。）における独占禁止法等の講義等に職員を講師として派遣し、競争法の目的、公正取引委員会の最近の活動状況等について講義を行っている。

　　令和３年度においては、新型コロナウイルス感染症対策として、ウェブ会議等の非対面形式も活用して、中学生向けに合計34回、高校生向けに合計23回、大学生等向けに合計116回開催した。

10　庁舎訪問学習

　　中学校等からの要請を受けて、公正取引委員会の庁舎において、市場経済の基本的な考え方における競争の必要性についての説明を行うとともに、職場見学に対応している。

　　令和３年度においては、新型コロナウイルス感染症対策を講じて対応した。

11　広報資料の作成・配布

(1)　パンフレット

　　独占禁止法等や公正取引委員会に対する一般の理解を深めるため、「知ってなっとく独占禁止法」、「知るほどなるほど下請法」等を作成し、事業者、一般消費者等に広く配布しているほか、中学生向け副教材として「わたしたちの暮らしと市場経済」を作成し、中学校等に配布している。

(2)　広報用動画

　　独占禁止法及び下請法の概要を紹介する動画を作成し、事業者団体、消費者団体等に

対してＤＶＤの貸出しを行っている。

　また、これらの動画を公正取引委員会のウェブサイト上及び公正取引委員会 YouTube 公式チャンネル（https://www.youtube.com/c/JFTCchannel/）に掲載し、配信している。

　令和３年度から、独占禁止法と公正取引委員会の役割を紹介する動画「公正で自由な競争を目指して」の配信を開始した。

YouTube 公式チャンネル
　https://www.youtube.com/c/JFTCchannel

⑶　ウェブサイト及びソーシャルメディアによる情報発信

　公正取引委員会の活動状況を適切なタイミングで国民の幅広い層に対し積極的に発信することを目的として、ウェブサイトにおいて報道発表資料を含む各種の情報を掲載しているほか、平成26年６月から Twitter 及び Facebook の運用を開始し、報道発表等の公正取引委員会に関連する様々な情報を発信している。

　さらに、平成27年５月から YouTube の運用を開始し、独占禁止法及び下請法の概要を紹介する動画を配信している。

第２　政策評価等

1　政策評価

　公正取引委員会は、行政機関が行う政策の評価に関する法律（平成13年法律第86号）に基づき政策評価を実施している。

　令和３年度は、「独占禁止法ガイドラインの普及・啓発及び事業活動の相談・指導」、「取引慣行等の実態把握・改善のための提言」及び「海外の競争当局等との連携の推進」の計３件の事後評価を実績評価の方法により実施し、政策評価書を公表した。

2　証拠に基づく政策立案

　我が国の経済社会構造が急速に変化する中、限られた資源を有効に活用し、国民により信頼される行政を展開するためには、合理的証拠の活用等を通じて政策課題を迅速かつ的確に把握して、有効な対応策を選択し、その効果を検証することが必要である。そのため、政府全体で証拠に基づく政策立案（ＥＢＰＭ）が推進されており、公正取引委員会においても、その実践に取り組んでいる。

　令和３年度は、外部事業者への「海外の競争当局等が実施した事後評価の分析手法・事例等に関する調査・整理」事業の委託、予算検討プロセスにおけるロジックモデルの作成・活用等の取組を行った。

第13章　景品表示法に関する業務

第1　概説

　景品表示法は、平成21年9月、消費者の利益の擁護及び増進、商品及び役務の消費者による自主的かつ合理的な選択の確保並びに消費生活に密接に関連する物資の品質の表示に関する事務を一体的に行うことを目的として消費者庁が設置されたことに伴い、公正取引委員会から消費者庁に移管された。消費者庁への移管に伴い、景品表示法の目的は、「商品及び役務の取引に関連する不当な景品類及び表示による顧客の誘引を防止するため、一般消費者による自主的かつ合理的な選択を阻害するおそれのある行為の制限及び禁止について定めることにより、一般消費者の利益を保護すること」とされた。

1　景品表示法違反被疑事件の調査

　景品表示法は、不当な顧客の誘引を防止するため、景品類の提供について、必要と認められる場合に、内閣府告示（注）により、景品類の最高額、総額、種類、提供の方法等について制限又は禁止し（第4条）、また、商品又は役務の品質、規格その他の内容又は価格その他の取引条件について一般消費者に誤認される不当な表示を禁止している（第5条）。

　公正取引委員会は、消費者庁長官から景品表示法違反被疑事件に係る調査権限の委任を受け、景品表示法の規定に違反する行為について必要な調査等を行っている。

　調査の結果、景品表示法の規定に違反する行為があるときは、消費者庁長官は措置命令を行う（第7条第1項）ほか、違反のおそれのある行為等がみられた場合には関係事業者に対して指導を行っている。

　また、事業者が、同法第5条の規定に違反する行為（同条第3号に該当する表示に係るものを除く。以下「課徴金対象行為」という。）をしたときは、消費者庁長官は、当該事業者に対し、当該課徴金対象行為に係る商品又は役務の売上額に3％を乗じて得た額に相当する額の課徴金を国庫に納付することを命じなければならない（第8条第1項）。

　さらに、消費者庁長官は、同法第26条第1項の規定に基づき事業者が講ずべき措置に関して、その適切かつ有効な実施を図るため必要があると認めるときは、当該事業者に対し、その措置について必要な指導及び助言をすることができる（第27条）。また、消費者庁長官は、事業者が正当な理由がなくて同法第26条第1項の規定に基づき事業者が講ずべき措置を講じていないと認めるときは、当該事業者に対し、景品類の提供又は表示の管理上必要な措置を講ずべき旨の勧告をすることができるとともに（第28条第1項）、勧告を行った場合において当該事業者がその勧告に従わないときは、その旨を公表することができる（同条第2項）。

（注）消費者庁及び消費者委員会設置法の施行に伴う関係法律の整備に関する法律による改正前の景品表示法に基づく従来の公正取引委員会告示は、経過措置により引き続き効力を有する。

２　公正競争規約制度

　景品表示法第31条の規定に基づき、事業者又は事業者団体は、景品類又は表示に関する事項について、公正取引委員会及び消費者庁長官の認定を受けて、不当な顧客の誘引を防止し、一般消費者による自主的かつ合理的な選択と、事業者間の公正な競争を確保するため、協定又は規約を締結し、又は設定することができる。当委員会は、協定又は規約（以下これらを総称して「公正競争規約」という。）の認定に当たり、事業者間の公正な競争の確保等の観点から審査を行っている。

第２　景品表示法違反被疑事件の処理状況

　令和３年度において、消費者庁が措置命令を行った41件のうち、公正取引委員会及び消費者庁による調査の結果を踏まえたものは12件であり、消費者庁が指導を行った172件のうち、公正取引委員会及び消費者庁による調査の結果を踏まえたものは46件である（第１表及び第２表参照）。

　また、令和３年度において、消費者庁が課徴金納付命令を行った15件（４億8484万円）のうち、公正取引委員会及び消費者庁による調査の結果を踏まえたものは４件（2916万円）である（第１表及び第３表参照）。

　さらに、令和３年度において、景品表示法第26条第１項の規定に基づき事業者が講ずべき措置に関して、消費者庁が行った勧告は０件であり、消費者庁が指導を行った102件のうち、公正取引委員会及び消費者庁による調査の結果を踏まえたものは32件である。

第１表　令和３年度において公正取引委員会が調査に関わった景品表示法違反被疑事件の処理状況

事件	措置命令	指導	合計	課徴金納付命令	
				件数	課徴金額
表示事件	12（41）	41（158）	53（199）	4（15）	2916万円（4億8484万円）
景品事件	0（0）	5（14）	5（14）		
合計	12（41）	46（172）	58（213）	4（15）	2916万円（4億8484万円）

（注）（　）内は消費者庁が行った措置件数の総数・課徴金の総額

第２表　令和３年度に消費者庁により措置命令が行われた事例のうち公正取引委員会が調査に関わったもの

一連番号	措置日（事業者名）	事件概要	違反法条
1	令和3年6月3日（㈱ハウワイに対する件）	㈱ハウワイは、「エターナルアイラッシュ」と称する商品（以下「本件商品」という。）を一般消費者に販売するに当たり、令和2年7月6日から同月10日までの間、同月13日から同月17日までの間及び同月21日に、自社ウェブサイトにおいて、人物のまつ毛の長さの比較画像と共に、「2週間でまつ毛が伸びる↑『エターナルアイラッシュ』の効果がすごすぎる」及び「たった2週間でこんなにまつ毛が伸びてきた」等と表示するなど、あたかも、本件商品を使用するだけで、本件商品に含まれる成分の作用により、著しいまつ毛の育毛効果が得られるかのように示す表示をしていた。 　消費者庁が、同社に対し、期間を定めて、当該表示の裏付けとなる合理的な根拠を示す資料の提出を求めたところ、同社から資料が提出されたが、当該資料は当該表示の裏付けとなる合理的な根拠を示すものとは認められなかった。	第5条第1号（第7条第2項適用）
2	令和3年6月3日（㈱ハウワイに対する件）	㈱ハウワイは、「重ね発酵ハーブ茶」と称する食品（以下「本件商品」という。）を一般消費者に販売するに当たり、令和2年7月6日から同月10日までの間、同月13日から同月17日までの間及び同月21日に、自社ウェブサイトにおいて、人物の上半身及び本件商品の画像と共に、「飲むだけ　無理せず−10kg ダイエット」、「減量アプローチ」、「カロリーブロック」、「するっとお通じ」及び「いつもの食事と一緒に飲むだけ重ね発酵ハーブ茶」等と表示するなど、あたかも、普段摂取している飲料を本件商品に替えるだけで、本件商品に含まれる成分の作用により、容易に著しい痩身効果が得られるかのように示す表示をしていた。 　消費者庁が、同社に対し、期間を定めて、当該表示の裏付けとなる合理的な根拠を示す資料の提出を求めたところ、同社から資料が提出されたが、当該資料は当該表示の裏付けとなる合理的な根拠を示すものとは認められなかった。	第5条第1号（第7条第2項適用）
3	令和3年6月11日（㈱ププレひまわり）	㈱ププレひまわりは、自社が運営する17店舗において「ウイルオフ　ストラップタイプ」と称する商品（以下「本件商品」という。）を一般消費者に販売するに当たり、令和2年9月13日から同年12月15日までの間、店舗における店頭 POP において、「様々な使用シーンに合わせて開発した除菌剤」、「ウイルオフ」、「【ストラップ式】消費者庁公認の首掛け式ウイルス除去剤　お出かけ先でのパーソナル空間のウイルス除去・除菌に。」並びに本件商品を首から掛けている人物の画像と共に、「オフィス」及び「外出時」と表示することにより、あたかも、本件商品を身に着けることで、オフィスや外出時などの様々な使用シーンにおいて、身の回りの空間のウイルスを除去又は除菌できる効果が得られ、当該効果を消費者庁が公認しているかのように示す表示をしていた。 　消費者庁が、同社に対し、期間を定めて、当該表示の裏付けとなる合理的な根拠を示す資料の提出を求めたところ、同社から資料が提出されたが、当該資料は当該表示の裏付けとなる合理的な根拠を示すものとは認められなかった。	第5条第1号（第7条第2項適用）

一連番号	措置日（事業者名）	事件概要	違反法条
4	令和3年6月17日（㈱アップドラフト）	㈱アップドラフトは、「滝風イオンメディック」と称する商品（以下「本件商品」という。）を一般消費者に販売するに当たり ① 令和元年5月1日から同年9月30日までの間に配布したカタログにおいて、あたかも、本件商品は2400万 ions/cc以上のマイナスイオンを発生させ、本件商品を使用すれば、本件商品によって発生するマイナスイオンの作用により、6畳から最大80畳までの空間において、浮遊するインフルエンザウイルスを除去及び付着するインフルエンザウイルスを不活化する効果、黄色ブドウ球菌、腸炎ビブリオ菌、サルモネラ菌及びレジオネラ菌を除菌する効果、アレルギー物質、浮遊ウイルスを分解、除去する効果並びに衣類の付着臭を分解、除去する効果が得られるかのように示す表示をしていた。 ② 「Ameba」と称するウェブサイトにおける「滝風イオンメディック」と称する自社ブログにおいて 　a 令和元年11月21日に、あたかも、本件商品は2400万 ions/ccのマイナスイオンを発生させ、本件商品を使用すれば、白血球が大きくなって、免疫力が高くなる効果が得られるかのように示す表示をしていた。 　b 令和元年11月27日に、あたかも、本件商品は2400万 ions/ccのマイナスイオンを発生させ、本件商品を使用すれば、本件商品によって発生するマイナスイオンの作用により、最大80畳までの空間において、付着臭等を消臭する効果、血圧を下げる効果、電磁波を除去する効果、血流を促進する効果、活性酸素を除去する効果、関節炎を改善する効果、糖尿病を改善する効果、慢性肝炎を改善する効果、慢性腎不全を改善する効果及び動脈硬化症を改善する効果が得られるかのように示す表示をしていた。 　c 令和元年12月11日に、あたかも、本件商品を使用すれば、室内に浮遊する花粉を吸着、除去する効果並びに花粉症による涙目、かゆみ、鼻水及びくしゃみを解消する効果が得られるかのように示す表示をしていた。 　消費者庁が、同社に対し、期間を定めて、当該表示の裏付けとなる合理的な根拠を示す資料の提出を求めたところ、同社から資料が提出されたが、当該資料は当該表示の裏付けとなる合理的な根拠を示すものとは認められなかった。	第5条第1号（第7条第2項適用）
5	令和3年8月31日（タイガー魔法瓶㈱）	タイガー魔法瓶㈱は、「PCK-A080」と称する電気ケトル（以下「本件商品」という。）を一般消費者に販売するに当たり、地上波放送を通じて放送したテレビコマーシャル及び自社ウェブサイトにおいて、例えば、令和2年10月10日から同月26日までの間、同年11月2日、同月9日、同月16日、同月23日及び同月30日に、地上波放送を通じて放送したテレビコマーシャルにおいて、本件商品を持ち運んでいる人物がつまずいて本件商品をソファ上に落として転倒させる映像及びソファ上に転倒した本件商品から液体がこぼれない映像と共に、「もしものとき、熱湯がこぼれないように、設計しています。」との音声並びにテーブル上に転倒した本件商品から液体がこぼれない映像と共に、「安全最優先」及び「01 転倒お湯もれ防止」との文字の映像等を表示するなど、あたかも、本件商品が転倒しても本件商品からお湯がこぼれないかのように示す表示をしていた。 　実際には、本件商品が転倒したときは、本件商品の構造上、本件商品からお湯がこぼれる場合があるものであった。	第5条第1号

一連番号	措置日 (事業者名)	事件概要	違反法条
6	令和3年12月14日 (カーズショップ松山こと高畑正志)	カーズショップ松山こと高畑正志は、15台の中古自動車（以下「本件15商品」という。）を一般消費者に販売するに当たり、「Mjネット」及び「カーセンサー」と称する全国の中古自動車情報を掲載しているウェブサイト（以下「本件ウェブサイト」という。）において、 ①　本件15商品について、本件ウェブサイトのうち当該中古自動車に係る情報を掲載する各ウェブページにおいて、「修復歴　なし」と表示することにより、あたかも、本件15商品は、車体の骨格部分に損傷が生じたことのない中古自動車であるかのように示す表示をしていた。 　　実際には、本件15商品は、車体の骨格部分に損傷が生じたことのある中古自動車であった。 ②　本件15商品のうち3台の中古自動車（以下「本件3商品」という。）について、本件ウェブサイトのうち当該中古自動車に係る情報を掲載する各ウェブページにおいて、走行距離数をそれぞれ「78,700km」、「59,700km」、「73,000km」等と表示することにより、あたかも、本件3商品の走行距離が当該数値のとおりであるかのように示す表示をしていた。 　　実際には、本件3商品の走行距離はそれぞれ「96,758km」、「70,379km」、「77,465km」であり、本件3商品の実際の走行距離数よりも過少であった。	第5条第1号
7	令和3年12月16日 (㈲菊池商事)	㈲菊池商事は、レギュラーガソリン、ハイオクガソリン及び軽油を一般消費者に販売するに当たり、例えば、令和3年5月31日に「セルフプレミアム」と称するガソリンスタンドの看板において、「レギュラー129」、「ハイオク139」及び「軽油109」と価格を表示するなど、あたかも、表示の価格が消費税を含めた価格（以下「税込価格」という。）であるかのように表示していた。 　実際には、表示の価格は消費税を含まない価格であって、税込価格ではなかった。	第5条第2号
8	令和3年12月16日 (㈱プレイズ)	㈱プレイズは、レギュラーガソリン、ハイオクガソリン及び軽油を一般消費者に販売するに当たり、令和3年10月10日に「糸島セルフサービスステーション」と称するガソリンスタンドの看板において、「ハイオク148」、「レギュラー138」及び「軽油117」と価格を表示することにより、あたかも、当該価格が消費税を含めた価格（以下「税込価格」という。）であるかのように表示していた。 　実際には、当該価格は消費税を含まない価格であって、税込価格ではなかった。	第5条第2号
9	令和4年3月3日 (セブンエー美容㈱)	セブンエー美容㈱は、自社が運営する店舗において又は自社とフランチャイズ契約を締結する事業者が経営する店舗を通じて供給する全身のうち62部位を対象とする脱毛施術に係る役務（以下「本件役務」という。）を一般消費者に提供するに当たり、自社ウェブサイトにおいて、例えば、令和2年3月26日に、「顔・VIO含む全身脱毛62部位が月額1,409円」、「最短3カ月で脱毛完了」等と表示するなど、あたかも、本件役務は最短3か月で62部位の脱毛が完了するものであって、3か月で62部位の脱毛が完了した場合の本件役務の対価の総額が4,227円であるかのように表示していた。 　実際には、3か月で62部位の脱毛が完了した場合であっても、本件役務の対価の総額は64,790円以上であった。	第5条第2号

第13章　景品表示法に関する業務

一連番号	措置日（事業者名）	事件概要	違反法条
10	令和4年3月3日（㈱ダイシン）	㈱ダイシンは、自社が運営する店舗において供給する全身のうち62部位を対象とする脱毛施術に係る役務（以下「本件役務」という。）を一般消費者に提供するに当たり、自社ウェブサイトにおいて、例えば、令和2年3月26日に、「顔・VIO含む全身脱毛62部位が月額1,409円」、「最短3カ月で脱毛完了」等と表示するなど、あたかも、本件役務は最短3か月で62部位の脱毛が完了するものであって、3か月で62部位の脱毛が完了した場合の本件役務の対価の総額は4,227円であるかのように表示していた。 実際には、3か月で62部位の脱毛が完了した場合であっても、本件役務の対価の総額は64,790円以上であった。	第5条第2号
11	令和4年3月3日（㈱エイチフォー）	㈱エイチフォーは、自社とフランチャイズ契約を締結する事業者が経営する店舗を通じて供給する全身のうち62部位を対象とする脱毛施術に係る役務（以下「本件役務」という。）を一般消費者に提供するに当たり、自社ウェブサイトにおいて、例えば、令和2年3月26日に、「顔・VIOもできちゃう♪」、「月額1,409円で」、「全身脱毛62部位が最短3ヶ月で脱毛完了」等と表示するなど、あたかも、本件役務は最短3か月で62部位の脱毛が完了するものであって、3か月で62部位の脱毛が完了した場合の本件役務の対価の総額は4,227円であるかのように表示していた。 実際には、3か月で62部位の脱毛が完了した場合であっても、本件役務の対価の総額は64,790円以上であった。	第5条第2号
12	令和4年3月24日（㈱EE21）	㈱EE21は、「介護職員初任者研修」と称する役務（以下「本件研修」という。）を一般消費者に提供するに当たり、自社ウェブサイトにおいて、例えば、令和2年10月16日から同年11月19日までの間、「通常受講料¥64,500（税別）」、「11/19お申込み分まで　げき得キャンペーン　教室限定　キャンペーン価格　¥44,500（税別）」等と表示するなど ① あたかも、「通常受講料」と称する価額は、㈱EE21において本件研修について通常提供している価格であり、「キャンペーン価格」等と称する実際の提供価格が当該通常提供している価格に比して安いかのように表示していた。 　実際には、「通常受講料」と称する価額は、㈱EE21において本件研修について最近相当期間にわたって提供された実績のないものであった。 ② あたかも、記載の期限までに申し込んだ場合に限り、「通常受講料」と称する価額から割り引いた価格で本件研修の提供を受けることができるかのように表示していた。 　実際には、記載の期限後に申し込んだ場合であっても、「通常受講料」と称する価額から割り引いた価格で本件研修の提供を受けることができるものであった。	第5条第2号

第３表　令和３年度に消費者庁により課徴金納付命令が行われた事例のうち公正取引委員会が調査に関わったもの

一連番号	命令日 （事業者名）	事件概要	課徴金額
1	令和3年6月25日 （Salute.Lab㈱） _{サルーテ ラボ}	Salute.Lab㈱は、「イオニアカード PLUS」と称する商品（以下「本件商品」という。）を一般消費者に販売するに当たり、自社ウェブサイトにおいて、例えば、令和2年7月16日に、「検証結果で分かるイオニアカードの確かな効果」と記載のあるウェブページにおいて、本件商品の画像と共に、「検証結果で分かるイオニアカードの確かな効果」、「スギ花粉　84.5%除去」及び円グラフの画像、「ヒノキ花粉77.6%除去」及び円グラフの画像、並びに「PM2.5 90.1%除去」及び円グラフの画像、「カードを身につけるだけで空気のトラブルからあなたを守る」、「花粉」、「アレル物質」、「ウイルス」、「PM2.5」、「タバコのニオイ」及び「これらは、ぜんそくや鼻水・鼻詰まり、目のかゆみなどの原因に。インフルエンザには、二次感染のリスクもあります。『イオニアカード』は、そんな"空気のトラブル"からイオンの力であなたを守ります。」等と表示するなど、あたかも、本件商品を身に着ければ、本件商品から発生するイオンの作用により、本件商品から半径1.5メートルから2メートル程度又は半径1.5メートル程度の身の回りの空間における花粉及び PM2.5を除去し、本件商品を身に着けた者にウイルス、菌等を寄せ付けない効果が得られるかのように示す表示をしていた。 　消費者庁が、同社に対し、期間を定めて、当該表示の裏付けとなる合理的な根拠を示す資料の提出を求めたところ、同社から資料が提出されたが、当該資料は当該表示の裏付けとなる合理的な根拠を示すものとは認められなかった。	1559万円

一連番号	命令日（事業者名）	事件概要	課徴金額
2	令和3年12月22日（㈱GSD）	㈱GSDは、「GSD-209N」と称する型式の「ION MEDIC O-RELA」と称する商品（以下「本件商品」という。）を一般消費者に販売するに当たり ① 平成31年4月1日から令和2年2月29日までの間に配布したパンフレットにおいて、あたかも、本件商品を使用すれば、本件商品によって発生するマイナスイオンの作用により、20畳から30畳の空間において、空気中に浮遊するウイルス、菌、ダニの死骸やフンなどのアレルギー物質を分解し不活性化する効果、浮遊するインフルエンザウイルスを99.9%除去する効果、浮遊するカビ菌の分解、除去及び付着したカビ菌の成長の抑制をする効果、並びに衣類等の付着臭を分解、除去する効果が得られるかのように示す表示をしていた。 ② 「ION MEDIC O-RELA」と称する自社ウェブサイトにおいて、令和2年2月14日に、あたかも、本件商品のマイナスイオンの発生量は1000万個/cm³以上であって、本件商品を使用すれば、本件商品によって発生するマイナスイオンの作用により、20畳から30畳の空間において、PM2.5、花粉、黄砂等を分解する効果、黄色ブドウ球菌、腸炎ビブリオ菌、サルモネラ菌及びレジオネラ菌を不活性化する効果、ウイルス感染を予防する効果、浮遊するインフルエンザウイルスを99.9%除去する効果、脱臭効果、並びに新型コロナウイルス感染を予防する効果が得られるかのように示す表示をしていた。 ③ 「Ameba」と称するウェブサイトにおける「PockyBear」と称する自社ブログにおいて、令和2年2月14日に、あたかも、本件商品を使用すれば、本件商品によって発生するマイナスイオンの作用により、新型コロナウイルスを不活性化する効果、空気中に浮遊するウイルス、菌、ダニの死骸やフンなどのアレルギー物質を分解し不活性化する効果、及び浮遊するインフルエンザウイルスを99.9%除去する効果が得られるかのように示す表示をしていた。 消費者庁が、同社に対し、期間を定めて、当該表示の裏付けとなる合理的な根拠を示す資料の提出を求めたところ、同社から資料が提出されたが、当該資料は当該表示の裏付けとなる合理的な根拠を示すものとは認められなかった。	269万円
3	令和4年2月9日（タイガー魔法瓶㈱）	（第2表の一連番号5の「事件概要」欄記載のとおり。）	588万円
4	令和4年3月29日（㈱ハウワイ）	（第2表の一連番号1の「事件概要」欄記載のとおり。）	500万円

第3　公正競争規約の認定

1　概要

　令和4年3月末現在、102件（景品関係37件、表示関係65件）の公正競争規約が認定されている（附属資料6参照）。これらの公正競争規約に参加する事業者又は事業者団体により、公正競争規約の運用団体として公正取引協議会等が組織されているところ、公正取引協議会等は、公正競争規約の運用上必要な事項について、公正競争規約の定めるところにより、施行規則、運用基準等を設定している。公正取引委員会は、公正取引協議会等がこれらの施行規則等の設定・変更を行うに際しても、事業者間の公正な競争の確保等の観

点から審査を行い、問題があれば指導を行っている。

2 公正競争規約の変更

　令和３年度においては、ドレッシング類の表示に関する公正競争規約の一部変更の認定（令和３年５月18日認定。令和３年公正取引委員会・消費者庁告示第１号）のほか、ハム・ソーセージ類の表示に関する公正競争規約の一部変更の認定（令和３年６月２日認定。令和３年公正取引委員会・消費者庁告示第２号）、発酵乳・乳酸菌飲料の表示に関する公正競争規約の一部変更の認定（令和３年６月10日認定。令和３年公正取引委員会・消費者庁告示第３号）、食肉の表示に関する公正競争規約の一部変更の認定（令和３年６月14日認定。令和３年公正取引委員会・消費者庁告示第４号）、チョコレート類の表示に関する公正競争規約の一部変更の認定（令和３年11月４日認定。令和３年公正取引委員会・消費者庁告示第５号）、豆乳類の表示に関する公正競争規約の一部変更の認定（令和３年11月30日認定。令和３年公正取引委員会・消費者庁告示第６号）、食酢の表示に関する公正競争規約の一部変更の認定（令和４年１月12日認定。令和４年公正取引委員会・消費者庁告示第１号）、不動産の表示に関する公正競争規約の一部変更の認定（令和４年２月21日認定。令和４年公正取引委員会・消費者庁告示第２号）、ビールの表示に関する公正競争規約の一部変更の認定（令和４年３月22日認定。令和４年公正取引委員会・消費者庁告示第３号）を行った。

第14章　相談その他の業務

第1　独占禁止法及び関係法令に関する相談等

　事業者、事業者団体、一般消費者等から寄せられる独占禁止法及び関係法令に関する質問に対しては、文書又は口頭により回答している。また、ウェブサイトでも意見等の受付を行っている。

　また、平成12年度から申告の処理に関する疑問、苦情等の申出を受け付けるため、官房総務課（地方事務所・支所においては総務課、沖縄総合事務局公正取引室においては総務係）に申出受付窓口を設置し、公正取引委員会が指名する委員等をもって構成する審理会において、当該処理が適正であったかどうかを点検している。

第2　事業活動に関する相談状況

1　概要

　公正取引委員会は、以前から、独占禁止法及び下請法違反行為の未然防止を図るため、事業者及び事業者団体が実施しようとする具体的な行為に関する相談に対応し、実施しようとする行為に関して、独占禁止法及び下請法の考え方を説明している。

2　事前相談制度

　公正取引委員会は、平成13年10月から当委員会が所管する法律全体を対象として整備された「事業者等の活動に係る事前相談制度」を実施している。

　本制度は、事業者及び事業者団体が実施しようとする具体的な行為が、前記法律の規定に照らして問題がないかどうかの相談に応じ、原則として、事前相談申出書を受領してから30日以内に書面により回答し、その内容を公表するものである。

3　独占禁止法に係る相談の概要

　令和3年度に受け付けた相談件数は、事業者の行為に関するもの1,782件、事業者団体の行為に関するもの73件の計1,855件である（第1図参照）。

第1図　独占禁止法に係る相談件数の推移（企業結合に関する相談を除く。）

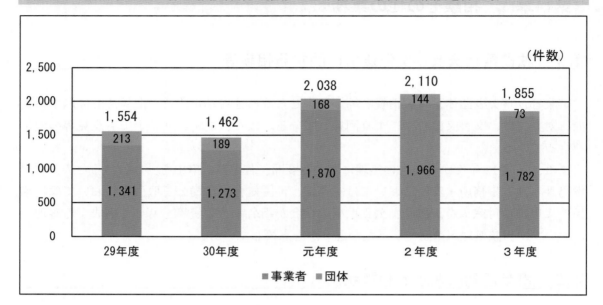

4　相談事例集

　公正取引委員会は、事業者等から寄せられた相談のうち、他の事業者等の参考になると思われるものを相談事例集として取りまとめ、公表している（令和2年度に寄せられた相談（令和2年度相談事例集）について、令和3年6月9日公表。令和3年度に寄せられた相談（令和3年度相談事例集）について、令和4年6月22日公表。）。

　令和3年度相談事例集に掲載された相談としては、事業者の活動に関するものとして、報道機関によるニュースポータルサイト事業者に対する共同行為に関する相談、事業者団体の活動に関するものとして、事業者団体による会員の代理店の評価基準の策定及び実態調査の実施・公表に関する相談等がある。

5　下請法に係る相談の概要

　令和3年度に下請法に関して事業者等から受け付けた相談件数は、1万908件である（第2図参照）。

　この中には、例えば、下請法の適用範囲に関する相談、発注書面の記載方法に関する相談、下請代金の支払期日に関する相談、価格転嫁に関する相談等がある。

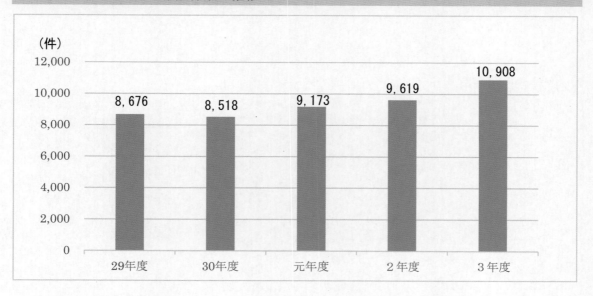

6　独占禁止法相談ネットワーク

　公正取引委員会は、商工会議所及び商工会の協力の下、独占禁止法相談ネットワークを運営しており、独占禁止法及び下請法に関する中小事業者からの相談に適切に対応することができるように、全国の商工会議所及び商工会が有する中小事業者に対する相談窓口を活用し、独占禁止法及び下請法に関する相談を受け付けている。また、令和3年度においては、全国の商工会議所及び商工会へのリーフレットの配布等を行った。

附属資料

令和３年度年次報告　附属資料編の目次

1 組織・予算関係

1-1表 公正取引委員会の構成

（令和3年4月1日現在）

委員長	古谷　一之
委　員	山本　和史
委　員	三村　晶子
委　員	青木　玲子
委　員	小島　吉晴

1-2表 公正取引委員会の予算額（令和3年度当初予算）

（単位：千円）

事　　　　　項	予　算　額
（組織）公正取引委員会	11,461,916
（項）公正取引委員会	11,308,904
（事項）公正取引委員会に必要な経費	9,544,238
（事項）独占禁止法違反行為に対する措置等に必要な経費	419,181
（事項）下請法違反行為に対する措置等に必要な経費	251,141
（事項）競争政策の普及啓発等に必要な経費	207,748
（事項）消費税の円滑かつ適正な転嫁の確保に必要な経費	886,596
（項）公正取引委員会施設費	153,012
（事項）公正取引委員会施設整備に必要な経費	153,012

2　審決・訴訟関係等

2−1表　手続別審決等件数推移

(1)　平成17年独占禁止法改正法による改正前の独占禁止法における手続

分類 ＼ 年度	22	23	24	25	26	27	28	29	30	31	32	33	34	35	36	37	38	39	40	41	42	43	44	45	46	47	48	49	50
審判審決	0	0	1	10	8	8	2	3	5	1	0	0	0	0	0	1	1	0	1	0	1	3	4	0	0	5	1	4	1
勧告審決	0	0	2	4	4	3	5	0	5	5	7	2	2	1	3	7	24	30	26	17	11	28	26	43	37	27	67	(注4) 47 (6)	(注4) 31 (7)
同意審決	5	2	11	45	6	4	5	2	1	0	0	0	0	0	0	5	11	0	0	0	0	0	1	1	0	1	1	0	2
課徴金の納付を命ずる審決等	−	−	−	−	−	−	−	−	−	−	−	−	−	−	−	−	−	−	−	−	−	−	−	−	−	−	−	−	−
独占禁止法第49条第2項に基づく審決	0	0	0	0	0	0	0	0	0	0	0	0	0	0	0	0	0	0	0	0	0	0	0	0	0	0	0	0	0
独占禁止法第65条に基づく審決	0	0	0	0	0	0	0	0	0	0	0	0	0	0	0	0	0	0	0	0	0	0	0	0	0	0	0	9	0
独占禁止法第66条に基づく審決	0	0	0	0	0	0	0	0	0	0	0	0	0	0	0	0	0	0	0	0	0	0	0	0	0	0	0	0	0
景品表示法第9条第2項に基づく審決	0	0	0	0	0	0	0	0	0	0	0	0	0	0	0	0	0	0	0	0	0	0	0	0	0	0	0	0	0
景品表示法第10条第6項に基づく審決	−	−	−	−	−	−	−	−	−	−	−	−	−	−	−	0	0	0	0	0	0	0	1	0	0	1	0	0	0
計	5	2	14	59	18	15	12	5	11	6	7	2	2	1	3	13	36	30	27	17	12	31	32	44	37	34	69	60	34

（注１）　平成25年度の審決により、平成17年独占禁止法改正法による改正前の独占禁止法における手続は全て終了した。

（注２）　「分類」欄の独占禁止法第49条第２項、第65条及び第66条並びに景品表示法第９条第２項及び第10条第６項は、平成17年独占禁止法改正法による改正前の独占禁止法及び景品表示法の条文番号である。

（注３）　審判審決とあるのは、過去の年次報告において「正式審決」と分類していたものである（平成５年度から正式審決の呼称を審判審決に変更）。

（注４）　（　）内の数字は、中小企業等協同組合法第107条に基づく審決件数で内数である。

（注５）　平成11年度の課徴金の納付を命ずる審決等には、課徴金の納付を命じなかった審決が１件含まれている。

（注６）　平成20年度の課徴金の納付を命ずる審決等には、課徴金の納付を命じなかった審決が４件含まれている。

（注７）　平成25年度の課徴金の納付を命ずる審決等には、課徴金の納付を命じなかった審決が２件含まれている。

（注８）　平成14年度及び平成15年度の独占禁止法第49条第２項及び景品表示法第９条第２項に基づく審決は審判手続開始請求を却下する審決である。

51	52	53	54	55	56	57	58	59	60	61	62	63	元	2	3	4	5	6	7	8	9	10	11	12	13	14	15	16	17
0	4	0	2	2	1	0	0	1	1	1	0	0	0	0	2	1	2	3	1	1	3	1	3	3	4	1	2	1	2
24	13	7	12	12	12	18	10	7	10	4	6	5	10	17	27	37	27	21	18	23	25	23	27	21	37	38	19	28	18
1	1	1	1	1	0	1	1	1	0	0	0	1	0	0	0	0	0	1	1	1	0	0	1	2	0	0	4	11	8
–	0	0	0	0	0	0	1	0	6	0	0	0	0	0	0	0	1	0	0	5	1	1	(注5)2	24	1	7	14	32	14
0	0	0	0	0	0	0	0	0	0	0	0	0	0	0	0	0	0	0	0	0	0	0	0	0	0	(注8)1	0	0	0
0	0	0	0	0	0	0	0	0	0	0	0	0	0	0	0	0	0	0	0	0	0	0	0	0	0	0	0	0	0
0	0	0	0	0	0	0	0	0	0	0	0	0	0	0	0	0	3	0	0	0	0	0	0	0	0	0	0	0	0
0	0	0	0	0	0	0	0	0	0	0	0	0	0	0	0	0	0	0	0	0	0	0	0	0	0	(注8)1	(注8)1	0	0
0	0	0	0	1	0	1	0	0	0	0	0	0	0	0	0	0	0	0	0	0	0	0	0	0	0	0	0	0	0
25	18	8	15	16	13	20	12	9	17	5	6	6	10	17	29	38	33	25	20	30	29	25	33	50	42	48	40	72	42

分類＼年度	18	19	20	21	22	23	24	25	計
審判審決	14	3	5	8	3	－	－	－	135
勧告審決	－	－	－	－	－	－	－	－	(注4) 1,020 (13)
同意審決	42	21	5	0	3	－	－	－	212
課徴金の納付を命ずる審決等	46	10	(注6) 37	21	13	0	5	(注7) 7	248
独占禁止法第49条第2項に基づく審決	0	0	0	0	0	0	0	0	1
独占禁止法第65条に基づく審決	0	0	0	0	0	0	0	0	9
独占禁止法第66条に基づく審決	0	0	0	0	0	0	0	0	3
景品表示法第9条第2項に基づく審決	0	0	0	0	0	－	－	－	2
景品表示法第10条第6項に基づく審決	0	0	0	0	0	－	－	－	4
計	102	34	47	29	19	0	5	7	1,634

(2) 平成17年独占禁止法改正法による改正後平成25年独占禁止法改正法による改正前の独占禁止法における手続

分類			17 (注2)	18	19	20	21	22	23	24	25	26	27 (注5)	28 (注5)	29 (注5)	30 (注5)	元 (注5)	2 (注5)	計
独占禁止法関係		排除措置命令 (審判開始) (注1)	2 (1)	12 (0)	22 (1)	16 (5)	26 (5)	12 (3)	22 (10)	20 (7)	18 (4)	10 (4)	2 (0)	- (-)	- (-)	- (-)	- (-)	- (-)	162 (40)
		課徴金納付命令 (審判開始) (注1)	171 (8)	56 (0)	121 (1)	39 (8)	73 (7)	100 (12)	255 (61)	108 (13)	176 (6)	128 (70)	0 (0)	- (-)	- (-)	- (-)	- (-)	- (-)	1227 (186)
	審決	排除措置命令に係る審決	0	0	0	3	0	3	4	4	3	15	7	6	33	8	5	77 (注6)	168
		課徴金納付命令に係る審決	0	0	1	8	0	3	8	4	5	18	9	8	33	7	6	77 (注6)	187
		課徴金納付命令に係る課徴金の一部を控除する審決	0	0	0	0	3	0	0	0	0	0	0	0	0	0	0	0	3
景品表示法関係		排除命令 (審判開始) (注1)	28 (0)	32 (5)	56 (3)	52 (9)	6 (注3) (0)	- (-)	- (-)	- (-)	- (-)	- (-)	- (-)	- (-)	- (-)	- (-)	- (-)	- (-)	174 (17)
		排除命令に係る審決	0	0	0	0	11	- (注4)	-	-	-	-	-	-	-	-	-	-	11

(注1) ( ) 内の数字は、当該年度の命令件数のうち、命令後に審判手続が開始されたもの（次年度に開始されたものを含む。）の数で内数である（その後審判請求の取下げのあったもの及び審判手続打切決定を行ったものを含む。）。

(注2) 平成17年度における独占禁止法関係の件数については、平成18年1月4日から同年3月31日までの期間である。

(注3) 平成21年8月31日までの排除命令件数である。

(注4) 平成22年8月6日、㈱ウインズインターナショナルに対する件の審判手続が打ち切られたことにより、景品表示法関係の審判手続は全て終了した。

(注5) 審判制度は平成25年独占禁止法改正法により廃止されたが、同法の施行日（平成27年4月1日）前に、改正前の独占禁止法第49条第5項の規定に基づく排除措置命令等に係る事前通知等が行われた場合は、なお従前の例により、審判手続が行われる。平成27年度における命令の件数は、平成27年度中に行われた命令のうち、平成25年独占禁止法改正法の施行日前に前記の事前通知が行われたものの件数である。平成28年度以降、前記の事前通知は行われていない。

(注6) 令和3年2月8日、レンゴー㈱ほか36名に対する件等の審決により、独占禁止法関係の審判手続は全て終了した。

(3) 平成25年独占禁止法改正法による改正後の独占禁止法における手続

分類		27	28	29	30	元	2	3	計
排除措置命令 (訴訟提起) (注1)		7 (2)	11 (3)	13 (1)	8 (0)	11 (3)	9 (2)	3 (1)	62 (12)
課徴金納付命令 (訴訟提起) (注1)		31 (4)	32 (注2) (2)	32 (0)	18 (2)	37 (4)	4 (1)	31 (0)	185 (13)
第一審判決	排除措置命令及び課徴金納付命令に係る判決	0	0	0	3	0	0	1	4
	排除措置命令に係る判決	0	0	0	1	2	0	1	4
	課徴金納付命令に係る判決	0	0	0	1	2	0	2	5
第二審判決	排除措置命令及び課徴金納付命令に係る判決	0	0	0	0	0	1	0	1
	排除措置命令に係る判決	0	0	0	0	1	1	0	2
	課徴金納付命令に係る判決	0	0	0	0	1	1	0	2
第三審判決	排除措置命令及び課徴金納付命令に係る判決	0	0	0	0	0	0	1	1
	排除措置命令に係る判決	0	0	0	0	0	1	1	2
	課徴金納付命令に係る判決	0	0	0	0	0	0	1	1

(注1) ( ) 内の数字は、当該年度の命令件数のうち、命令後に訴訟が提起されたもの（次年度に開始されたものを含む。）の数で内数である（その後訴えの取下げ、請求の放棄のあったものを含む。）。平成27年度における命令の件数は、平成27年度中に行われた命令のうち、平成25年独占禁止法改正法の施行日後に独占禁止法第50条第1項の規定に基づく意見聴取

の通知が行われたものの件数である。

(注2)　課徴金納付命令後に刑事事件裁判が確定した1名の事業者に対して、独占禁止法第63条第2項の規定に基づき、課徴金納付命令を取り消す決定を行った結果、対象となった課徴金納付命令の件数である。

２－２表　関係法条別審決件数推移

法令＼年度	22	23	24	25	26	27	28	29	30	31	32	33	34	35	36	37	38	39	40	41	42	43	44	45	46	47	48	49	50	51	52	53	54
独占禁止法 3条前段	－	－	－	－	－	－	－	－	－	－	－	－	－	－	－	－	－	－	－	－	－	－	－	－	－	－	－	－	－	－	－	－	－
3条後段	－	－	－	－	－	－	－	－	－	－	－	－	－	－	－	－	－	－	－	－	－	－	－	－	－	－	－	－	－	－	－	－	－
7条の2	－	－	－	－	－	－	－	－	－	－	－	－	－	－	－	－	－	－	－	－	－	－	－	－	－	－	－	－	－	－	－	－	－
19条	－	－	－	－	－	－	－	－	－	－	－	－	－	－	－	－	－	－	－	－	－	－	－	－	－	－	－	－	－	－	－	－	－
20条の6	－	－	－	－	－	－	－	－	－	－	－	－	－	－	－	－	－	－	－	－	－	－	－	－	－	－	－	－	－	－	－	－	－
51条	－	－	－	－	－	－	－	－	－	－	－	－	－	－	－	－	－	－	－	－	－	－	－	－	－	－	－	－	－	－	－	－	－
66条1項	－	－	－	－	－	－	－	－	－	－	－	－	－	－	－	－	－	－	－	－	－	－	－	－	－	－	－	－	－	－	－	－	－
独占禁止法 3条前段（旧審判手続）	2	0	0	1	0	0	0	0	0	1	1	0	0	0	0	0	0	1	0	0	1	0	0	0	0	0	0	1	0	0	0	0	0
3条後段（旧審判手続）	4	2	5	25	4	8	2	1	5	1	2	0	0	0	0	0	2	9	2	0	2	6	3	3	3	10	35	31	12	14	2	1	3
4条（旧審判手続）	1	1	3	9	4	7	1	－	－	－	－	－	－	－	－	－	－	－	－	－	－	－	－	－	－	－	－	－	－	－	－	－	－
5条（旧審判手続）	3	0	1	0	0	0	0	0	－	－	－	－	－	－	－	－	－	－	－	－	－	－	－	－	－	－	－	－	－	－	－	－	－
6条（旧審判手続）	0	0	1	21	0	2	1	0	0	0	0	0	0	0	0	0	0	0	0	0	0	1	0	0	6	0	0	0	0	0	0	0	0
7条の2（旧審判手続）	－	－	－	－	－	－	－	－	－	－	－	－	－	－	－	－	－	－	－	－	－	－	－	－	－	－	－	－	－	－	0	0	0
8条（旧審判手続）	－	－	－	－	－	－	4	1	2	2	4	2	1	1	2	10	25	20	22	15	6	22	24	40	34	11	33	11	10	6	9	2	10
10条（旧審判手続）	0	0	1	6	2	0	0	0	0	0	0	0	0	0	0	0	0	0	0	0	0	0	0	0	0	1	0	0	0	0	0	0	0
11条（旧審判手続）	0	0	0	2	0	0	0	0	0	0	0	0	0	1	0	0	0	0	0	0	0	0	0	0	0	0	0	0	0	0	0	0	0
13条（旧審判手続）	0	0	0	2	1	0	0	0	0	0	0	0	0	0	0	0	0	0	0	0	0	0	0	0	0	1	0	0	0	0	0	0	0
14条（旧審判手続）	0	0	0	5	2	0	0	0	0	0	0	0	0	0	0	0	0	0	0	0	0	0	0	0	0	0	0	0	0	0	0	0	0
15条（旧審判手続）	0	0	0	0	0	0	0	0	0	0	0	0	0	0	0	0	0	0	0	0	0	0	0	0	0	0	0	0	0	0	0	0	0
16条（旧審判手続）	0	0	0	1	0	0	0	0	0	0	0	0	0	0	0	0	0	0	0	0	0	0	0	0	0	0	0	0	0	0	0	0	0
17条（旧審判手続）	0	0	0	4	0	0	0	0	0	0	0	0	0	0	0	0	0	0	0	0	0	0	0	0	0	0	0	0	0	0	0	0	0
19条（旧審判手続）	0	0	2	20	1	2	3	4	4	2	1	0	1	0	0	2	9	1	3	2	5	3	1	1	0	2	0	1	5	4	6	4	4
49条（旧審判手続）	0	0	0	0	0	0	0	0	0	0	0	0	0	0	0	0	0	0	0	0	0	0	0	0	0	0	0	0	0	0	0	0	0
65条（旧審判手続）	0	0	0	0	0	0	0	0	0	0	0	0	0	0	0	0	0	0	0	0	0	0	0	0	0	9	0	0	0	0	0	0	0
66条（旧審判手続）	0	0	0	0	0	0	0	0	0	0	0	0	0	0	0	0	0	0	0	0	0	0	0	0	0	0	0	0	0	0	0	0	0
事業者団体法（旧審判手続）	0	0	9	20	13	8	4	－	－	－	－	－	－	－	－	－	－	－	－	－	－	－	－	－	－	－	－	－	－	－	－	－	－
景品表示法 4条	－	－	－	－	－	－	－	－	－	－	－	－	－	－	－	－	－	－	－	－	－	－	－	－	－	－	－	－	－	－	－	－	－
景品表示法 3条（旧審判手続）	－	－	－	－	－	－	－	－	－	－	－	－	－	－	－	0	0	0	0	0	0	0	1	0	0	2	0	0	0	1	1	0	0
4条（旧審判手続）	－	－	－	－	－	－	－	－	－	－	－	－	－	－	－	0	0	0	0	0	0	0	0	0	1	0	2	1	0	0	1	0	0
9条（旧審判手続）	0	0	0	0	0	0	0	0	0	0	0	0	0	0	0	0	0	0	0	0	0	0	0	0	0	0	0	0	0	0	0	0	0
10条（旧審判手続）	－	－	－	－	－	－	－	－	－	－	－	－	－	－	－	0	0	0	0	0	0	0	1	0	0	1	0	0	0	0	0	0	0
中小企業等協同組合法107条（旧審判手続）	－	－	0	0	0	0	0	0	0	0	0	0	0	0	0	0	0	0	0	0	0	0	0	0	0	0	6	7	0	0	0	0	0
審 決 件 数 （注2）	5	2	14	(注3)59	18	(注3)15	12	5	11	6	7	2	2	1	3	13	36	30	27	17	12	31	32	44	37	34	69	60	34	25	18	8	15

（注１）本表において「旧審判手続」とあるのは平成17年独占禁止法改正法による改正前の独占禁止法による審判手続を経てなされた審決である。

（注２）本表に掲げる数字が審決件数より多いのは同一事件に２以上の法条を適用した場合があるからである。

（注３）昭和25年度審決のうち１件及び昭和27年度審決のうち４件は審決をもって審判開始決定を取り消したものである。

55	56	57	58	59	60	61	62	63	元	2	3	4	5	6	7	8	9	10	11	12	13	14	15	16	17	18	19	20	21	22	23	24	25	26	27	28	29	30
−	−	−	−	−	−	−	−	−	−	−	−	−	−	−	−	−	−	−	−	−	−	−	−	−	−	−	0	0	0	0	0	1	0	0	0	0	0	0
−	−	−	−	−	−	−	−	−	−	−	−	−	−	−	−	−	−	−	−	−	−	−	−	−	−	−	0	3	0	2	4	3	3	15	6	6	33	5
−	−	−	−	−	−	−	−	−	−	−	−	−	−	−	−	−	−	−	−	−	−	−	−	−	−	−	1	8	0	3	8	4	5	18	8	8	33	5
−	−	−	−	−	−	−	−	−	−	−	−	−	−	−	−	−	−	−	−	−	−	−	−	−	−	−	−	0	0	1	0	0	0	0	1	0	0	3
−	−	−	−	−	−	−	−	−	−	−	−	−	−	−	−	−	−	−	−	−	−	−	−	−	−	−	−	−	0	0	0	0	0	0	1	0	0	2
−	−	−	−	−	−	−	−	−	−	−	−	−	−	−	−	−	−	−	−	−	−	−	−	−	−	−	0	0	0	0	3	0	0	0	0	0	0	0
−	−	−	−	−	−	−	−	−	−	−	−	−	−	−	−	−	−	−	−	−	−	−	−	−	−	−	0	0	0	0	7	0	0	0	0	0	0	0
0	0	0	0	0	0	0	0	0	0	0	0	0	0	0	0	0	1	2	1	1	0	0	0	0	1	1	2	0	0	0	0	0	0	0	0	0	0	0
4	6	5	5	4	1	3	0	5	4	4	12	23	22	8	11	15	15	14	23	17	37	36	21	29	24	54	21	7	8	6	0	0	0	0	0	0	0	0
−	−	−	−	−	−	−	−	−	−	−	−	−	−	−	−	−	−	−	−	−	−	−	−	−	−	−	−	−	−	−	−	−	−	−	−	−	−	−
−	−	−	−	−	−	−	−	−	−	−	−	−	−	−	−	−	−	−	−	−	−	−	−	−	−	−	−	−	−	−	−	−	−	−	−	−	−	−
0	0	0	0	0	0	0	0	0	0	0	0	0	0	0	0	0	0	0	0	0	0	0	0	0	0	0	0	0	0	0	0	0	0	0	0	0	0	0
0	0	0	1	0	6	0	0	0	0	0	0	0	1	0	0	5	1	1	2	24	1	7	14	32	14	42	10	37	21	13	0	5	7	0	0	0	0	0
8	4	7	2	5	3	1	5	0	3	7	6	11	2	14	5	8	3	2	3	3	0	0	1	2	0	0	0	0	0	0	0	0	0	0	0	0	0	0
0	0	0	0	0	0	0	0	0	0	0	0	0	0	0	0	0	0	0	0	0	0	0	0	0	0	0	0	0	0	0	0	0	0	0	0	0	0	0
0	0	0	0	0	0	0	0	0	0	0	0	0	0	0	0	0	0	0	0	0	0	0	0	0	0	0	0	0	0	0	0	0	0	0	0	0	0	0
0	0	0	0	0	0	0	0	0	0	0	0	0	0	0	0	0	0	0	0	0	0	0	0	0	0	0	0	0	0	0	0	0	0	0	0	0	0	0
0	0	0	0	0	0	0	0	0	0	0	0	0	0	0	0	0	0	0	0	0	0	0	0	0	0	0	0	0	0	0	0	0	0	0	0	0	0	0
0	0	0	0	0	0	0	0	0	0	0	0	0	0	0	0	0	0	0	0	0	0	0	0	0	0	0	0	0	0	0	0	0	0	0	0	0	0	0
0	0	0	0	0	0	0	0	0	0	0	1	0	0	0	0	0	0	0	0	0	0	0	0	0	0	0	0	0	0	0	0	0	0	0	0	0	0	0
3	3	7	4	0	7	0	1	1	3	6	9	4	5	1	4	1	8	7	3	6	3	3	3	8	3	0	1	3	0	0	0	0	0	0	0	0	0	0
0	0	0	0	0	0	0	0	0	0	0	0	0	0	0	0	0	0	0	0	0	1	0	0	0	0	0	0	0	0	0	0	0	0	0	0	0	0	0
0	0	0	0	0	0	0	0	0	0	0	0	0	0	0	0	0	0	0	0	0	0	0	0	0	0	0	0	0	0	0	0	0	0	0	0	0	0	0
0	0	0	0	0	0	0	0	0	0	0	0	0	3	0	0	0	0	0	0	0	0	0	0	0	0	0	0	0	0	0	0	0	0	0	0	0	0	0
−	−	−	−	−	−	−	−	−	−	−	−	−	−	−	−	−	−	−	−	−	−	−	−	−	−	−	−	−	−	−	−	−	−	−	−	−	−	−
−	−	−	−	−	−	−	−	−	−	−	−	−	−	−	−	−	−	−	−	−	−	−	−	−	−	−	0	0	0	0	4	0	0	0	0	0	0	0
0	0	0	0	0	0	0	0	0	0	0	0	0	0	0	0	0	0	0	0	0	0	0	0	0	0	0	0	0	0	0	0	0	0	0	0	0	0	0
0	0	0	0	0	0	1	0	0	0	0	1	0	0	2	0	0	0	0	1	0	1	0	0	0	0	4	2	0	0	0	0	0	0	0	0	0	0	0
0	0	0	0	0	0	0	0	0	0	0	0	0	0	0	0	0	0	0	0	0	0	1	1	0	0	0	0	0	0	0	0	0	0	0	0	0	0	0
1	0	1	0	0	0	0	0	0	0	0	0	0	0	0	0	0	0	0	0	0	0	0	0	0	0	0	0	0	0	0	0	0	0	0	0	0	0	0
0	0	0	0	0	0	0	0	0	0	0	0	0	0	0	0	0	0	0	0	0	0	0	0	0	0	0	0	0	0	0	0	0	0	0	0	0	0	0
16	13	20	12	9	17	5	6	6	10	17	29	38	33	25	20	30	29	25	33	50	42	48	40	72	42	102	35	58	43	25	12	13	15	33	16	14	66	15

元	2	計
0	0	1
3	76	159
4	76	181
2	1	8
2	1	6
1	0	4
0	0	(注4)7
0	0	17
0	0	641
－	－	26
－	－	4
0	0	32
0	0	(注5)244
0	0	434
0	0	10
0	0	3
0	0	4
0	0	7
0	0	1
0	0	1
0	0	6
0	0	200
0	0	(注6)1
0	0	9
0	0	3
－	－	54
0	0	4
0	0	5
0	0	17
0	0	(注6)2
0	0	4
0	0	13
12	154	2004

（注4）独占禁止法第66条１項に基づく審決は審判請求を却下する審決である。
（注5）独占禁止法第７条の２（旧審判手続）の審決件数には課徴金の納付を命じなかった審決が７件含まれておりまた独占禁止法第８条の３により当該条項が準用されている審決が含まれている。
（注6）独占禁止法第49条（旧審判手続）及び景品表示法第９条（旧審判手続）に基づく審決は審判手続開始請求を却下する審決である。

２−３表　告発事件一覧

件　　　名	告発年月日	起訴年月日	判決年月日	判決内容	事　件　の　概　要	関係法条	備　　　　考
農林連絡協議会ほか 21 名（役員）	24.4.28	25.6.16（農林連絡協議会ほか2名を起訴）	東京高裁26.2.27	罰金各1万円	閉鎖機関に指定され清算中であったところ、購買及び販売の営業に従事する等禁止規定を免れる行為をした。	事業者団体法第5条第1項第13、第14号、第2項、第14条第1項第1号、第3項	協議会委員長、常任委員は26.3.11上告したが、前者は死亡したため、35.3.15控訴棄却、後者は36.12.5上告棄却
大川（合）ほか1名（役員）	24.5.21	25.11.25	東京高裁27.5.12	免訴（講和条約による大赦のため）	解散及び清算計画書、株式の処分に関する計画書を期限までに提出しなかった。	独占禁止法第105条、第107条、第108条、第109条、第111条、第112条	
山一証券㈱	24.11.28	26.12.28（不起訴）			許可を受けないで営業を譲り受けた。	独占禁止法第16条、第91条の2第6項	
㈱三愛土地ほか1名（役員）	45.4.3	45.5.26	東京高裁46.1.29	被告会社に20万円の罰金、被告人に懲役1年（執行猶予3年）、罰金10万円	審決に違反して不当表示を行った。	独占禁止法第90条第3号、第95条第1項、景品表示法第4条第1号、第2号	
出光興産㈱ほか26名（法人及び15役員）	49.2.15	49.5.28	東京高裁55.9.26	被告会社に150万円から250万円の罰金、被告人に4月から10月の懲役（執行猶予つき）	出光興産㈱ほか11名の石油元売会社は、石油製品の販売価格を、昭和48年1月、2月、8月、10月及び11月に引き上げることを共同して決定し実施した。	独占禁止法第3条後段、第89条第1項第1号、第95条第1項	日本石油㈱及び同社常務は確定昭和石油㈱常務は死亡したため55.11.19公訴棄却
			最高裁59.2.24	太陽石油㈱、九州石油㈱及び太陽石油㈱取締役に関する部分を破棄無罪、その他の被告会社及び被告人につき上告棄却			丸善石油㈱専務は57.10.21及び三菱石油㈱取締役は57.5.27それぞれ死亡につき公訴棄却

件　　名	告発年月日	起訴年月日	判決年月日	判決内容	事　件　の　概　要	関係法条	備　　　考
石油連盟ほか４名（4役員）	49.2.15	49.5.28（石油連盟ほか2名を起訴、残り2名を不起訴）	東京高裁55.9.26	被告人に違法の認識がなかったとして無罪	石油連盟は昭和47年度下期及び昭和48年度上期の会員の原油処理量を決定し実施した。	独占禁止法第8条第1項第1号、第89条第1項第2号、第95条第2項	
三井東圧化学㈱ほか22名（8社、役員15名）	3.11.6（3.12.19追加告発）	3.12.20	東京高裁5.5.21	被告会社に600万円から800万円の罰金、被告人に懲役6月から1年（執行猶予2年）	三井東圧化学㈱ほか7社は、塩化ビニル製業務用ストレッチフィルムの販売価格を平成2年9月及び同年11月出荷分から引き上げること等を共同して決定し実施した。	独占禁止法第3条後段、第89条第1項第1号、第95条第1項	
トッパン・ムーア㈱ほか3名	5.2.24	5.3.31	東京高裁5.12.14	被告会社に400万円の罰金	トッパン・ムーア㈱ほか3社は、社会保険庁が発注する支払通知書等貼付用シールの受注予定者及び受注予定価格を決定し実施していた。	独占禁止法第3条後段、第89条第1項第1号、第95条第1項	
㈱日立製作所ほか26名（9社及び受注業務に従事していた者17名並びに発注業務に従事していた者1名）	7.3.6（7.6.7追加告発）	7.6.15	東京高裁8.5.31	被告会社に4000万円から6000万円の罰金、被告会社の受注業務に従事していた者に懲役10月（執行猶予2年）日本下水道事業団の発注業務に従事していた者に懲役8月（執行猶予2年）	㈱日立製作所ほか8社は、平成5年度における日本下水道事業団発注に係る電気設備工事の受注予定者を決定するとともに、受注予定者が受注できるようあらかじめ定められた価格で入札することを合意し実施していた。	独占禁止法第3条後段、第89条第1項第1号、第95条第1項、刑法第62条第1項	
㈱金門製作所ほか58名（25社及び受注業務に従事していた者34名）	9.2.4	9.3.31	東京高裁9.12.24	被告会社に500万円から900万円の罰金、被告会社の受注業務に従事していた者に懲役6月から9月（執行猶予2年）	㈱金門製作所ほか24社は、平成6年度、平成7年度及び平成8年度の各年度における東京都発注に係る水道メーターについて、受注予定者を決定するとともに、受注予定者が受注できるようあらかじめ定められた価格で入札することを合意し実施していた。	独占禁止法第3条後段、第89条第1項第1号、第95条第1項、刑法第60条	富士水道工業㈱は10.1.6、㈱東京量水器工業所及び同社管理部長兼工場長は10.1.7それぞれ上告したが、いずれも12.9.25上告棄却

附属資料

件　　名	告発年月日	起訴年月日	判決年月日	判決内容	事　件　の　概　要	関係法条	備　　　　考
㈱クボタほか12名（3社及び受注業務に従事していた者10名）	11.2.4（11.3.1追加告発）	11.3.1	東京高裁12.2.23	被告会社に3000万円から1億3000万円の罰金、被告会社の受注業務に従事していた者に懲役6月から10月（執行猶予2年）	㈱クボタほか2社は、平成8年度及び平成9年度の各年度に日本国内において需要のあるダクタイル鋳鉄管直管の3社のシェア配分協定に合意し実施していた。	独占禁止法第3条後段、第89条第1項第1号、第95条第1項、刑法第60条	
コスモ石油㈱ほか19名（11社、個人9名）	11.10.13（11.11.9追加告発）	11.11.9	東京高裁16.3.24	被告会社に300万円から8000万円の罰金、被告人に懲役6月から1年6月（執行猶予2年から3年）	コスモ石油㈱ほか10社は、防衛庁調達実施本部が平成10年度に調達する、ガソリン、軽油、灯油、重油及び航空タービン燃料の各石油製品の発注に係る6回の指名競争入札のうち前4回において、各入札前に会合を開催し、前年度の受注実績を勘案して受注予定者を決定するとともに受注予定者が受注できるような価格で入札を行う旨合意した上、同合意に従って受注予定者を決定し、もって、被告発会社が共同して、その事業活動を相互に拘束し、遂行することにより、公共の利益に反して、前記石油製品の受注に係る取引分野における競争を実質的に制限した。	独占禁止法第3条後段、第89条第1項第1号、第95条第1項、刑法第60条	3社及び4名について、それぞれ16.3.31、16.4.2、16.4.5に上告したが、17.11.21上告棄却決定（17.11.26、17.11.29、17.12.20確定）
愛知時計電機㈱ほか8名（4社、個人5名）	15.7.2	15.7.23	東京高裁16.3.26（1社、個人2名）16.4.30（2社、個人2名）16.5.21（1社、個人1名）	被告会社に2000万円から3000万円の罰金、被告人に懲役1年から1年2月（執行猶予3年）	4社及びこれら4社の東京都発注に係る水道メーターの受注業務に従事していた者等5名は、同水道メーターの受注業務に従事する他の水道メーターの製造業者等14社の従業員らとともに、それぞれの所属する会社の業務に関し、東京都が一般競争入札の方法により発注する水道メーターのうち、口径13ミリ、同20ミリ及び同25ミリのものについて、受注予定者を決定するとともに、受注予定者が受注できるような価格で入札を行う旨合意した上、同合意に従って受注予定者を決定し、もって、被告発会社が共同して、その事業活動を相互に拘束し、遂行することにより、公共の利益に反して、前記水道メーターの受注に係る取引分野における競争を実質的に制限した。	独占禁止法第3条後段、第89条第1項第1号、第95条第1項（平成14年法律第47号による改正前）	

件　　名	告発年月日	起訴年月日	判決年月日	判決内容	事 件 の 概 要	関係法条	備　　　考
㈱横河ブリッジほか33名（26社、個人8名）	17.5.23（17.6.15追加告発）	17.6.15	東京高裁18.11.10（23社、個人7名及び日本道路公団元理事1名）19.9.21（3社、個人2名）	被告会社に1億6000万円から6億4000万円の罰金、被告人に懲役1年から2年6月（執行猶予3年から4年）	26社は、平成15年度にあっては他の鋼橋上部工事業者23社とともに、平成16年度にあっては他の鋼橋上部工事業者21社とともに、国土交通省関東地方整備局、東北地方整備局及び北陸地方整備局が競争入札により発注する鋼橋上部工事について、受注予定者を決定するとともに、受注予定者が受注できるような価格等で入札を行う旨合意した上、同合意に従って受注予定者を決定し、もって、被告発会社が共同して、その事業活動を相互に拘束し、遂行することにより、公共の利益に反して、前記鋼橋上部工事の受注に係る取引分野における競争を実質的に制限した。	独占禁止法第3条後段、第89条第1項第1号、第95条第1項第1号、刑法第60条、第62条第1項	
㈱横河ブリッジほか12名（6社、個人4名、日本道路公団元理事1名、同副総裁1名及び同理事1名）	17.6.29（17.8.1、17.8.15追加告発）	17.8.1（6社、受注業務に従事していた者4名及び日本道路公団元理事1名）17.8.15（日本道路公団副総裁1名）17.8.19（日本道路公団理事1名）	東京高裁19.12.7（日本道路公団理事1名）20.7.4（日本道路公団副総裁1名）	日本道路公団理事（当時）に懲役2年（執行猶予3年）、日本道路公団副総裁（当時）に懲役2年6月（執行猶予4年）※併合罪	6社は、平成15年度にあっては他の鋼橋上部工事業者43社とともに、平成16年度にあっては他の鋼橋上部工事業者41社とともに、日本道路公団が競争入札により発注する鋼橋上部工事について、受注予定者を決定するとともに、受注予定者が受注できるような価格等で入札を行う旨合意した上、同合意に従って受注予定者を決定し、もって、被告発会社が共同して、その事業活動を相互に拘束し、遂行することにより、公共の利益に反して、前記鋼橋上部工事の受注に係る取引分野における競争を実質的に制限した。	独占禁止法第3条後段、第89条第1項第1号、第95条第1項第1号、刑法第60条、第65条第1項	日本道路公団理事（当時）1名及び日本道路公団副総裁（当時）1名は、独占禁止法違反の事実とは別に背任罪の事実も認定されている。日本道路公団理事（当時）については、19.12.17に上告したが、22.7.20上告棄却決定。日本道路公団副総裁（当時）については、20.7.4に上告したが、22.9.22上告棄却決定。

件　　名	告発年月日	起訴年月日	判決年月日	判決内容	事 件 の 概 要	関係法条	備　　　考
㈱クボタ ほか21名 （11社、 個人11 名）	18.5.23 （18.6.12追加告発）	18.6.12	大阪地裁 19.3.12 （1社、個人1名） 19.3.15 （1社、個人1名） 19.3.19 （1社、個人1名） 19.3.22 （2社、個人2名） 19.3.29 （3社、個人3名） 19.4.23 （2社、個人2名） 19.5.17 （1社、個人1名）	被告会社に7000万円から2億2000万円の罰金、被告人に罰金140万円から170万円又は懲役1年4月から2年6月（執行猶予3年から4年）	11社は、市町村等が競争入札により発注するし尿処理施設の新設及び更新工事について、受注予定者を決定するとともに、受注予定者が受注できるような価格等で入札を行う旨合意した上、同合意に従って受注予定者を決定し、もって、被告発会社が共同して、その事業活動を相互に拘束し、遂行することにより、公共の利益に反して、し尿処理施設の新設及び更新工事の受注に係る取引分野における競争を実質的に制限した。	独占禁止法第3条後段、第89条第1項第1号、第95条第1項第1号、刑法第60条	被告会社の受注業務に従事していた者のうち1名について、独占禁止法違反の事実とは別に贈賄罪の事実も認定されている。
㈱大林組 ほか9名 （5社、個人5名）	19.2.28 （19.3.20追加告発）	19.3.20	名古屋地裁 19.10.15	被告会社に1億円から2億円の罰金、被告人に懲役1年6月から3年（執行猶予3年から5年）	5社は、名古屋市交通局が一般競争入札の方法により特別共同企業体に発注する地下鉄第6号線野並・徳重間延伸事業に係る土木工事について、受注予定の特別共同企業体を決定するとともに、受注予定特別共同企業体が受注できるような価格で入札を行う旨合意した上、同合意に従って受注予定特別共同企業体を決定し、もって、被告発会社等が共同して、その事業活動を相互に拘束し、遂行することにより、公共の利益に反して、前記土木工事の受注に係る取引分野における競争を実質的に制限した。	独占禁止法第3条後段、第89条第1項第1号、第95条第1項第1号、刑法第60条	被告会社の受注業務に従事していた者のうち1名について、独占禁止法違反の事実とは別に談合罪の事実も認定されている。

件　　名	告発年月日	起訴年月日	判決年月日	判決内容	事　件　の　概　要	関係法条	備　　　考
(財)林業土木コンサルタンツほか10名（4法人、個人5名、独立行政法人緑資源機構元理事1名及び同機構元課長1名）	19.5.24（19.6.13追加告発）	19.6.13	東京地裁19.11.1	被告会社に4000万円から9000万円の罰金、被告人に懲役6月から8月（執行猶予2年から3年）、独立行政法人緑資源機構の元役職員であった者に懲役1年6月から2年（執行猶予3年から4年）	4法人は、地質調査・調査測量設計業務を営む他の事業者とともに、独立行政法人緑資源機構が平成17年度及び平成18年度において指名競争入札等の方法により発注する緑資源幹線林道事業に係る地質調査・調査測量設計業務について、独立行政法人緑資源機構の意向に従って受注予定業者を決定するとともに受注予定業者が受注できるような価格で入札を行う旨を合意した上、同合意に従って受注予定者を決定し、もって、被告発会社が共同して、その事業活動を相互に拘束し、遂行することにより、公共の利益に反して、前記地質調査・調査測量設計業務の受注に係る取引分野における競争を実質的に制限した。	独占禁止法第3条後段、第89条第1項第1号、第95条第1項第1号、刑法第60条、第65条第1項	
日鉄住金鋼板㈱ほか8名（3社、個人6名）	20.11.11（20.12.8追加告発）	20.12.8	東京地裁21.9.15	被告会社に1億6000万円から1億8000万円の罰金、被告人に懲役10月から1年（執行猶予3年）	3社は、不特定多数の需要者向け溶融55パーセントアルミニウム亜鉛合金めっき鋼板及び鋼帯の平成18年7月1日以降出荷分の販売価格を引き上げる旨を合意し、もって、被告発会社が共同して、その事業活動を相互に拘束し、遂行することにより、公共の利益に反して、前記めっき鋼板及び鋼帯の販売に係る取引分野における競争を実質的に制限した。	独占禁止法第3条後段、第89条第1項第1号、第95条第1項第1号、刑法第60条	

件　　名	告発年月日	起訴年月日	判決年月日	判決内容	事　件　の　概　要	関係法条	備　　　　考
日本精工㈱ほか9名（3社、個人7名）	24.6.14	24.6.14	東京地裁24.12.28（1社、個人2名）25.2.25（1社、個人3名）27.2.4（1社、個人2名）	被告会社に1億8000万円から4億円の罰金、被告人に懲役1年から1年6月（執行猶予3年）	3社等は、産業機械用軸受について、平成22年7月1日以降に納入する産業機械用軸受の販売価格を、同年6月時点における被告発会社等の販売価格から、一般軸受につき8パーセントを、大型軸受につき10パーセントをそれぞれ引き上げることを販売先等に申し入れるなどして、軸受の原材料である鋼材の仕入価格の値上がり分を産業機械用軸受の販売価格に転嫁することを目途に引き上げること、並びに、具体的な販売価格引上げ交渉に当たっては、販売地区及び主要な販売先ごとに3社等の従業員らが連絡、協議しながら行うことを各合意し、もって、被告発会社等が共同して、その事業活動を相互に拘束することにより、公共の利益に反して、産業機械用軸受の販売に係る取引分野における競争を実質的に制限した。また、2社等は、自動車用軸受について、平成22年7月1日以降に納入する自動車用軸受の販売価格を、同年6月時点における被告発会社等の販売価格から、軸受の原材料である鋼材の投入重量1キログラム当たり20円を目途に引き上げることを合意し、もって、被告発会社等が共同して、その事業活動を相互に拘束することにより、公共の利益に反して、自動車用軸受の販売に係る取引分野における競争を実質的に制限した。	独占禁止法第3条後段、第89条第1項第1号、第95条第1項第1号、刑法第60条	1社及び2名については、27.2.4に控訴したが、28.3.22控訴棄却判決。同日、上告したが、29.12.5上告棄却決定。（29.12.12確定）

件　　　名	告発年月日	起訴年月日	判決年月日	判決内容	事　件　の　概　要	関係法条	備　　　考
高砂熱学工業㈱ほか15名 （8社、個人8名）	26.3.4	26.3.4	東京地裁 26.9.30 （1社、個人1名） 26.10.2 （2社、個人2名） 26.10.3 （1社、個人1名） 26.10.6 （1社、個人1名） 26.11.12 （1社、個人1名） 26.11.13 （1社、個人1名） 26.11.14 （1社、個人1名）	被告会社に1億2000万円から1億6000万円の罰金、被告人に懲役1年2月から1年6月（執行猶予3年）	8社等は、平成23年10月以降に、独立行政法人鉄道建設・運輸施設整備支援機構が条件付一般競争入札の方法により発注する北陸新幹線融雪・消雪基地機械設備工事について、受注予定事業者を決定するとともに当該受注予定事業者が受注できるような価格で入札を行うことなどを合意した上、同合意に従って、前記工事についてそれぞれ受注予定事業者を決定するなどし、もって、8社等が共同して、前記工事の受注に関し、相互にその事業活動を拘束し、遂行することにより、公共の利益に反して、前記工事の受注に係る取引分野における競争を実質的に制限した。	独占禁止法第3条後段、第89条第1項第1号、第95条第1項第1号、刑法第60条	
㈱NIPPOほか20名 （10社、個人11名）	28.2.29	28.2.29	東京地裁 28.9.7 （3社、個人3名） 28.9.15 （1社、個人1名） 28.10.6 （2社、個人3名） 28.10.11 （1社） 28.10.25 （個人1名） 28.10.27 （2社、個人2名） 28.11.1 （1社、個人1名）	被告会社に1億2000万円から1億8000万円の罰金、被告人に懲役1年2月から1年6月（執行猶予3年）	10社等は、平成23年7月以降に、東日本高速道路㈱東北支社が条件付一般競争入札の方法により発注する東日本大震災に係る舗装災害復旧工事について、受注予定事業者を決定すること及び当該受注予定事業者が受注できるような価格で入札を行うことなどを合意した上、同合意に従って、前記工事についてそれぞれ受注予定事業者を決定するなどし、もって、10社等が共同して、前記工事の受注に関し、相互にその事業活動を拘束し、遂行することにより、公共の利益に反して、前記工事の受注に係る取引分野における競争を実質的に制限した。	独占禁止法第3条後段、第89条第1項第1号、第95条第1項第1号、刑法第60条	

附属資料

件　　名	告発年月日	起訴年月日	判決年月日	判決内容	事　件　の　概　要	関係法条	備　　　　考
大成建設㈱ほか5名（4社、個人2名）	30.3.23	30.3.23	東京地裁30.10.22（2社）3.3.1（2社、個人2名、3.3.10控訴申立て）	被告会社に1億8000万円から2億5000万円の罰金、被告人に懲役1年6月（執行猶予3年）	4社は、平成26年4月下旬頃から平成27年8月下旬頃までの間、東海旅客鉄道㈱が4社を指名して競争見積の方法により順次発注する品川駅・名古屋駅間の中央新幹線に係る地下開削工法によるターミナル駅新設工事について、受注予定事業者を決定すること及び当該受注予定事業者が受注できるような価格で見積りを行うことなどを合意した上、同合意に従って、前記工事についてそれぞれ受注予定事業者を決定するなどし、もって4社が共同して、前記工事の受注に関し、相互にその事業活動を拘束し、遂行することにより、公共の利益に反して、前記工事の受注に係る取引分野における競争を実質的に制限した。	独占禁止法第3条後段、第89条第1項第1号、第95条第1項第1号、刑法第60条	
アルフレッサ㈱ほか9名（3社、個人7名）	2.12.9	2.12.9	東京地裁3.6.30（3社、個人7名）	被告会社に2億5000万円の罰金、被告人に懲役1年6月から2年（執行猶予3年）	3社等は、平成28年及び平成30年それぞれにおいて、独立行政法人地域医療機能推進機構が一般競争入札を実施した同機構が運営する57病院における医薬品購入契約について、3社等それぞれの受注予定比率を設定し、同比率に合うように受注予定事業者を決定するとともに当該受注予定事業者が受注できるような価格で入札を行うことなどを合意した上、同合意に従って、前記契約について受注予定事業者を決定するなどし、もって被告発会社3社等が共同して、前記契約の受注に関し、相互にその事業活動を拘束し、遂行することにより、公共の利益に反して、前記契約の受注に係る取引分野における競争を実質的に制限した。	独占禁止法第3条後段、第89条第1項第1号、第95条第1項第1号、刑法第60条	

2－4表　緊急停止命令一覧

件名	当委員会申立年月日	決定年月日（注）	決定内容（注）	事件の内容	関係法条	処理結果 決定年月日（注）	処理結果 決定内容	備考
㈱朝日新聞社ほか153名に対する件	30.3.16 30.7.27（停止命令の取消し）	30.4.6	申立一部容認一部却下	㈱朝日新聞社、㈱読売新聞社、㈱毎日新聞社による千葉新聞の供給を受けないことを条件とする販売店との取引及び販売店による千葉新聞不買の申合せ	独占禁止法第19条（旧一般指定1、7）	30.7.29	当事者の和解により違反事実の消滅（停止命令の取消し）	
伊藤勲に対する件	30.7.4 30.12.10（停止命令の取消し）	30.7.29	申立容認	毎日新聞販売店（伊藤勲）による毎日新聞購読者に対する物品の供与	独占禁止法第19条（旧一般指定6）	30.12.23	営業廃止により違反事実の消滅（停止命令の取消し）	停止命令違反に対する過料（1万円）決定（30.10.12）
㈱大阪読売新聞社に対する件	30.10.5	30.11.5	申立容認	㈱大阪読売新聞社による読売新聞購読者に対する物品の供与	独占禁止法第19条（旧一般指定6）			同意審決（30.12.8）
㈱北国新聞社に対する件	31.12.21	32.3.18	申立容認	㈱北国新聞社の販売する富山新聞の差別対価	独占禁止法第19条（新聞業特殊指定3）	33.7.11	違反事実の自発的排除（停止命令の取消し）	被申立人による停止命令の執行免除の申立て（32.3.29申立棄却）
八幡製鉄㈱ほか1名に対する件	44.5.7 取下げ44.5.30			八幡製鉄㈱及び富士製鉄㈱の合併	独占禁止法第15条第1項			被申立人が、合併期日を延期したので取下げ
㈱中部読売新聞社に対する件	50.3.25	50.4.30	申立容認	中部読売新聞の不当廉売	独占禁止法第19条（旧一般指定5）			同意審決（52.11.24）被申立人は、特別抗告したが、最高裁はこれを却下（50.7.17）
㈱有線ブロードネットワークスほか1社に対する件	16.6.30 取下げ16.9.14			有線音楽放送事業における私的独占又は差別対価若しくは取引条件等の差別取扱い	独占禁止法第3条前段、第19条（一般指定3、4）			被申立人が、申立てに係る行為を取りやめたので取下げ
楽天㈱に対する件	2.2.28 取下げ2.3.10			楽天㈱による出店事業者に対する優越的地位の濫用	独占禁止法第19条（第2条第9項第5号ハ）			被申立人が、申立てに係る行為を変更したので取下げ

（注）平成25年独占禁止法改正法の施行日（平成27年4月1日）前は、緊急停止命令等の非訟事件は東京高等裁判所の専属管轄とされていたが、同改正法の施行後は、東京地方裁判所の専属管轄とされている。

2－5表　注意の対象となった行為の業種・行為類型別分類		
業種	件数	行為類型
農業	1	その他の不公正取引
漁業（水産養殖業を除く）	1	その他の拘束・排他条件付取引
総合工事業	2	優越的地位濫用、その他
食料品製造業	3	私的独占、再販売価格の拘束、その他
飲料・たばこ・飼料製造業	1	その他の拘束・排他条件付取引
化学工業	1	再販売価格の拘束
窯業・土石製品製造業	2	優越的地位濫用
その他の製造業	3	再販売価格の拘束、不当廉売
道路旅客運送業	1	その他
道路貨物運送業	1	優越的地位濫用
水運業	1	価格カルテル
繊維・衣服等卸売業	1	価格カルテル
飲食料品卸売業	6	優越的地位濫用、不当廉売
建築材料、鉱物・金属材料等卸売業	2	優越的地位濫用
機械器具卸売業	1	優越的地位濫用
その他の卸売業	4	再販売価格の拘束、その他の拘束・排他条件付取引、優越的地位濫用
各種商品小売業	1	優越的地位濫用
織物・衣服・身の回り品小売業	1	優越的地位濫用
飲食料品小売業	1	優越的地位濫用
機械器具小売業	1	優越的地位濫用
その他の小売業	32	価格カルテル、再販売価格の拘束、優越的地位濫用、不当廉売
物品賃貸業	6	優越的地位濫用
宿泊業	2	優越的地位濫用
その他の生活関連サービス業	1	優越的地位濫用
その他の教育、学習支援業	1	その他の拘束・排他条件付取引
協同組合（他に分類されないもの）	12	その他の拘束・排他条件付取引、優越的地位濫用、その他
政治・経済・文化団体	3	価格カルテル、その他

（注）業種は、「日本標準産業分類」を参考にしている。

3　独占禁止法適用除外関係

3－1表　独占禁止法適用除外根拠法令一覧

(1)　独占禁止法に基づくもの（3制度）

（令和4年3月末現在）

法律名	適用除外制度の内容 （根拠条項）	適用除外制度の 制定年次
私的独占の禁止及び公正取引の確保に関する法律（昭和22年法律第54号）	知的財産権の行使行為（第21条）	昭和22年
	一定の組合の行為（第22条）	昭和22年
	再販売価格維持契約（第23条）	昭和28年

独占禁止法第22条各号要件に係るみなし規定のあるもの
　たばこ耕作組合法（昭和33年法律第135号）
　信用金庫法（昭和26年法律第238号）
　農業協同組合法（昭和22年法律第132号）
　水産業協同組合法（昭和23年法律第242号）
　森林組合法（昭和53年法律第36号）
　中小企業等協同組合法（昭和24年法律第181号）
　商店街振興組合法（昭和37年法律第141号）
　労働金庫法（昭和28年法律第227号）

(2)　個別法に基づく適用除外（16法律・20制度）

（令和4年3月末現在）

所管官庁	法律名 （法律番号）	適用除外の対象	適用除外制度 の制定年次
金融庁	保険業法 （平成7年法律第105号）	保険カルテル	昭和26年
	損害保険料率算出団体に関する法律 （昭和23年法律第193号）	基準料率の算出（自賠責・地震）	平成10年
法務省	会社更生法 （平成14年法律第154号）	更生会社の株式取得	昭和27年
財務省	酒税の保全及び酒類業組合等に関する法律（昭和28年法律第7号）	合理化カルテル	昭和34年
文部科学省	著作権法 （昭和45年法律第48号）	商業用レコードの二次使用料等に関する取決め	昭和45年
厚生労働省	生活衛生関係営業の運営の適正化及び振興に関する法律 （昭和32年法律第164号）	過度競争防止カルテル	昭和32年
農林水産省	農業協同組合法 （昭和22年法律第132号）	農事組合法人が行う一定の事業	平成11年

所管官庁	法律名 （法律番号）	適用除外の対象	適用除外制度 の制定年次
経済産業省	輸出入取引法 （昭和27年法律第299号）	輸出カルテル	昭和27年
	中小企業団体の組織に関する法律 （昭和32年法律第185号）	共同経済事業	昭和32年
	中小企業等協同組合法 （昭和24年法律第181号）	中小企業団体中央会が行う一定の事業	平成11年
国土交通省	海上運送法 （昭和24年法律第187号）	海運カルテル（内航）	昭和24年
		海運カルテル（外航）	昭和24年
	道路運送法 （昭和26年法律第183号）	運輸カルテル	昭和26年
	航空法 （昭和27年法律第231号）	航空カルテル（国内）	昭和27年
		航空カルテル（国際）	昭和27年
	内航海運組合法 （昭和32年法律第162号）	内航海運カルテル	昭和32年
		共同海運事業	昭和32年
	特定地域及び準特定地域における一般乗用旅客自動車運送事業の適正化及び活性化に関する特別措置法 （平成21年法律第64号）	供給輸送力削減カルテル	平成25年
金融庁 国土交通省	地域における一般乗合旅客自動車運送事業及び銀行業に係る基盤的なサービスの提供の維持を図るための私的独占の禁止及び公正取引の確保に関する法律の特例に関する法律 （令和2年法律第32号）	特定地域基盤企業等の合併等	令和2年
		地域一般乗合旅客自動車運送事業者等による共同経営に関する協定の締結	

３－２表　年次別・適用除外法令別カルテル件数（注１）の推移

（各年３月末現在）

	根　拠　法　令	適用業種等	令和元年	令和２年	令和３年	令和４年
1	保険業法 平成8年4月1日施行	特定事業に係る共同行為	4	4	4	4
		その他の事業に係る共同行為	5	5	4	4
2	損害保険料率算出団体に関する法律 昭和23年7月29日施行	地震保険に係る基準料率及び自動車損害賠償責任保険に係る基準料率の算出	2	2	2	2
3	酒税の保全及び酒類業組合等に関する法律 昭和28年3月1日施行	酒類製造業	0	0	0	0
		酒類販売業	0	0	0	0
		（小　計）	0	0	0	0
4	著作権法 昭和45年5月6日施行	商業用レコードの二次使用料等に関する取決め（注2）	10	10	10	10
5	生活衛生関係営業の運営の適正化及び振興に関する法律 昭和32年9月2日施行	特定生活衛生関係サービス業、販売業	0	0	0	0
6	輸出入取引法 昭和27年9月1日施行	輸出業者の輸出取引	0	0	0	0
7	道路運送法 昭和26年7月1日施行	道路運送業（注3）	3 (1)	3 (1)	3 (1)	3 (1)
8	航空法 昭和27年7月15日施行	航空運送事業（国内）	0	0	0	0
		航空運送事業（国際）（注4）	〔2〕	〔1〕	〔0〕	〔0〕
9	海上運送法 昭和24年8月25日施行	海運カルテル（内航）	5	5	5	3

	根　拠　法　令	適用業種等	令和元年	令和2年	令和3年	令和4年
		海運カルテル（外航）（注4）	〔223〕	〔109〕	〔66〕	〔57〕
10	内航海運組合法 昭和32年10月1日施行	内航海運業	1	1	1	1
11	特定地域及び準特定地域における一般乗用旅客自動車運送事業の適正化及び活性化に関する特別措置法 平成26年1月27日施行	一般乗用旅客自動車運送事業	25	21	9	3
12	地域における一般乗合旅客自動車運送事業及び銀行業に係る基盤的なサービスの提供の維持を図るための私的独占の禁止及び公正取引の確保に関する法律の特例に関する法律 令和2年11月27日施行	特定地域基盤企業等の合併等	–	–	0	1
		地域一般乗合旅客自動車運送事業	–	–	2	5
	合　　　計		55 (53)	51 (49)	40 (38)	36 (34)

（注1）件数は、公正取引委員会の同意を得、又は当委員会に協議若しくは通知を行って主務大臣が認可等を行ったカルテル等の件数である。

（注2）著作権法に基づく商業用レコードの二次使用料等に関する取決めの数は、当該取決めの届出を受けた文化庁長官による公正取引委員会に対する通知の件数である。

（注3）道路運送法に基づくカルテルについては路線ごとにカルテルが実施されているが、実施主体が同じカルテルを1件として算定した場合の数を（　）で示した。

（注4）航空法に基づく航空運送事業カルテル（国際）及び海上運送法に基づく海運カルテル（外航）に関する〔　〕内の数は、各年3月末日に終了する年度において締結、変更又は廃止の通知を受けた件数であり、外数である。

3－3表　保険業法に基づくカルテル

(1)　保険業法第101条第1項第1号に基づく共同行為

（令和4年3月末現在）

対象種目	主体	制限事項	最初の発効日	有効期限
航空保険	日本航空保険プール	再保険における料率及び条件の決定（注）、再保険の出再割合の決定、再保険手数料率の決定、配分再保険の配分割合及び再保険手数料率の決定、再々保険の禁止、海外再々保険の相手方、出再割合、料率その他条件及び再保険手数料率の決定、損害査定	平成9年6月20日	期限の定めなし
原子力保険	日本原子力保険プール	保険約款の内容の決定、保険料率及びその他の条件の決定、元受保険及び受再保険の引受割合の決定、元受保険の共同処理（募集を含む。）、再保険の共同処理、損害査定の審査及び決定	平成9年6月20日	期限の定めなし
自賠責保険	損害保険会社	契約の引受け及び契約規定の作成方法、募集方法、事業方法書、普通保険約款、保険料及び責任準備金算出方法書の内容の決定、再保険取引に関する相手方又は数量の決定、損害査定方法の決定	平成9年4月30日	期限の定めなし
地震保険	損害保険会社	契約引受方法の決定、事業方法書、普通保険約款、保険料及び責任準備金算出方法書の内容の決定、損害査定方法の決定、再保険取引に関する事項の決定、地震保険の普及拡大に関する事項の決定	平成9年6月20日	期限の定めなし

（注）日本航空保険プールの共同行為では、保険料率の決定は明示的に行われていないが、①出再割合を100%としていること、②再保険について、会員は全て元受会社の契約内容に従って責任を負担することとなっているため、保険料率＝再保険料率となり、各社保険料率が同一となっている。

(2)　保険業法第101条第1項第2号に基づく共同行為

（令和4年3月末現在）

対象種目	主体	制限事項	最初の発効日	有効期限
船舶保険	日本船舶保険再保険プール	再保険約款の決定、再保険に関する損害査定方法の決定、再保険の取引に関する相手方又は数量の決定、再保険料率及び手数料の決定	平成10年4月1日	期限の定めなし

外航貨物保険	外航貨物再保険プール	再保険約款及び再保険料率の決定、再保険の出再割合の決定、再保険手数料の決定、配分再保険の配分割合及び再保険手数料率の決定、再々保険の禁止、再保険に係る損害査定	平成10年4月1日	期限の定めなし
自動車保険（対人賠償、自損事故及び無保険者傷害保険部分）	自動車対人賠償保険超過損害額再保険プール	再保険約款の決定、再保険に関する損害査定方法の決定、再保険の取引に関する相手方又は数量の決定、再保険料率及び手数料の決定	平成10年4月1日	期限の定めなし
住宅瑕疵担保責任保険	住宅瑕疵担保責任超過損害額再保険プール	再保険約款の決定、再保険に関する損害査定方法の決定、再保険の取引に関する相手方又は数量の決定、再保険料率の決定	平成21年4月1日	期限の定めなし

3－4表　損害保険料率算出団体に関する法律に基づくカルテル

（令和4年3月末現在）

対　象	主　体	内　容	最初の発効日	有効期限
自動車損害賠償責任保険	損害保険料率算出団体	自動車損害賠償責任保険に係る基準料率を算出し、会員の利用に供すること	平成10年7月1日	期限の定めなし
地震保険	損害保険料率算出団体	地震保険に係る基準料率を算出し、会員の利用に供すること	平成10年7月1日	期限の定めなし

3－5表　著作権法に基づく商業用レコードの二次使用料等に関する取決め

（令和4年3月末現在）

対　象	主　体	内　容	最初の発効日	有効期限
商業用レコードの二次使用料等	文化庁長官が指定する著作権等管理事業者又は団体（指定団体）	商業用レコードの二次使用料等の額に関する文化庁長官が指定する著作権等管理事業者又は団体（指定団体）と放送事業者等又はその団体間における協議	協議によって定められた期日	協議によって定められた期日

3-6表　道路運送法に基づくカルテル

（令和4年3月末現在）

主　体	路　線	内　容	最初の発効日	有効期限
一般乗合旅客自動車運送事業者	北部支線（沖縄）	生活路線維持のための共同経営	平成14年10月8日	令和6年9月30日
一般乗合旅客自動車運送事業者	読谷線・糸満線（沖縄）	適切な運行時刻設定のための共同経営	平成14年10月8日	令和6年9月30日
一般乗合旅客自動車運送事業者	名護西線・名護西空港線（沖縄）	適切な運行時刻設定のための共同経営	平成14年10月8日	令和6年9月30日

3-7表　海上運送法に基づくカルテル（内航）

（令和4年3月末現在）

主　体	航　路	内　容	最初の発効日	有効期限
一般旅客定期航路事業者	松山／宇品	適切な運航時刻の設定のための共同経営（旅客）	平成12年7月19日	令和6年6月24日
一般旅客定期航路事業者	岡山／土庄	適切な運航時刻の設定のための共同経営（旅客）	平成12年7月21日	令和6年2月17日
一般旅客定期航路事業者	竹原／垂水・白水	適切な運航時刻の設定のための共同経営（旅客）	平成12年8月10日	令和6年7月25日

3-8表　内航海運組合法に基づくカルテル

（令和4年3月末現在）

対　象	主　体	内　容	最初の発効日	有効期限
船舶	日本内航海運組合総連合会	船腹の過剰に対処するための、保有船舶を解撤等する者に対する交付金の交付及び船舶の新規建造者からの納付金の徴収	平成10年5月15日	期限の定めなし

3－9表　特定地域及び準特定地域における一般乗用旅客自動車運送事業の適正化及び活性化に関する特別措置法に基づくカルテル

（令和4年3月末現在）

主　体	交　通　圏	内　　容	最初の発効日	有効期限（注1）
特定地域協議会、一般乗用旅客自動車運送事業者	南多摩交通圏（特定地域指定日：平成28年7月1日）	供給輸送力の削減等	平成29年6月23日	令和4年6月30日（注2）
特定地域協議会、一般乗用旅客自動車運送事業者	河北交通圏（特定地域指定日：平成30年9月1日）	供給輸送力の削減等	令和2年3月25日	令和6年8月31日（注2）
特定地域協議会、一般乗用旅客自動車運送事業者	北摂交通圏（特定地域指定日：令和元年7月1日）	供給輸送力の削減等	令和3年4月30日	令和4年6月30日

（注1）特定地域の指定期間の終了日。ただし、指定期間は、原則として1回に限り延長することができる。
（注2）指定期間が延長されたもの。

3-10表　地域における一般乗合旅客自動車運送事業及び銀行業に係る基盤的なサービスの提供の維持を図るための私的独占の禁止及び公正取引の確保に関する法律の特例に関する法律

(1)　特定地域基盤企業等の合併等

（令和4年3月末現在）

主　　体	地　域	内　　容	認可日	基盤的サービス維持計画の実施期間
株式会社青森銀行及び株式会社みちのく銀行	青森県	基盤的サービスの提供維持のために行う共同株式移転	令和4年3月23日	令和4年4月1日〜令和9年3月31日

(2)　地域一般乗合旅客自動車運送事業者等による共同経営に関する協定の締結

（令和4年3月末現在）

主　　体	地　域	内　　容	認可日	共同経営の実施期間
地域一般乗合旅客自動車運送事業者	熊本市	基盤的サービスの提供のために行う共同経営に関する協定の締結	令和3年3月19日	令和3年4月1日〜令和6年3月31日
地域一般乗合旅客自動車運送事業者	岡山市	基盤的サービスの提供のために行う共同経営に関する協定の締結	令和3年3月25日	令和3年4月1日〜令和8年3月31日
地域一般乗合旅客自動車運送事業者	前橋市	基盤的サービスの提供のために行う共同経営に関する協定の締結	令和3年9月24日	令和3年10月1日〜令和8年3月31日
地域一般乗合旅客自動車運送事業者等	徳島県南部	基盤的サービスの提供のために行う共同経営に関する協定の締結	令和4年3月18日	令和4年4月1日〜令和9年3月31日
地域一般乗合旅客自動車運送事業者	長崎市	基盤的サービスの提供のために行う共同経営に関する協定の締結	令和4年3月18日	令和4年4月1日〜令和7年3月31日

3－11表　業種別事業協同組合及び信用協同組合の届出件数

(令和4年3月末現在)

業種等			届出件数
事業協同組合		農業、林業、漁業	0
		鉱業、採石業、砂利採取業	0
		建設業	3
	製造業	食料品、飲料・たばこ・飼料	1
		繊維	1
		木材・木製品、家具・装備品	0
		パルプ・紙・紙加工品	0
		印刷・同関連業	0
		化学	0
		石油・石炭	0
		プラスチック	0
		ゴム製品、なめし革・同製品・毛皮	0
		窯業・土石	0
		鉄鋼	0
		非鉄金属	0
		金属製品	0
		はん用機械器具、生産用機械器具、業務用機械器具	0
		電子部品・デバイス・電子回路、電気機械器具、情報通信機械器具	0
		輸送用機械器具	0
		その他	0
		小計	2
		電気・ガス・熱供給・水道業	0
		情報通信業	0
		運輸業、郵便業	3
		卸売業	2
		小売業	2
		金融業、保険業	1
		不動産業、物品賃貸業	0
		サービス業	14
		その他	171
		小計	198
信用協同組合			13
合計			211

（注1）組合員の資格となる業種が複数にまたがる協同組合は、「その他」としている。
（注2）業種は、「日本標準産業分類」を参考にしている。

4 株式取得、合併等関係

(1) 独占禁止法第11条第1項ただし書の規定に基づく認可

認可年月日	認可銀行又は保険会社名	株式発行会社名	保有経緯等
3.4.13	㈱三重銀行	㈱三十三総研	銀行業高度化等会社の議決権保有
3.4.20	㈱名古屋銀行	㈱ナイス	銀行業高度化等会社の議決権取得
3.4.26	㈱千葉銀行	ちばぎん商店㈱	銀行業高度化等会社の議決権取得
3.4.28	㈱広島銀行ほか1行（注）	ドリームベッド㈱	無議決権株式の普通株式への転換に伴う議決権保有
3.6.9	㈱沖縄銀行	㈱みらいおきなわ	銀行業高度化等会社の議決権取得
3.6.29	㈱紀陽銀行	紀陽情報システム㈱	銀行業高度化等会社の議決権保有
3.7.7	㈱埼玉りそな銀行	㈱地域デザインラボさいたま	銀行業高度化等会社の議決権取得
3.9.15	㈱佐賀銀行	さぎんコネクト㈱	銀行業高度化等会社の議決権取得
3.10.25	㈱愛媛銀行	㈱フレンドシップえひめ	銀行業高度化等会社の議決権取得
4.3.1	㈱京葉銀行	㈱NIPPONIA SAWARAほか1社	事業再生会社の議決権取得
4.3.25	日本生命保険相互会社	㈱ときわ商事	投資事業有限責任組合の有限責任組合員としての株式の所有に伴う議決権保有
4.3.25	三井住友海上火災保険㈱	㈱TBC	保険業高度化等会社の議決権取得

（注）認可は「㈱広島銀行ほか1行」の各行それぞれに対して行われている。

(2) 独占禁止法第11条第2項の規定に基づく認可

認可年月日	認可銀行又は保険会社名	株式発行会社名	保有経緯等
4.2.21	㈱りそな銀行	㈱アイ・ピー・エス	年金信託財産の運用に係る議決権保有
4.3.24	三井住友信託銀行㈱	長瀬産業㈱	年金信託財産等の運用に係る議決権保有

4－2　統計資料（4－3表及び4－4表）について

⑴　この統計資料は、令和3年4月1日から令和4年3月31日までの間に、公正取引委員会が受理した会社の株式取得、合併、分割、共同株式移転及び事業譲受け等（以下「企業結合」という。）の届出等に関する指標を取りまとめたものである。

⑵　会社がどの業種に属するかは、株式取得においては株式取得会社の業種、合併においては合併後の存続会社の業種、共同新設分割においては分割する会社の業種、吸収分割においては事業を承継する会社の業種、共同株式移転においては新設会社の業種、事業譲受け等においては事業等を譲り受ける会社の業種によった。また、事業を行っていない会社についてはその他に分類した。

⑶　4－3表の分類のうち、「水平」とは、当事会社グループ同士が同一の一定の取引分野において競争関係にある場合をいう。

　「垂直」とは、当事会社グループ同士が取引段階を異にする場合をいう。「垂直」のうち、「前進」とは、株式取得会社、存続会社、被承継会社又は譲受会社が最終需要者の方向にある会社と企業結合を行う場合をいい、「後進」とは、その反対方向にある会社と企業結合を行う場合をいう。

　「混合」とは、「水平」、「垂直」のいずれにも該当しない場合をいう。「混合」のうち、「地域拡大」とは、同種の商品又は役務を異なる市場へ供給している場合をいい、「商品拡大」とは、生産あるいは販売面での関連性のある異種の商品又は役務を供給している場合をいい、「純粋」とは、前記「地域拡大」及び「商品拡大」のいずれにも該当しない場合をいう。

　なお、形態別の件数については、複数の形態に該当する企業結合の場合、該当する形態を全て集計している。そのため、形態別の件数の合計は、届出受理件数と必ずしも一致しない。

附属資料

形態 / 業種	水平関係	垂直関係 前進	垂直関係 後進	混合関係 地域拡大	混合関係 商品拡大	混合関係 純粋	届出受理件数
農林・水産業							
鉱業							
建設業	9	4	4	6	4		11
製造業	32	17	25	1	9	3	52
食料品	1		1		1		2
繊維							
木材・木製品							
紙・パルプ	2	2	1				3
出版・印刷							
化学・石油・石炭	9	3	8		2	2	14
ゴム・皮革							
窯業・土石	3	3	2				3
鉄鋼		1	1				1
非鉄金属	1	1	1				1
金属製品	5	3	4		1		7
機械	7	2	6		4	1	15
その他製造業	4	2	1	1	1		6
卸・小売業	40	15	12	8	7	2	53
不動産業	8	6	1			1	11
運輸・通信・倉庫業	11	4	7	3	2	2	22
サービス業	15	2	1	7	5	4	21
金融・保険業	9	2	1	1	2	3	13
電気・ガス・熱供給・水道業	7	4	5				7
その他	57	29	29	16	16	62	147
合計	188	83	85	42	45	77	337

（注）形態別の件数については、複数の形態に該当する企業結合の場合、該当する形態を全て集計している。そのため、形態別の件数の合計は、届出受理件数と必ずしも一致しない。

４－４表　企業結合関係の届出・報告件数

年度	第9条の事業報告書（注2）	第9条の設立届出書（注2）	株式取得届出（注3）	役員兼任届出（注4）	会社以外の者の株式所有報告書（注5）	合併届出（注6）	分割届出（注7）	共同株式移転届出（注8）	事業譲受け等届出（注9）
22			(2)		(0)	(23)			(22)
23			(31)		(0)	(309)			(192)
24			(13)		(0)	(123)			(53)
			2,373		0	448			143
25			3,840		0	420			207
26			4,546		0	331			182
27			4,795		0	385			124
28			3,863	268	0	344			126
29			2,827	328	0	325			167
30			3,033	268	0	338			143
31			3,080	457	0	381			209
32			3,069	375	0	398			140
33			3,316	557	0	381			118
34			3,170	466	0	413			139
35			2,991	644	0	440			144
36			3,211	675	1	591			162
37			3,231	804	0	715			193
38			3,844	758	0	997			223
39			3,921	527	4	864			195
40			4,534	487	1	894			202
41			4,325	462	0	871			264
42			4,075	458	2	995			299
43			4,069	480	3	1,020			354
44			4,907	647	0	1,163			391
45			4,247	543	2	1,147			413
46			5,832	552	0	1,178			449
47			5,841	501	1	1,184			452
48			6,002	874	0	1,028			443
49			5,738	794	0	995			420
50			5,108	754	9	957			429
51			5,229	925	6	941			511
52			5,085	916	1	1,011			646
53			5,372	1,394	0	898			595
54			5,359	3,365	0	871			611
55			5,759	2,556	2	961			680
56			5,505	2,958	1	1,044			771
57			6,167	2,477	1	1,040			815
58			6,033	3,389	4	1,020			702
59			6,604	3,159	2	1,096			790
60			6,640	3,504	6	1,113			807
61			7,202	2,944	1	1,147			936
62			7,573	3,776	1	1,215			1,084
63			6,351	3,450	0	1,336			1,028
元			8,193	4,420	0	1,450			988
2			8,075	4,312	0	1,751			1,050
3			8,034	6,124	2	2,091			1,266
4			8,776	5,675	0	2,002			1,079
5			8,036	6,330	3	1,917			1,153
6			8,954	5,137	18	2,000			1,255
7			8,281	5,897	1	2,520			1,467
8			9,379	5,042	0	2,271			1,476
9	0	0	8,615	5,955	7	2,174			1,546
10	2	0	7,518	447	0	1,514			1,176
11	1	1	1,029			151			179
12	5	1	804			170			213
13	7	7	898			127	20		195
14	16	7	899			112	21		197
15	76	4	959			103	21		175
16	79	1	778			70	23		166
17	80	5	825			88	17		141
18	87	2	960			74	19		136
19	93	2	1,052			76	33		123
20	92	4	829			69	21		89
21	93	5	840			48	15	3	79
22	92	2	184			11	11	5	54
23	100	0	224			15	10	6	20
24	99	1	285			14	15	5	30
25	100	0	218			8	14	3	21
26	103	0	231			12	20	7	19
27	104	2	222			23	17	6	27
28	108	2	250			26	16	3	24
29	105	0	259			9	13	3	22
30	107	2	259			16	15	2	29
元	112	0	264			12	12	3	19
2	114	1	223			16	7	0	20

年度	第9条の事業報告書（注2）	第9条の設立届出書（注2）	株式取得届出（注3）	役員兼任届出（注4）	会社以外の者の株式所有報告書（注5）	合併届出（注6）	分割届出（注7）	共同株式移転届出（注8）	事業譲受け等届出（注9）
3	114	3	288			10	17	3	19

（注1）括弧内は認可件数である。

（注2）独占禁止法第9条の規定に基づく事業報告書の提出及び設立の届出制度は、平成9年独占禁止法改正法により新設されたものであり、それ以前の件数はない。

　　なお、平成14年独占禁止法改正法による改正前の独占禁止法では、一定の総資産額基準を超える持株会社について事業報告及び設立の届出を行わなければならないこととされていたが、改正後の独占禁止法では、持株会社に加え、一定の総資産額基準を超える金融会社及び一般事業会社についても事業報告及び設立の届出を行わなければならないこととされた。

（注3）株式所有報告書の裾切り要件（総資産額）は次のとおり改正されている。

改正年	裾切り要件（総資産額）
昭和24	500万円超
28	1億円超
40	5億円超
52	20億円超

　　平成10年独占禁止法改正法による改正前の独占禁止法では、総資産が20億円を超える国内の会社（金融業を営む会社を除く。）又は外国会社（金融業を営む会社を除く。）は、国内の会社の株式を所有する場合には、毎事業年度終了後3か月以内に株式所有報告書を提出しなければならないこととされていたが、改正後の独占禁止法では、総資産が20億円を超えかつ総資産合計額が100億円を超える会社が、総資産が10億円を超える国内の会社又は国内売上高が10億円を超える外国会社の株式を10%、25%又は50%を超えて取得し、又は所有することとなる場合には、株式所有報告書を提出しなければならないこととされた。

　　また、平成21年独占禁止法改正法による改正によって届出基準が見直され、国内売上高合計額が200億円を超える会社が、子会社の国内売上高を含む国内売上高が50億円超の会社の株式を取得しようとする場合であって、議決権保有割合が20%、50%（2段階）を超えるものについて、合併等と同様にあらかじめ届け出なければならないこととされた。

（注4）平成10年独占禁止法改正法による改正前の独占禁止法では、会社の役員又は従業員は、国内において競争関係にある国内の会社の役員の地位を兼ねる場合において、いずれか一方の会社の総資産が20億円を超えるときは届け出なければならないこととされていたが、改正後の独占禁止法では廃止された。

（注5）平成10年独占禁止法改正法による改正前の独占禁止法では、会社以外の者は、国内において相互に競争関係にある2以上の国内の会社の株式をそれぞれの発行済株式総数の10%を超えて所有することとなる場合には株式所有報告書を提出しなければならないこととされていたが、改正後の独占禁止法では廃止された。

（注6）平成10年独占禁止法改正法による改正前の独占禁止法では、会社が合併しようとする場合には、全てあらかじめ届け出なければならないこととされていたが、改正後の独占禁止法では、当事会社の中に総資産合計額が100億円を超える会社と総資産合計額が10億円を超える会社がある場合等に届け出なければならないこととされた。

　　また、平成21年独占禁止法改正法による改正によって届出基準が見直され、国内売上高合計額が200億円超の会社と同50億円超の会社の合併について届け出なければならないこととされた。

（注7）分割の届出は、平成12年商法改正に伴い新設されたものであり、平成12年度までの件数はない。

　　また、平成21年独占禁止法改正法による改正によって届出基準が見直され、当事会社の中に国内売上高合計額が200億円を超える全部承継会社（事業の全部を承継させようとする会社をいう。）と国内売上高合計額が50億円を超える事業を承継しようとする会社がある場合等には、分割に関する計画について届け出なければならないこととされた。

（注8）共同株式移転の届出は、平成21年独占禁止法改正法により新設されたものであり、平成20年度までの件数はない。

（注9）平成10年独占禁止法改正法による改正前の独占禁止法では、会社が事業の全部又は重要部分の譲受け等をしようとする場合には、全てあらかじめ届け出なければならないこととされていたが、改正後の独占禁止法では、総資産合計額が100億円を超える会社が、総資産額10億円超の国内会社の事業の全部を譲り受ける場合等に届け出なければならないこととされた。

　　また、平成21年独占禁止法改正法による改正によって届出基準が見直され、国内売上高合計額が200億円を超える会社が、国内売上高30億円超の会社の事業の全部を譲り受ける場合等に事業譲受け等に関する計画について届け出なければならないこととされた。

5 下請法関係

5－1表　書面調査実施件数の推移				

区分 年度	書面調査実施件数		特別調査発送件数	
	対象親事業者数	対象下請事業者数	対象親事業者数	対象下請事業者数
	（事業所・名）	（名）	（事業所・名）	（名）
31	304			
32	723			
33	769			
34	986			
35	1,214			
36	1,514			
37	1,803			
38	1,800			
39	2,004			
40	2,554			
41	2,631			
42	5,512			
43	6,030			
44	6,684			
45	7,214			
46	8,451			
47	8,751			
48	10,039	2,915		
49	10,045	3,808		
50	12,007	4,861		
51	12,171	6,325		
52	12,315	7,247		
53	10,973	10,663		
54	12,007	11,546		
55	13,490	21,785		
56	13,668	18,091		
57	16,026	20,532		
58	16,346	23,138		
59	15,959	66,579	16,095	
60	9,574	48,031		
61	9,559	52,105		
62	10,121	59,535		
63	13,854	70,968		
元	13,537	73,320		
2	12,889	72,030		
3	12,680	71,603		
4	14,234	74,334		10,027
5	13,781	75,864		10,786
6	13,235	72,784		10,559
7	13,261	75,202		
8	13,857	70,453		
9	13,648	71,860	1,000	5,000
10	13,869	70,182	1,736	
11	14,453	70,554		
12	15,964	75,859		
13	16,417	93,483	1,673	1,003
14	17,385	99,481		
15	18,295	108,395		
16	30,932	170,517		
17	30,991	170,878		
18	29,502	162,521		
19	30,268	168,108		
20	34,181	160,230		
21	36,342	201,005		
22	38,046	210,166		
23	38,503	212,659		
24	38,781	214,042		
25	38,974	214,044		
26	38,982	213,690		
27	39,101	214,000		
28	39,150	214,500		
29	60,000	300,000		
30	60,000	300,000		
元	60,000	300,000		
2	60,000	300,000		
3	65,000	300,000		

（注）親事業者調査は昭和59年度までは事業所ベース、昭和60年度以降は企業ベースの数字である。また、下請事業者調査は企業ベースの数字である。

5－2表　下請法違反事件新規着手件数及び処理件数の推移

区分 年度	新規着手件数 書面調査	申告	中小企業庁長官からの措置請求	計	処理件数 措置 勧告	指導	不問	計
	(事業所・名)	(名)	(名)	(事業所・名)	(名)	(事業所・名)	(事業所・名)	(事業所・名)
31	61	20	0	81	0	19	46	65
32	130	21	0	151	13	73	37	123
33	161	21	0	182	5	110	39	154
34	97	3	0	100	7	82	37	126
35	105	5	0	110	0	38	20	58
36	156	10	0	166	0	62	33	95
37	261	33	0	294	12	149	35	196
38	219	17	0	236	22	182	55	259
39	218	17	14	249	14	180	104	298
40	417	23	31	471	15	193	93	301
41	541	15	19	575	14	299	111	424
42	669	12	10	691	5	459	97	561
43	414	7	0	421	9	416	171	596
44	525	6	0	531	26	447	231	704
45	430	5	2	437	52	354	80	486
46	609	9	5	623	56	432	56	544
47	690	2	0	692	41	485	99	625
48	707	2	0	709	17	569	130	716
49	739	5	5	749	4	542	296	842
50	1,029	10	18	1,057	6	686	269	961
51	1,220	15	18	1,253	12	906	255	1,173
52	1,391	38	59	1,488	15	1,097	191	1,303
53	1,050	35	80	1,165	7	916	406	1,329
54	1,242	16	9	1,267	2	746	146	894
55	1,126	20	35	1,181	0	921	436	1,357
56	1,158	9	8	1,175	1	932	252	1,185
57	1,331	19	4	1,354	4	1,014	271	1,289
58	1,413	15	13	1,441	0	1,119	317	1,436
59	1,458	24	0	1,482	0	1,224	693	1,917
60	(3,008)	－	－	(3,039)	－	(2,243)	－	－
	1,570	31	0	1,601	0	1,512	159	1,671
61	1,426	51	0	1,477	0	1,242	155	1,397
62	1,498	52	0	1,550	0	1,273	197	1,470
63	2,112	61	0	2,173	0	1,474	85	1,559
元	1,928	29	0	1,957	0	2,419	160	2,579
2	2,001	23	1	2,025	1	2,186	127	2,314
3	1,534	15	0	1,549	0	1,492	101	1,593
4	2,191	18	0	2,209	0	1,933	132	2,065
5	2,844	38	0	2,882	0	2,428	279	2,707
6	1,590	21	0	1,611	1	1,632	186	1,819
7	1,548	23	0	1,571	0	1,544	148	1,692
8	1,516	10	0	1,526	2	1,439	106	1,547
9	1,330	13	1	1,344	3	1,348	60	1,411
10	1,329	22	0	1,351	1	1,271	69	1,341
11	1,135	26	0	1,161	3	1,101	66	1,170
12	1,153	52	1	1,206	6	1,134	50	1,190
13	1,308	59	0	1,367	3	1,311	44	1,358
14	1,357	70	0	1,427	4	1,362	60	1,426
15	1,341	67	1	1,409	8	1,357	71	1,436
16	2,638	72	0	2,710	4	2,584	75	2,663
17	4,009	65	0	4,074	10	4,015	41	4,066
18	2,983	100	1	3,084	11	2,927	121	3,059
19	2,964	145	1	3,110	13	2,740	307	3,060
20	3,168	152	4	3,324	15	2,949	273	3,237
21	3,728	105	2	3,835	15	3,590	254	3,859
22	4,509	145	4	4,658	15	4,226	369	4,610
23	4,494	56	4	4,554	18	4,326	292	4,636
24	4,819	50	1	4,870	16	4,550	316	4,882
25	5,418	59	1	5,478	10	4,949	466	5,425
26	5,723	83	1	5,807	7	5,461	376	5,844
27	6,210	95	0	6,305	4	5,980	287	6,271
28	6,477	112	0	6,589	11	6,302	290	6,603
29	7,173	97	1	7,271	9	6,752	307	7,068
30	7,757	141	0	7,898	7	7,710	382	8,099
元	8,360	155	0	8,515	7	8,016	292	8,315
2	8,291	101	1	8,393	4	8,107	222	8,333
3	8,369	94	1	8,464	4	7,922	174	8,100

(注) 数字は昭和 59 年度までは事業所ベースの件数、昭和 60 年度以降は企業ベースの件数である。
　　なお、昭和 60 年度の（ ）内の数字は事業所ベースの数字である。

5－3表　下請法違反行為類型別件数の推移

（　）内は％

年度 / 違反行為類型	事業所ベース 49	50	51	52	53	54	55	56	57	58	59	(注1) 60	企業ベース (注1) 60	61	62	63	元	2	3	4	5	6	7	8	9	10	11	12	13	14	15	16	17	18	19	20	21	22	23	24	25	26	27	28	29	30	元	2	3
下請代金の支払遅延（第4条第1項第2号違反）	243 (45.5)	283 (37.1)	358 (42.3)	386 (43.7)	251 (40.5)	172 (38.9)	217 (34.2)	189 (31.4)	196 (29.7)	212 (29.6)	233 (24.8)	321 (22.6)	230 (21.7)	163 (19.3)	160 (17.6)	200 (19.9)	469 (29.8)	393 (29.4)	236 (28.5)	310 (30.0)	363 (27.5)	270 (26.45)	227 (24.5)	226 (25.9)	269 (31.4)	226 (32.3)	230 (33.9)	335 (31.0)	307 (35.1)	392 (44.7)	751 (57.2)	1,344 (65.0)	701 (57.7)	701 (59.7)	866 (60.0)	790 (51.5)	1,281 (65.5)	1,328 (58.1)	1,250 (56.4)	1,488 (66.1)	2,843 (62.8)	3,131 (66.7)	3,375 (58.0)	3,129 (54.2)	3,371 (49.4)	3,651 (52.8)	4,738 (59.4)	4,900 (62.2)
有償支給原材料等の対価の早期決済（第4条第2項第1号違反）	38 (7.1)	35 (4.6)	19 (2.2)	24 (2.7)	56 (9.1)	16 (3.6)	40 (6.3)	38 (6.3)	96 (14.5)	77 (10.8)	74 (7.9)	20 (1.4)	13 (1.2)	25 (1.7)	15 (3.7)	37 (3.5)	55 (5.9)	92 (7.2)	60 (8.3)	86 (8.4)	85 (6.4)	61 (8.0)	40 (4.3)	40 (4.6)	58 (6.8)	34 (4.9)	36 (5.2)	45 (6.1)	36 (3.8)	51 (5.8)	51 (5.6)	37 (2.8)	62 (3.0)	43 (3.5)	29 (2.5)	15 (1.1)	42 (2.7)	20 (1.0)	45 (2.0)	56 (2.5)	44 (2.0)	60 (1.0)	56 (1.0)	59 (1.0)	92 (1.6)	113 (1.7)	98 (1.4)	78 (1.0)	72 (0.9)
割引困難な手形の交付（第4条第2項第2号違反）	235 (44.0)	438 (57.4)	465 (54.9)	445 (50.4)	287 (46.4)	240 (54.3)	359 (56.6)	297 (49.4)	306 (46.3)	302 (42.2)	355 (37.8)	681 (48.0)	553 (52.1)	352 (41.6)	311 (34.3)	424 (42.1)	778 (49.5)	617 (46.1)	375 (45.8)	417 (40.3)	412 (31.3)	284 (27.7)	254 (27.4)	235 (27.0)	205 (23.9)	218 (31.2)	191 (27.7)	203 (27.0)	225 (23.6)	210 (24.0)	184 (21.0)	144 (11.0)	190 (9.2)	170 (14.0)	147 (12.5)	221 (16.1)	300 (19.5)	224 (11.5)	280 (12.2)	246 (11.1)	208 (9.2)	253 (5.6)	210 (4.5)	365 (6.3)	324 (5.6)	374 (5.5)	254 (3.7)	314 (3.9)	293 (3.7)
不当な経済上の利益の提供要請（第4条第2項第3号違反）	(−)	(−)	(−)	(−)	(−)	(−)	(−)	(−)	(−)	(−)	(−)	(−)	(−)	(−)	(−)	(−)	(−)	(−)	(−)	(−)	(−)	(−)	(−)	(−)	(−)	(−)	(−)	(−)	(−)	(−)	(−)	10 (0.8)	10 (0.5)	5 (0.4)	26 (2.2)	19 (1.4)	49 (3.2)	47 (2.4)	52 (2.2)	57 (2.6)	29 (1.3)	135 (3.0)	161 (3.4)	208 (3.6)	261 (4.6)	348 (5.1)	336 (4.9)	297 (3.7)	332 (4.2)
不当な給付内容の変更・やり直し（第4条第2項第4号違反）	(−)	(−)	(−)	(−)	(−)	(−)	(−)	(−)	(−)	(−)	(−)	(−)	(−)	(−)	(−)	(−)	(−)	(−)	(−)	(−)	(−)	(−)	(−)	(−)	(−)	(−)	(−)	(−)	(−)	(−)	(−)	47 (3.6)	90 (4.4)	57 (4.7)	48 (4.1)	26 (1.9)	22 (1.3)	38 (1.9)	68 (3.0)	50 (2.3)	45 (2.0)	27 (0.6)	33 (0.7)	49 (0.8)	45 (0.8)	132 (1.9)	590 (8.5)	120 (1.5)	101 (1.3)
実体規定 受領拒否（第4条第1項第1号違反）								0 (−)	1 (0.2)	1 (0.1)	13 (1.4)	23 (1.6)	13 (1.2)	28 (3.3)	34 (3.8)	33 (3.3)	20 (1.3)	12 (0.9)	10 (1.2)	14 (1.4)	74 (5.6)	54 (5.3)	59 (6.4)	86 (9.9)	60 (7.0)	42 (6.0)	21 (3.0)	27 (3.6)	25 (2.6)	29 (3.3)	8 (0.6)	28 (2.1)	30 (1.5)	13 (1.1)	23 (2.0)	6 (0.4)	25 (1.6)	8 (0.4)	38 (1.7)	61 (2.8)	42 (1.9)	32 (0.7)	19 (0.4)	34 (0.6)	23 (0.4)	46 (0.7)	32 (0.4)	40 (0.5)	48 (0.6)
下請代金の減額（第4条第1項第3号違反）								73 (12.1)	55 (8.3)	116 (16.2)	201 (21.4)	277 (19.5)	188 (17.7)	157 (18.5)	198 (21.8)	160 (15.9)	153 (9.7)	130 (9.7)	67 (8.1)	89 (8.6)	165 (12.5)	177 (17.3)	165 (17.8)	123 (14.1)	121 (14.1)	97 (13.9)	132 (18.2)	135 (17.6)	168 (15.7)	137 (15.3)	134 (14.1)	142 (10.8)	211 (10.2)	134 (11.0)	112 (9.5)	97 (7.1)	107 (7.0)	176 (9.0)	189 (8.8)	284 (12.6)	228 (10.1)	383 (6.5)	373 (7.9)	489 (8.4)	611 (10.5)	834 (12.2)	1,150 (16.6)	1,471 (18.4)	1,195 (15.2)
返品（第4条第1項第4号違反）	18 (3.4)	7 (0.9)	5 (0.6)	28 (3.2)	25 (4.0)	14 (3.2)	18 (2.8)	2 (0.3)	2 (0.3)	3 (0.4)	36 (3.8)	12 (0.8)	8 (0.8)	19 (2.2)	20 (2.2)	26 (2.6)	21 (1.1)	11 (0.8)	11 (1.3)	11 (1.1)	23 (1.7)	20 (2.0)	20 (2.2)	32 (3.7)	22 (2.6)	33 (3.3)	29 (4.2)	11 (1.5)	21 (2.4)	22 (2.6)	22 (2.5)	23 (1.8)	12 (0.6)	2 (0.2)	9 (0.8)	6 (0.4)	14 (0.9)	9 (0.5)	34 (1.5)	44 (2.0)	20 (0.9)	15 (0.3)	14 (0.3)	15 (0.3)	19 (0.3)	14 (0.2)	15 (0.2)	11 (0.1)
買いたたき（第4条第1項第5号違反）								2 (0.3)	2 (0.3)	2 (0.2)	2 (0.2)	29 (2.0)	51 (6.0)	121 (10.3)	93 (9.2)	36 (2.4)	32 (5.1)	42 (6.0)	57 (7.4)	97 (9.6)	98 (10.3)	95 (7.5)	65 (5.4)	48 (4.3)	31 (3.9)	27 (3.8)	43 (6.0)	36 (3.8)	38 (4.4)	32 (2.7)	36 (2.1)	44 (2.3)	28 (3.9)	39 (4.9)	68 (7.4)	113 (4.9)	93 (4.0)	166 (6.6)	98 (4.6)	86 (3.8)	735 (13.4)	631 (19.7)	1,143 (20.4)	1,179 (20.9)	1,487 (21.9)	721 (10.4)	830 (10.4)	866 (11.0)
購入・利用強制（第4条第1項第6号違反）								0 (−)	4 (0.6)	3 (0.4)	24 (2.6)	55 (3.9)	36 (3.4)	51 (6.0)	47 (5.2)	33 (3.3)	44 (2.8)	39 (2.9)	27 (3.3)	50 (4.8)	99 (7.5)	60 (7.0)	66 (6.9)	64 (5.8)	74 (7.0)	28 (4.0)	20 (2.9)	49 (6.6)	106 (11.1)	79 (9.0)	53 (6.1)	95 (7.2)	75 (3.6)	62 (5.1)	41 (3.5)	50 (3.6)	67 (4.3)	59 (3.0)	86 (3.8)	72 (3.2)	60 (2.7)	46 (1.0)	69 (1.5)	78 (1.3)	94 (1.6)	90 (1.3)	72 (1.0)	76 (1.0)	48 (0.6)
報復措置（第4条第1項第7号違反）								0 (−)	0 (−)	0 (−)	0 (−)	0 (−)	0 (−)	0 (0.1)	1 (−)	0 (−)	1 (0.1)	0 (−)	0 (−)	1 (0.1)	1 (−)	0 (−)	0 (−)	0 (−)	0 (−)	0 (−)	0 (−)	0 (−)	0 (−)	0 (−)	0 (−)	0 (−)	0 (−)	0 (−)	0 (−)	0 (−)	0 (−)	0 (−)	0 (−)	0 (−)	0 (−)	0 (−)	0 (−)	0 (−)	0 (−)	5 (0.1)	1 (0.0)	12 (0.2)
小　計	534 (100.0)	763 (100.0)	847 (100.0)	883 (100.0)	619 (100.0)	442 (100.0)	634 (100.0)	601 (100.0)	661 (100.0)	716 (100.0)	938 (100.0)	1,418 (100.0)	1,061 (100.0)	846 (100.0)	907 (100.0)	1,006 (100.0)	1,573 (100.0)	1,337 (100.0)	828 (100.0)	1,034 (100.0)	1,318 (100.0)	1,024 (100.0)	926 (100.0)	871 (100.0)	857 (100.0)	699 (100.0)	690 (100.0)	743 (100.0)	954 (100.0)	874 (100.0)	876 (100.0)	1,313 (100.0)	2,068 (100.0)	1,215 (100.0)	1,175 (100.0)	1,374 (100.0)	1,535 (100.0)	1,955 (100.0)	2,286 (100.0)	2,218 (100.0)	2,250 (100.0)	4,529 (100.0)	4,697 (100.0)	5,815 (100.0)	5,778 (100.0)	6,819 (100.0)	6,919 (100.0)	7,979 (100.0)	7,878 (100.0)
手続規定 発注書面不交付・不備（第3条違反）	399	346	869	1,279	876	618	686	655	702	814	667	1,381	879	719	759	1,008	1,762	1,550	1,063	1,425	1,912	1,189	1,142	1,090	1,064	1,039	826	843	1,067	1,127	1,125	2,235	3,633	2,603	2,453	2,608	3,300	3,833	3,813	3,987	4,186	4,067	4,507	4,806	5,322	5,964	5,864	6,003	5,401
書類不保存等（第5条違反）								55	87	135	114	12	10	45	71	66	88	88	87	132	172	119	129	112	135	102	134	121	167	135	142	321	645	487	553	297	384	724	715	824	939	484	470	629	649	778	745	934	732
虚偽報告等（第5条第1項違反）								20	11	2	6	2	1	1	1	3	0	0	0	0	0	0	0	0	0	0	0	0	0	0	0	0	0	0	0	0	0	0	0	0	0	0	0	0	0	0	0	0
小　計	399	346	869	1,279	876	618	686	730	800	951	787	1,395	890	765	831	1,077	1,850	1,638	1,150	1,557	2,084	1,308	1,271	1,202	1,199	1,141	960	964	1,234	1,262	1,267	2,556	4,278	3,090	3,006	2,905	3,684	4,557	4,528	4,811	5,125	4,551	4,977	5,435	5,971	6,742	6,609	6,937	6,133
合　計（注3）	933	1,109	1,716	2,162	1,495	1,060	1,320	1,331	1,461	1,667	1,725	2,813	1,951	1,611	1,738	2,083	3,423	2,975	1,978	2,591	3,402	2,332	2,197	2,073	2,056	1,840	1,650	1,707	2,188	2,136	2,143	3,869	6,346	4,305	4,181	4,279	5,219	6,512	6,814	7,029	7,375	9,080	9,674	11,250	11,749	13,561	13,528	14,916	14,011

（注１）　数字は昭和59年度までは事業所ベースの件数、昭和60年度以降は企業ベースの件数である。

　　　　　なお、昭和60年度は、事業所ベースの件数と企業ベースの件数を併記した。

（注２）　１件の勧告又は指導において複数の行為を問題としている場合があるので、違反行為類型別件数の合計欄の数字と５－２表の「措置」件数とは一致しない。

（注３）　（　）内の数値は、実体規定違反全体に占める比率であり、小数点以下第２位を四捨五入したため、合計は必ずしも100.0とならない。

6 景品表示法に基づく協定又は規約及び運用機関の一覧 (令和4年3月末現在)

No	協定又は規約の運用機関の名称	協定又は規約の名称（景品関係）	協定又は規約の名称（表示関係）
1	全国飲用牛乳公正取引協議会	―	飲用乳の表示に関する公正競争規約
2	発酵乳乳酸菌飲料公正取引協議会	―	発酵乳・乳酸菌飲料の表示に関する公正競争規約
3	チーズ公正取引協議会	―	ナチュラルチーズ、プロセスチーズ及びチーズフードの表示に関する公正競争規約
4	アイスクリーム類及び氷菓公正取引協議会	アイスクリーム類及び氷菓業における景品類の提供の制限に関する公正競争規約	アイスクリーム類及び氷菓の表示に関する公正競争規約
5	（一社）全国はちみつ公正取引協議会	―	はちみつ類の表示に関する公正競争規約
6	（一社）全国ローヤルゼリー公正取引協議会	―	ローヤルゼリーの表示に関する公正競争規約
7	全国辛子めんたいこ食品公正取引協議会	―	辛子めんたいこ食品の表示に関する公正競争規約
8	全国削節公正取引協議会	―	削りぶしの表示に関する公正競争規約
9	全国食品缶詰公正取引協議会	―	食品缶詰の表示に関する公正競争規約
10	全国トマト加工品業公正取引協議会	トマト加工品業における景品の提供の制限に関する公正競争規約	トマト加工品の表示に関する公正競争規約
11	全国粉わさび公正取引協議会	―	粉わさびの表示に関する公正競争規約
12	全国生めん類公正取引協議会	―	生めん類の表示に関する公正競争規約
13	日本即席食品工業公正取引協議会	即席めん製造業における景品類の提供の制限に関する公正競争規約	即席めんの表示に関する公正競争規約
14	全国ビスケット公正取引協議会	ビスケット業における景品類の提供の制限に関する公正競争規約	ビスケット類の表示に関する公正競争規約
15	全国チョコレート業公正取引協議会	チョコレート業における景品類の提供の制限に関する公正競争規約	・チョコレート類の表示に関する公正競争規約 ・チョコレート利用食品の表示に関する公正競争規約
16	全国チューインガム業公正取引協議会	チューインガム業における景品類の提供の制限に関する公正競争規約	チューインガムの表示に関する公正競争規約
17	凍豆腐製造業公正取引協議会	凍り豆腐製造業における景品類の提供の制限及び凍り豆腐の表示に関する公正競争規約	
18	全国味噌業公正取引協議会	みそ業における景品類の提供の制限に関する公正競争規約	みその表示に関する公正競争規約
19	醤油業中央公正取引協議会	しょうゆ業における景品類の提供の制限に関する公正競争規約	しょうゆの表示に関する公正競争規約
20	日本ソース業公正取引協議会	ソース業における景品の提供の制限に関する公正競争規約	―
21	全国食酢公正取引協議会	―	食酢の表示に関する公正競争規約
22	カレー業全国公正取引協議会	カレー業における景品類の提供の制限に関する公正競争規約	―
23	果実飲料公正取引協議会	―	果実飲料等の表示に関する公正競争規約
24	全国コーヒー飲料公正取引協議会	―	コーヒー飲料等の表示に関する公正競争規約
25	全日本コーヒー公正取引協議会	―	レギュラーコーヒー及びインスタントコーヒーの表示に関する公正競争規約
26	日本豆乳公正取引協議会	―	豆乳類の表示に関する公正競争規約
27	マーガリン公正取引協議会	―	マーガリン類の表示に関する公正競争規約

No	協定又は規約の運用機関の名称	協定又は規約の名称（景品関係）	協定又は規約の名称（表示関係）
28	全国観光土産品公正取引協議会	―	観光土産品の表示に関する公正競争規約
29	ハム・ソーセージ類公正取引協議会	―	ハム・ソーセージ類の表示に関する公正競争規約
30	日本パン公正取引協議会	―	包装食パンの表示に関する公正競争規約
31	全国食肉公正取引協議会	―	食肉の表示に関する公正競争規約
32	全国ドレッシング類公正取引協議会	―	ドレッシング類の表示に関する公正競争規約
33	もろみ酢公正取引協議会	―	もろみ酢の表示に関する公正競争規約
34	食用塩公正取引協議会	―	食用塩の表示に関する公正競争規約
35	鶏卵公正取引協議会	―	鶏卵の表示に関する公正競争規約
36	日本ワイナリー協会	果実酒製造業における景品類の提供の制限に関する公正競争規約	―
37	ビール酒造組合	ビール製造業における景品類の提供の制限に関する公正競争規約	ビールの表示に関する公正競争規約
38	日本洋酒輸入協会	酒類輸入販売業における景品類の提供の制限に関する公正競争規約	・輸入ウイスキーの表示に関する公正競争規約 ・輸入ビールの表示に関する公正競争規約
39	日本洋酒酒造組合	洋酒製造業における景品類の提供の制限に関する公正競争規約	ウイスキーの表示に関する公正競争規約
40	日本酒造組合中央会	・清酒製造業における景品類の提供の制限に関する公正競争規約 ・単式蒸留しようちゆう製造業における景品類の提供の制限に関する公正競争規約	・単式蒸留焼酎の表示に関する公正競争規約 ・泡盛の表示に関する公正競争規約
41	日本蒸留酒酒造組合	合成清酒及び連続式蒸留しょうちゅうの製造業における景品類の提供の制限に関する公正競争規約	―
42	全国小売酒販組合中央会	―	酒類小売業における酒類の表示に関する公正競争規約
43	全国帯締め羽織ひも公正取引協議会	―	帯締め及び羽織ひもの表示に関する公正競争規約
44	眼鏡公正取引協議会	―	眼鏡類の表示に関する公正競争規約
45	（公社）全国家庭電気製品公正取引協議会	家庭電気製品業における景品類の提供に関する公正競争規約	・家庭電気製品製造業における表示に関する公正競争規約 ・家庭電気製品小売業における表示に関する公正競争規約
46	医療用医薬品製造販売業公正取引協議会	医療用医薬品製造販売業における景品類の提供の制限に関する公正競争規約	―
47	医療用医薬品卸売業公正取引協議会	医療用医薬品卸売業における景品類の提供の制限に関する公正競争規約	―
48	化粧品公正取引協議会	―	化粧品の表示に関する公正競争規約
49	化粧石けん公正取引協議会	化粧石けん業における景品類の提供の制限に関する公正競争規約	化粧石けんの表示に関する公正競争規約
50	洗剤・石けん公正取引協議会	家庭用合成洗剤及び家庭用石けん製造業における景品類の提供の制限に関する公正競争規約	家庭用合成洗剤及び家庭用石けんの表示に関する公正競争規約
51	歯磨公正取引協議会	歯みがき業における景品類の提供の制限に関する公正競争規約	歯みがき類の表示に関する公正競争規約
52	防虫剤公正取引協議会	―	防虫剤の表示に関する公正競争規約
53	新聞公正取引協議会	新聞業における景品類の提供の制限に関する公正競争規約	―

No	協定又は規約の運用機関の名称	協定又は規約の名称（景品関係）	協定又は規約の名称（表示関係）
54	出版物小売業公正取引協議会	出版物小売業における景品類の提供の制限に関する公正競争規約	―
55	雑誌公正取引協議会	雑誌業における景品類の提供の制限に関する公正競争規約	―
56	（一社）自動車公正取引協議会	自動車業における景品類の提供の制限に関する公正競争規約	・自動車業における表示に関する公正競争規約 ・二輪自動車業における表示に関する公正競争規約
57	タイヤ公正取引協議会	タイヤ業における景品類の提供の制限に関する公正競争規約	タイヤの表示に関する公正競争規約
58	農業機械公正取引協議会	農業機械業における景品類の提供の制限に関する公正競争規約	農業機械の表示に関する公正競争規約
59	不動産公正取引協議会連合会		
60	（一社）北海道不動産公正取引協議会		
61	東北地区不動産公正取引協議会		
62	（公社）首都圏不動産公正取引協議会		
63	北陸不動産公正取引協議会	不動産業における景品類の提供の制限に関する公正競争規約	不動産の表示に関する公正競争規約
64	東海不動産公正取引協議会		
65	（公社）近畿地区不動産公正取引協議会		
66	中国地区不動産公正取引協議会		
67	四国地区不動産公正取引協議会		
68	（一社）九州不動産公正取引協議会		
69	旅行業公正取引協議会	旅行業における景品類の提供の制限に関する公正競争規約	募集型企画旅行の表示に関する公正競争規約
70	全国銀行公正取引協議会	銀行業における景品類の提供の制限に関する公正競争規約	銀行業における表示に関する公正競争規約
71	指定自動車教習所公正取引協議会	指定自動車教習所業における景品類の提供の制限に関する公正競争規約	指定自動車教習所業における表示に関する公正競争規約
72	ペットフード公正取引協議会	ペットフード業における景品類の提供の制限に関する公正競争規約	ペットフードの表示に関する公正競争規約
73	全国釣竿公正取引協議会	―	釣竿の表示に関する公正競争規約
74	鍵盤楽器公正取引協議会	―	・ピアノの表示に関する公正競争規約 ・電子鍵盤楽器の表示に関する公正競争規約
75	衛生検査所業公正取引協議会	衛生検査所業における景品類の提供の制限に関する公正競争規約	―
76	スポーツ用品公正取引協議会	―	スポーツ用品の表示に関する公正競争規約
77	医療機器業公正取引協議会	医療機器業における景品類の提供の制限に関する公正競争規約	―
78	仏壇公正取引協議会	―	仏壇の表示に関する公正競争規約
79	特定保健用食品公正取引協議会	―	特定保健用食品の表示に関する公正競争規約

7　独占禁止懇話会

(1)　開催趣旨等

　経済社会の変化に即応して競争政策を有効かつ適切に推進するため、公正取引委員会が広く各界の有識者と意見を交換し、併せて競争政策の一層の理解を求めることを目的として、昭和43年11月以来開催しているもので、令和4年6月27日現在、次の学界、言論界、消費者団体、産業界、中小企業団体等の有識者24名をもって開催されている。

会長	伊　藤　元　重	東京大学名誉教授
会員	有　田　芳　子	主婦連合会常任幹事
	依　田　高　典	京都大学大学院経済学研究科教授
	及　川　　　勝	全国中小企業団体中央会常務理事
	大　野　顕　司	住友化学㈱常務執行役員
	角　元　敬　治	㈱三井住友銀行取締役副会長
	鹿　野　菜穂子	慶應義塾大学大学院法務研究科教授
	川　濵　　　昇	京都大学大学院法学研究科教授
	鬼　頭　誠　司	日本生命保険相互会社代表取締役副社長執行役員
	河　野　康　子	（一財）日本消費者協会理事
	笹　川　博　子	日本生活協同組合連合会常務理事
	白　石　忠　志	東京大学大学院法学政治学研究科教授
	泉　水　文　雄	神戸大学大学院法学研究科教授
	竹　川　正　記	㈱毎日新聞社論説副委員長
	田　中　道　昭	立教大学大学院ビジネスデザイン研究科教授
	土　田　和　博	早稲田大学法学学術院教授
	野　原　佐和子	㈱イプシ・マーケティング研究所代表取締役社長
	細　田　　　眞	㈱榮太樓總本鋪代表取締役社長
	宮　崎　　　誠	㈱読売新聞東京本社論説委員
	山　下　裕　子	一橋大学大学院経営管理研究科経営管理専攻教授
	山　田　秀　顕	（一社）全国農業協同組合中央会常務理事
	由　布　節　子	弁護士
	吉　田　明　子	東洋大学経済学部教授
	チャールズ D.レイクⅡ	アフラック生命保険㈱代表取締役会長

（役職は令和4年6月27日時点）

⑵　開催状況

回	開催年月日	議　題
218	3.6.24	○　デジタル・プラットフォーム事業者の取引慣行等に関する実態調査（デジタル広告分野）について ○　デジタル市場における競争政策に関する研究会　報告書「アルゴリズム／AIと競争政策」について ○　携帯電話市場における競争政策上の課題について（令和３年度調査） ○　公正取引委員会における経済分析の活用について
219	3.9.24	○　①令和２年度における独占禁止法違反事件の処理状況 　　②アップル・インクに対する独占禁止法違反被疑事件の処理について ○　①令和２年度における下請法の運用状況及び企業間取引の公正化への取組 　　②最低賃金の引上げ等に伴う不当なしわ寄せ防止に向けた中小事業者等取引公正化推進アクションプラン ○　令和２年度における企業結合関係届出の状況及び主要な企業結合事例
220	4.2.21	○　パートナーシップによる価値創造のための転嫁円滑化施策パッケージ ○　官公庁における情報システム調達に関する実態調査報告書 ○　競争政策研究センターの活動状況
221	4.6.27	○　デジタル化等社会経済の変化に対応した競争政策の積極的な推進に向けて　—アドボカシーとエンフォースメントの連携・強化— ○　令和３年度における独占禁止法違反事件の処理状況 ○　令和３年度における下請法の運用状況及び中小事業者等の取引公正化に向けた取組 ○　公正取引委員会の主な広報活動と課題

（注）令和３年４月から令和４年６月までの開催状況

附属資料

8　公正取引委員会機構図

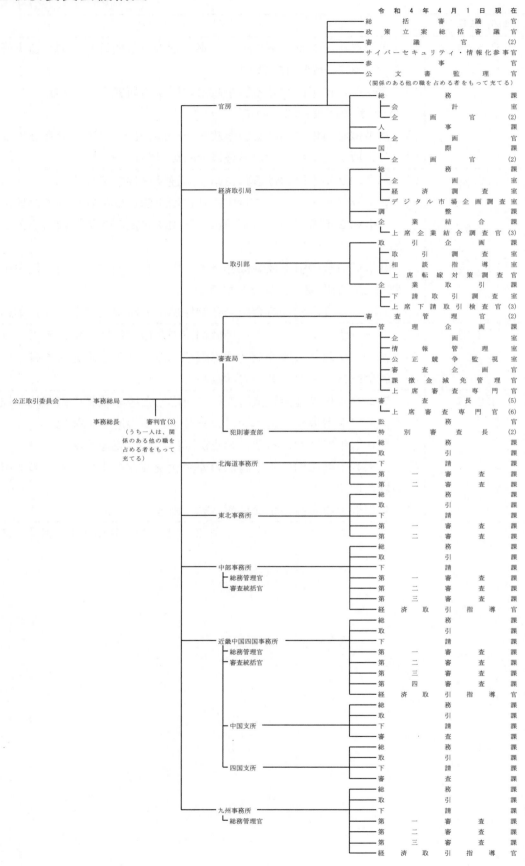

公正取引委員会年次報告（独占禁止白書）（令和4年版）

令和4年12月発行　　　　　　　　　　　¥2,750（本体¥2,500＋税10％）

編　集　　　公 正 取 引 委 員 会
　　　　　　〒100-8987
　　　　　　東京都千代田区霞が関１－１－１

発　行　　　公益財団法人　公正取引協会
　　　　　　〒107-0052
　　　　　　東京都港区赤坂１－４－１
　　　　　　　　　（赤坂KSビル２階）
　　　　　　ＴＥＬ　03（3585）1241
　　　　　　ＦＡＸ　03（3585）1265
　　　　　　https://www.koutori-kyokai.or.jp